『합신채플』

*Hapshin Chapel,* Oct. 2017 / Vol. 4



Published by Hapdong Theological Seminary Press
50, Gwanggyojungang-ro,
Yeongtong-gu, Suwon, Korea


『합신채플』 제4집

**초판 1쇄 발행** | 2017년 10월 31일

**편집인** | 정창균
**발행인** | 정창균
**펴낸곳** | 합신대학원출판부
**주 소** | 16517 수원시 영통구 광교중앙로 50 (원천동)
**전 화** | (031)217-0629
**팩 스** | (031)212-6204
**홈페이지** | www.hapdong.ac.kr
**출판등록번호** | 제22-1-2호
**인쇄처** | 예원프린팅(031)902-6550
**총 판** | (주)기독교출판유통(031)906-9191

값 12,000원

ISBN 978-89-97244-41-6 93230
*잘못된 책은 교환해드립니다

「이 도서의 국립중앙도서관 출판시도서목록(CIP)은 e-CIP홈페이지(http://www.seoji.nl.go.kr/ecip)와
국가자료공동목록시스템(http://www.nl.go.kr/kolisnet)에서 이용하실 수 있습니다.
(CIP제어번호 : CIP2017027634)」

『합신채플』

합신대학원출판부

# 발간사 • • •

『합신채플』 제4집을 발간합니다. 지난 2015년 한 해 동안 합신 교수들이 경건회에서 행한 설교들을 중심으로 엮었습니다. 총장의 설교는 지난 학기에 행한 두 편을 수록하여, 개강예배의 설교를 이 책의 첫 설교로, 종강예배의 설교를 마지막 설교로 수록하였습니다.

이미 이전 호에서 밝혔듯이, 우리가 『합신채플』을 발간하는 것은 몇 가지 목적 때문입니다. 그 목적은 이곳에서 다시 반복해도 좋을 만큼 우리에게는 중요한 의미를 갖습니다. 첫째는, 경건회에서 선포된 메시지들은 강의실에서 이루어지는 강의와는 다른 차원에서 모든 재학생의 경건훈련에 큰 역할을 한다는 점입니다. 재학생들은 육성으로 현장에서 설교를 듣고, 그 설교를 학교 홈페이지에서 영상으로 다시 듣고, 그리고 2년 후에 발간되는 『합신채플』을 통하여 읽는 설교로 다시 대하게 됩니다. 그러므로 학생들에게는 합신채플이 단순히 한편의 설교를 읽는 것 이상의 의미를 갖게 됩니다. 둘째는, 합신 졸업생 동문들을 향한 배려입니다. 졸업생들에게는 모교의 경건회해서 행해진 교수들의 설교들을 다시 접하는 것이 마치 고향집의 따뜻한 소식을 듣는 것 같은 남다른 의미를 갖고 있으며, 모교와 스승들을 따뜻한 추억으로 다시 떠올리게 하는 좋은 계기가 된다는 말을 전해 듣곤 합니다. 우리가 『합신채플』을 발간하는 것은 흩어져 있는 동문들에게 그들의 고향집을 떠올려주고 싶은 교수들의 애정의 표현이기도 합니다. 셋째는 신학정론과 함께 합신채플이 갖는 의미입니다. 개교 초창기부터 합신 교수들의 신학을 대변해온『신학정론』과 함께『합신채플』이 합신 설교의 진면목을 드러내는 중요한 축으로서 역할을 하기를 바라는 기대가 합신채플에 배어 있습니다. 넷째는, 합신 밖에서 합신교수들의 설교를 궁금해 하며 듣고 싶어 하는 신자들을 위한 배려입니다. 그리고 한국교회의 더 많은 신자들이 합신의 경건회에서 행해진 교수들의 설교들을 접할 수 있기를 바라는 우리의 바램의 표현이기도 합니다.

책으로서 최소한의 형식적 통일성을 확보할 뿐 아니라, 설교를 읽는 독자들의 편의를 위하여 편집자가 일률적으로 대지설교 형식으로 통일하여 편집하였습니다. 설교의 순서는 설교자가 속한 분과를 중심으로 구약, 신약, 조직신학, 교회사, 설교학, 선교학, 기독교교육학의 순서로 엮었습니다. 제4집이 발간될 수 있도록 헌신적으로 협력해주신 여러분들에게 감사를 드립니다. 아무쪼록 이번에 발간하는『합신채플』제4집이 여러 곳에서 많은 이들에게 다양한 방식으로 유익을 끼치게 되기를 기대합니다.

2017. 10.

발행인 총장 정 창 균

# 차례 · Contents

합동신학대학원대학교 교수 설교집 4

# 합신채플

# 하나님께 민감하고 민첩하라

**창세기 18장 1절-8절**

**정창균** (설교학 · 총장)

합신의 총장으로 채플 강단에 서는 첫 시간에 무엇을 설교할 것인가 고민하다가 여러분과 나눌 말씀의 제목이 분명해졌습니다. '하나님께 민감하고 민첩하라' 하는 말씀입니다. 물론 이 말씀은 제가 오늘 난생 처음으로 하는 설교는 아닙니다. 지난 수년 동안 여러 곳에서 여러 번 이 말씀을 설교하였습니다. 그러나 돌고 돌아서 결국 합신의 강단이 이 말씀의 종착지였구나 하는 생각이 들어 그런 심정으로 이 본문을 총장의 첫 설교로 선택하였습니다.

## I. 하나님께 민감하라

저는 지난 17-18년 동안 계속해서 해오고 있는 기도가 있습니다. 이

기도를 시작했던 17-18년 전에는 2년 동안 새벽마다 이 기도를 했습니다. 그 이후에 새벽마다는 아니지만 가끔씩 기도를해 오고 있고 총장에 선임된 이후에는 매일 했고 어제도 했고 오늘도 했습니다. 아마 이 기도는 제가 얼굴과 얼굴로 우리 주님을 뵙게 되는 그 순간까지 제 남은 평생의 가장 간절하고 가장 시급한 기도제목일 것입니다.

두 가지입니다. 하나는 하나님! 제가 영적인 일에 대하여, 신령한 일에 대하여, 하나님의 일에 대하여, 하나님이 내 주위 이곳저곳에 던져 놓으시는 하나님의 흔적들에 대하여, 하나님이 움직이시는 하나님의 손길에 대하여, 하나님이 오고 가시는 것에 대하여, 아니 하나님께 대하여 민감한 신자로 살다가 얼굴과 얼굴로 하나님을 뵙게 해주십시오, 하는 것입니다.

두 번째 제목은 하나님! 제가 하나님께 대하여 민첩한 사람으로 살다가 하나님을 만나고 싶습니다, 하는 것입니다. 이것은 제 평생에 가장 절실하고 간절한 기도제목입니다. 사실 이것은 매우 지당하고 매우 당연하고 예수 믿는 순간부터 누구나 갖는 소원이기도 합니다. 그러나 제가 이 소원을 갖고 새벽마다 2년을 기도를 시작했던 그 때, 저는 이미 목사였고 그것도 담임목사요 학위를 가진 신학박사였으며, 예수 믿은 지 45-46년이 지난 때였습니다. 왜 그 때서야 늦깎이처럼 이 문제가 그렇게 심각한 문제가 됐을까요? 사연이 있습니다. 오늘 읽은 이 본문 때문이었습니다.

당시 저는 담임목회를 하면서 우리 교회에서 창세기의 아브라함에 관한 말씀들을 강해하고 있었습니다. 이제 몇 주 후면 이 말씀을 해야 돼서 간간히 말씀을 읽고 묵상하고 그러던 중이었습니다. 어느 날 다시 설교할 것을 생각하며 이 말씀을 읽었습니다. 이 말씀을 읽는 동안 이전에 한 번도 보지 못한, 너무나 분명한 그림이 난생 처음 보는 것처럼 생생하게 보였습니다. 제가 무슨 환상을 보았다는 것이 아닙니다. 무슨 신비한 경지에 들어가서 신비한 체험을 했다는 것이 아닙니다. 그냥 여기 쓰인 글자들을 읽는데 마치 처음 보는 것처럼 아브라함의 모습이 제 눈에 들어온 것입니다.

아브라함이 마므레 상수리 수풀 근처라는 동네에 살고 있을 때입니다. 마므레 상수리 수풀 근처라는 말은 아브라함에게 평생 잊을 수 없는 깊은 사연이 얽힌 곳입니다. 창세기 13장의 이야기가 그것이지요. 아무튼 아브라함은 어느 뜨거운 날 장막 앞에 앉아 있었습니다. 이때 하나님이 아브라함을 찾아오셨습니다. 사람 셋의 모양으로 아브라함을 찾아왔습니다. 그것이 1절에 있는 말씀입니다. "여호와께서 마므레의 상수리나무들이 있는 곳에서 아브라함에게 나타나시니라." 무엇을 생각하고 있었는지 기도하고 있었는지 졸고 있었는지 알 수 없지만 아브라함이 눈을 들어 보았더니 사람 셋이 걸어오고 있었습니다. "날이 뜨거울 때에 그가 장막 문에 앉아 있다가 눈을 들어 본즉 사람 셋이 맞은편에 서 있는지라." 제가 말한 그대로지요. 눈을 들어 보니 사람 셋이 오고 있습니다. 그런데 그게 하나님이신 것입니다. 아브라함은 그 사람 셋이 하나님이라는 사실을 알았을까요 몰랐을까요? 그들이 하나님이라는 것은 오랜 세월 후에 이 사건을 기록해주고 있는 모세와 지금 이것을 읽고 있는 우리 사이에만 아는 비밀입니다. 현장에 있는 아브라함은 그게 하나님이라는 것을 알 리가 없습니다. 왜냐하면 하나님께서 '아브라함아 나는 여호와인데 이제 사람 셋의 모양으로 네게 가느니라' 하고, 땅이 진동하고 회오리바람이 몰아친 다음에 휙 떨어져서 온 게 아닙니다. 사람 셋이 광목 머리띠에 빨간 잉크로 "나는 여호와라!" 써서 이마에 질끈 동이고 나타난 것이 아닙니다. 어디에나 있고 어디서나 만나는 그런 사람의 모습으로 왔습니다. 합신 채플에 오면 앞에 앉아 있기도 하고 뒤에 있기도 한 사람, 강의실에 가면 옆에 있는 사람, 롯데마트 가면 거기에 있고, 광교 중앙역 전철 타면 그 안에 앉아 있는 사람, 어디에나 있는 그런 사람으로 온 것입니다.

그러니까 아브라함에게는 비밀인 것이지요. 그런데 참으로 희한한 것은 아브라함이 척 보더니 척 알아먹는 것입니다. 벌떡 일어나 달려가서 땅에 엎드려 몸을 굽히더니 붙들고 늘어지는 것입니다. '이대로는 못 지나갑니다. 종의 집에 오신 것이 아닙니까? 들어오십시오. 은혜를 주고 가셔야 합니다. 이대로는 그냥 못 가십니다. 물을 떠올 테니 발을 씻으시고 잠깐 기다리십시오. 상을 차려올 테니 음식을 드시고 기운을 차리고 유쾌해지신 후 가십시오. 못 가십니다.' 물고 늘어지는 것입니다.

여러분, 우리가 집 앞에 있다가 지나가는 사람이 피곤해 보이면 물 한 컵 마시고 가시지요. 그렇게 할 수는 있습니다. 그러나 냉큼 가서 몸을 땅에 대고 엎드려 붙잡고 늘어지며 은혜를 주고 가십시오, 종의 집에 들어오십시오, 이렇게 하는 법은 없습니다. 그건 왕이거나 신에게 하는 행동이니까요! 아브라함은 하나님이라는 것을 알아본 것이 확실합니다. 이렇게 해서 세 분이 그러면 그래보든지! 하고 아브라함의 집에 들어왔다는 것이 5절까지의 이야기입니다.

제가 이 모습을 보고 그 자리에서 무릎을 꿇고 엎드려졌습니다. 하나님 저도 이 사람 아브라함처럼 하나님께 대하여 민감한 사람이 되고 싶습니다. 하나님께 대하여 민감한 사람으로 살다가 얼굴과 얼굴로 하나님을 만나게 해주십시오, 하고 기도했습니다. 그 기도를 2년 동안은 매일 새벽마다 했다니까요! 아브라함은 어떻게 해서 사람 셋의 모양으로 찾아온 하나님을 즉각 하나님으로 알아보았을까요? 그건 알 수 없습니다. 기록하지 않았으니까요. 그러나 그가 사람의 모양으로 찾아온 하나님을 하나님으로 금방 알아봤다는 것은 확실합니다. 여기 기록하고 있잖아요.

여러분, 하나님께 대하여 민감한 신자로 사시기를 바랍니다. 예수님은 그렇게 사셨습니다. 예수님은 공중에 날아가는 새 한 마리를 보면서도, 들판에 피어 있는 꽃 한 송이를 보면서도 그 속에서 내 아버지의 손길을 본다는 뜻으로 말씀한 적이 있습니다. 하나님께 대하여 민감해야 됩니다.

## II. 영적 민감함은 어디로부터 오는가

이러한 영적인 민감함은 어디로부터 오는 걸까요? 눈치가 빠르면 될까요? 그것은 눈치의 문제가 아닙니다. 투시의 은사 같은 특별한 은사를 받으면 될까요? 하나님께서는 특별한 은사를 주신 소수의 몇 사람만이 아니라 예수를 구주로 영접하여 구원을 받아서 하나님을 아버지라 부르는 이 땅 위의 모든 신자들이 한 사람도 빼놓지 않고 모두 다 하나님께 민감한 신자들로 살기를 원하십니다. 그러니까 그건 은사의 문제가 아닙니다. 그러면 하나님께 대한 민감함, 영적인 민감함은 어디에서 오는 걸까요? 영적인 분별력으로부터 옵니다. 영적인 분별력이 하나님을 알아보게 만드는 것입니다. 그러면 영적인 분별력은 어디로부터 올까요?

하나님을 뜨겁게 사랑하는 사람에게 하나님은 지혜라는 은혜를 주십니다. 바로 그 지혜로부터 영적인 분별력이 옵니다. 그러므로 지혜는 지식과 같은 것이 아닙니다. 지식은 자기가 노력하여 획득한 정보의 양을 일컫는 것입니다. 그러므로 지식은 공부를 많이 한 사람이 적게 한 사람보다 많을 수밖에 없습니다. 대학교를 나온 사람은 초등학교만 나온 사람보다 반드시 지식이 많아야 하고 또 많을 수밖에 없습니다. 그러나 지혜는 그렇지 않습니다. 어떤 사람은 왜정 시대 소학교밖에 나오지 않았는데 박사학위를 여러 개 가진 사람보다 훨씬 더 지혜로울 수 있습니다. 지혜는 지식과 비례하지도 않습니다. 지혜는 하나님이 주시는 분별력이기 때문입니다.

하나님을 사랑한다는 말이 무슨 말일까요? 하나님을 뜨겁게 사랑한다는 것은 그 안에 세 가지 구체적인 내용을 담고 있습니다. 사랑은 추상적인 것이 아닙니다. 그리고 사랑은 감정의 산물이 아닙니다. 사랑은 의지의 산물입니다. 하나님을 사랑한다는 말은 세 가지 내용으로 구성되어 있는데, 첫째는 우선순위입니다. 사랑한다는 말은 우선순위라는 말입니다. 나는 너를 사랑해 라는 말은 다른 말로 하면 네가 나의 우선순위야 라는 말입니다. 하나님을 사랑한다는 말은 하나님이 나의 우선순위라는 말입니다. 연애 안 해보셨어요? 당연한 말을 매우 놀란 듯 듣는군요.

저는 6년 동안 연애 했습니다. 그것도 매우 열렬하게 했습니다. 그 여자와 결혼해서 지금 37년째 살고 있습니다. 제 애인은 피아노 레슨을 해서 돈을 받거나 다른 일로 돈이 생기면 그 돈을 차곡차곡 모아 두었다가 아버지께 간식을 사드리고 용돈을 드리며 부모의 결혼기념일이 되면 언제나 선물을 사서 드리던 사람이었습니다. 그런데 저하고 사귀고 나서 2

년이 지나면서부터 부모님이 시험에 들었습니다. 부모님한테 가던 선물이 다른 데로 새고 있는 것이지요. 나한테 온 겁니다. 아버지를 배반해서가 아니라 나를 사랑해서 그렇습니다. 나를 사랑하니까 우선순위가 나로 바뀌었습니다. 나는 너를 사랑해 하는 말은 네가 나의 우선순위야 하는 말입니다. 그러므로 사랑에는 언제나 헌신이 따라오게 되어 있습니다. 상대방을 위하여 자기를 희생하는 것이지요. 사랑하니까요.

사랑을 구성하는 두 번째 내용이 있습니다. 상대방의 말을 듣고 싶어지는 것입니다. 하나님을 뜨겁게 사랑한다는 말은 하나님의 말씀을 깊이 사모한다는 말입니다. 연애를 해보세요. 사랑을 해보세요. 사랑하는 그 사람의 말이 자꾸 듣고 싶어집니다. 제 애인과 다방에 앉아서 얘기할 때 3시간은 기본이었어요. 당시 우리는 그럴 때 노가리를 푼다는 말을 썼는데, 하여튼 말도 안 되는 말, 진짜 웃기지 않는 말인데도 맞아 맞아 하면서 한껏 웃어요. 3시간을 그러고 나서 헤어져서 집에 오면 어느새 또 전화하고 싶어져요. 사랑하면 자꾸 상대방의 말을 듣고 싶어지는 것입니다. 사랑한다는 말을 구성하는 세 번째 내용이 있습니다. 그에게 나의 모든 것을 털어놓고 싶어져요. 그에게는 숨김없이 부담 없이 모든 나의 속을 내놓고 싶어집니다. 결국 하나님을 사랑한다는 말은 하나님이 우선순위이고 하나님의 말씀을 사모해서 너무 듣고 싶고 그리고 하나님께 나의 모든 것을 다 털어놓고 싶어지는 것입니다.

이 세 가지를 다 통틀어서 한마디로 요약하면 무엇일까요? 하나님하고 친하게 지낸다는 말입니다. 결국 하나님하고 친하게 지내는 사람이 하나님을 잘 알아보게 되는 것입니다. 하나님과 친하게 지내는 사람이 하나님을 잘 알아보게 된다는 것은 신학도 아니고, 교육학도 아니고 상담학도 아니고 조직신학도 아닙니다. 우리가 살면서 늘 확인하는 우리의 경험이요 상식입니다. 하나님하고 친하게 지내는 사람이 하나님을 바로 바로 알아보게 되는 것입니다.

저는 아이가 셋인데 둘째 아이가 좀 특이합니다. 외모는 완전히 자기 엄마를 가져갔습니다. 페이스북에서 저하고 제 아내하고 찍은 사진이 가끔 올라오면 페이스북에서 이름 태그를 달아주잖아요. 제 아내 밑에 꼭 제 둘째 딸 이름을 가지고 와요. 그러니까 네 아내와 둘째 딸의 얼굴은 페이스북도 헛갈리는 거예요. 그 정도로 자기 엄마를 닮았습니다. 그러니까 어떨까요? 이쁘지요. 그런데 그 속에 들어있는 성깔과 재능은 몽땅 제 것을 다 가져갔습니다. 저하고 똑같아요. 그러니까 어떨까요? 똑똑하지요. 얘가 유학을 갔는데 처음 한 2년 동안은 그 아이가 전화를 하든지 내가 전화를 하든지 해서 제가 '여보세요' 하고 전화를 받으면 단지 이 네 글자, "여보세요" 만 제가 말하면 금방 아이가 아빠! 하고 소리를 질러요. 어떻게 네 자만으로 아빠인 줄 알아보고 그렇게 소리를 지를까요? 그 순간에 뉴욕에 있는 제 딸에게 계시가 임했을까요? "이는 네 아비니라!" 얘는 희한하게 냄새를 잘 맡아요. 아빠 냄새가 있고 엄마 냄새가 있고 우리 집 냄새가 있대요. 자기 엄마가 춥다고 여기서 쓰던 이불과 베개를 압축을 해서 보내줬어요. 이 아이는 집이 너무 그립고 엄마 아빠가 너무 보고 싶으면 자기 캐비넷에 있는 그 이불 위에 엎어져서 한참을 얼굴을 처박고 있는대요. 엄마 냄새 맡으려고! 어떻게 이럴 수 있을까요? 내가 낳아서 호적에 법적으로 아버지와 딸로 올라 있기 때문에 여보세요라는 말만 들어도 저절로 아빠인 줄 알게 될까요? 아빠와 같이 밥을 먹고 팔짱을 끼고 골목길을 거닐어본 적도 없고 이런저런 문제로 말다

툼 해본 적도 없고 같이 산길을 걸어본 적도 없고 엄마와 이불을 같이 뒤집어쓰고 그 안에서 같이 끌어안고 울어본 적도 없고 한 번도 자기의 깊은 고민을 자기 엄마한테 털어내 본 적이 없는 딸이 그저 법적으로 엄마와 딸이요 아버지와 딸이라는 사실 때문에 저절로 그렇게 되는 걸까요?

예수를 구주로 믿어 구원 받았다는 사실, 그래서 생명책에 그 이름이 기록되어 있다는 그 사실 때문에 어디에서나 하나님을 저절로 감지할 수 있고 알아보게 되는 걸까요? 하나님하고 친하게 지내야 하나님을 알아 볼 수 있게 되는 것입니다. 하나님이 우선순위이고 하나님의 말씀이 너무 그립고 듣고 싶어서 그 말씀을 깊이 사모하고 하나님께 내 모든 걸 알려드리고 터놓고 싶어서 그 앞에서 울고 몸부림치면서 함께 보낸 시간이 없이 어떻게 하나님과 친해질 수 있을까요? 하나님과 친하지 않으면서 어떻게 하나님을 즉각즉각 알아 볼 수 있을까요? 하나님과 친하게 지내시기 바랍니다. 그래서 하나님께 민감하시기를 바랍니다.

## III. 하나님께 민첩하라

오늘 우리가 읽은 말씀은 아브라함의 어떤 모습을 극단적으로 강조하고 있습니다. 그냥 척 보면 척 알수 있도록 그렇게 강조해놓았습니다. 굳이 성령의 조명하시는 역사를 일으키시사 나로 이 말씀을 깨닫게 해주옵소서, 하는 기도를 할 필요 없이 그냥 정신 차리고 눈 똑바로 뜨고 글자를 제대로 읽으면 알 수 있도록 되어 있습니다. 우리가 어떤 그림은 딱 보면 풍경화네 정물화네 인물화네, 혹은 이 그림은 좀 슬프네 하고 즉각적으로 알 수 있듯이 그렇게 해놨습니다. 여러분 빨간 펜이 있으면 지금부터 확인하는 몇 단어에 줄을 그어 보시고 펜이 있으시면 동그라미를 쳐보시고 네모를 한번 쳐보세요. 그리고 나서 한번 보세요. 아, 본문은 온통 빨간색뿐이네 혹은 온통 동그라미이네, 네모를 치신 분은 이 본문은 온통 네모 뿐이네 그렇게 될 것입니다. 제가 읽을 테니 지금부터 한번 표시를 해보시기 바랍니다.

2절, "눈을 들어 본즉 사람 셋이 맞은편에 서 있는지라 그가 그들을 보자" 어떻게 했다고 그럽니까? **"곧"**이랍니다. 빨간색이에요. 또 "장막 문에서" 어떻게 했다 그럽니까? **"달려나가"** 6절 "아브라함이" 어떻게 했답니까? **"급히"** 그리고 "장막으로 가서 사라에게 이르되" 어떻게 했대요? "**속히"** "고운 가루 세 스아를 가져다가 반죽하여 떡을 만들라 하고" 7절 "아브라함이 또 가축 떼 있는 곳으로" 가서 어떻게 했답니까? **"달려가서"** "기름지고 좋은 송아지를 잡아 하인에게 주니 그가" 어떻게 했답니까? "**급히"** "요리한지라." **"곧, 달려나가, 급히, 속히, 달려가서, 급히!"** 아브라함이 매우 민첩하게 움직이고 있다는 것을 6번씩 반복하면서 극도로 강조하고 있습니다. 제가 이 모습을 보고 그 자리에 다시 두 번째 무릎을 꿇고 엎드러졌습니다. '하나님 저도 이 사람 아브라함처럼 하나님께 민첩한 사람으로 살게 해주십시오. 이런 민첩한 사람으로 살다가 얼굴과 얼굴로 하나님 뵙고 싶습니다.' 여러분  하나님께 대하여 민첩한 신자로 사시길 바랍니다. 하나님께 민첩한 신자로 살고 싶은 소원을 품으시기 바랍니다.

## IV. 영적 민첩함은 어디로부터 오는가

하나님께 대한 이런 민첩함은 어디로부터 오는 걸까요? 민감함은 영적인 분별력으로부터 온다고 그랬습니다. 민첩함은 영적인 결단력으로부터 옵니다. 영적인 결단력은 어디에서 오는 걸까요? 하나님을 절대적으로 신뢰하며 사는 사람에게 하나님은 용기라는 은혜를 주십니다. 그 용기가 영적인 결단력을 만들어냅니다. 영적인 결단력은 '어, 하나님이 말씀하셨다고? 이것이 하나님이 하시는 일이라고? 이것이 하나님의 뜻이라고?' 그러면 뒤돌아보지 않고 곧 나서는 것입니다. '이거 하면 내게 손해야 이익이야? 이거 하면 사람들에게 욕을 먹어 안 먹어? 이거 하면 사람들이 떨어져 붙어?' 이런 것들을 따질 겨를 없이 하나님이 하시는 일이라면 즉시 움직이게 만듭니다. 이것이 민첩함입니다. 하나님께 대한 민감함이 하나님을 뜨겁게 사랑하는 데서 온다면, 민첩함은 하나님을 절대적으로 신뢰하는 데서 옵니다.

하나님을 절대적으로 신뢰한다는 것이 무슨 말인가를 설명하는 것은 전혀 어렵지 않습니다.  그러나 실제로 그렇게 살려고 들면 그게 만만치 않습니다. 성경은 여러 곳에서 하나님을 절대적으로 신뢰한다는 것이 무엇인가를 여러 사건, 여러 사람들을 통해서 줄기차게 우리에게 말하고 있습니다. "내가 앞으로 가도 그가 아니 계시고 뒤로 가도 보이지 아니하며 그가 왼쪽에서 일하시나 내가 만날 수 없고 그가 오른쪽으로 돌아가시나 뵈올 수 없구나 그러나 내가 가는 길을 그가 아시나니 그가 나를 단련하신 후에는 내가 순금 같이 되어 나오리라."(욥 23:8-10)

욥의 말입니다. 이 말을 풀어서 쓰면 이런 말입니다. 나의 현실에서 하나님의 존재를 전혀 확인할 수 없는 그런 때에도 하나님은 계신다. 내가 어디로 가야할지 오리무중인 절망의 때에도 내가 분명히 아는 것이 있다. 하나님은 나의 갈 길을 아신다는 것이다. 내가 나의 장래에 대하여 어떤 가능성이나 소망을 가질 수 없을 만큼 철저하게 절망적일 때에도 내가 분명히 아는 것이 있다. 결국은 잘된다는 것이다. 이것을 하나님에 대한 절대적인 신뢰하고 합니다.

이스라엘 백성은 40년 광야 길을 지나 드디어 크고 광대한 땅 아름다운 땅 약속의 땅이 눈앞에 펼쳐지는 곳에 이르렀습니다. 이제 들어가면 되는 것입니다. 그러나 들어갈 수가 없습니다. 요단의 물이 가로막고 있습니다. 그때 여호수아를 통하여 하나님의 말씀이 백성들에게 임합니다. "너희가 요단 물가에 이르거든 요단에 들어서라"(수 3:8). 40년 전 하나님의 그 마음이 완전히 바뀌어져 버렸습니다. 하나님의 말씀이 새롭게 임합니다. 그리고 몇 절 내려가면 마치 약이라도 올리듯이 그렇게 말하고 있습니다. "요단이 모맥 거두는 시기에는 항상 언덕에 넘치니라"(15절). 요단의 수심이 일 년 중 가장 깊은 때였다고 말하는 것입니다. 그런데 주어지는 말씀은 "너희가 요단 물가에 이르거든 요단에 들어서라." 무엇을 요구하는 것일까요? 하나님이 심술을 부리는 걸까요? 하나님이 변심을 하신 걸까요? 이스라엘 백성은 많은 고민을 했을 것입니다. 또 논쟁도 있었을 것입니다. 반대파도 찬성파도 있었을 것입니다.

그런데 드디어 들어갑니다. 아마 들어가면서도 옆의 사람과 아니면 자기 자신과 계속 논쟁을 하였을 것입니다. 아마 이런 식의 논쟁이었겠지요. '저 강에 들어가면 다 죽잖아.' '나도 알아.' '이 강에 들어가서 죽으면 40년 동안 그것 하나 바라보고 온 그 비전은 한순간에 끝장이 나버리고, 그 꿈 하나 바라보며 지내온 40년 세월은 한순간에 수포로 다 돌아가잖아!' '나도 알아!' '그런데 왜 들어가?' '안죽어!' '어떻게 안죽어?' '몰라!' 수심이 키를 넘는 물속에 들어가면 사람은 죽는다는 것은 창조의 질서이고 우리의 경험이고 과학이고 상식입니다. 그러므로 키를 넘는 물속에 들어가서도 죽지 않을 수 있다는 것을 증거를 대어 설명하는 것은 절대로 불가능합니다. 인간 세계에는 그런 법은 없습니다. 그러니까 그것을 입증할 수는 없습니다. 그러니까 또 묻겠지요? '안죽을 수 있는 방법을 제시할 수 없는데 어떻게 안죽는다는 것을 알아?' 대답은 이것입니다. '하나님이 우리를 저기다 들여놓는다고 했으니까!' 하나님이 저 땅에 들여놓는다고 했으니까 우리는 반드시 들어가는 것이고, 들어가려면 이 강에서 죽지 않아야 되니까 우리가 이 강에 들어가도 안죽는다는 것은 분명히 알 수 있는 것입니다. 저 땅에 들어가는 것이 분명하니까 이 강에서 안 죽는 것도 분명하다는 결론을 내리고 강에 들어가는 것입니다. 이것을 하나님에 대한 절대적인 신뢰하고 하는 것입니다. 키가 넘는 깊은 물속으로 들어가면 죽는다는 것은 백 퍼센트 확실한 현실입니다. 저 땅에 들여놓겠다는 하나님의 약속은 가봐야 아는 저 만치 멀리 있는 불확실한 것입니다. 하나님의 약속은 저만큼 떨어져 있고, 백 퍼센트 확실한 현실은 요단강의 죽음입니다. 이 둘은 양립할 수 없습니다. 죽는 것이 분명하면 사는 것이 아닌 것이고, 사는 것이 분명하면 죽는 것이 아닌 것이죠. 죽는 것은 확실한 현실인데 사는 것은 하나님이 약속을 지키신다면 그럴 수도 있는 가능성일 뿐입니다. 그런데도 그것이 하나님의 약속이라는 것 때문에 이 확실한 현실을 그 가능성 밑에 복종시키고 하나님의 편을 택하는 것을 가리켜 하나님에 대한 절대적인 신뢰라고 합니다.

그래서 그들은 언약궤를 메고 요단강에 그냥 들어섭니다. 홍해는 갈라놓고 건넜고 요단은 들어가서 가르며 건너갔습니다. 하나님을 이렇게 절대적으로 신뢰하는 사람에게 하나님은 용기를 주십니다. 그 용기가 영적인 결단력을 만들어냅니다. 이 영적인 결단력이 하나님이다 하면 물불을 안 가리고, 앞뒤를 안가리고 그대로 움직이는 민첩함을 만들어내는 것입니다. 우리 합신 사람들이 목회 현장에 가서 가장 힘써서 갖춰야 할 부분이 어쩌면 이것일 것입니다. 너무 앞뒤 계산이 많다는 비판을 계속해서 우리는 듣고 있습니다. 여러분 하나님께 민첩한 사람으로 사시기 바랍니다. 하나님께 민첩한 사람으로 살다가 얼굴과 얼굴과 하나님을 뵙겠다는 소원을 품으시기 바랍니다.

## V. 하나님께 민감하고 민첩한 사람의 복

하나님께 민감하고 민첩한 이 사람 아브라함은 어떻게 됐는가? 즉석에서 세 가지의 복을 받았습니다. 8절은 이렇게 되어 있습니다. "아브라함이 엉긴 젖과 우유와 하인이 요리한 송아지를 가져다가 그들 앞에 차려 놓고 나무 아래에 모셔 서매 그들이 먹으니라." 나무 아래 상을 차려 놓고 그분들은 먹고 있고 아브라함은 그 모습을 바라보고 있습니다. 아브라함의 마음이 어땠을까요? '내가 그 상 차리느라고 회사 모든 직원 동원하고 발바닥에 불이 나게 뛰어 다니고 그냥 팔면 얼마가 될지 모르는 주식을 팔아서 상 차렸는데, 내가 어떤 희생을 하고 어떤 고생을 하며 손해를 보아 가면서 차린 줄도 모르고 잘들 잡숫고 계시는구먼' 했을까요? 저는 인생의 경험, 목회 경험, 교인들을 접해 본 경험으로 아브라함이

나무 아래에서 손님들을 모시고 선 마음이 무엇이었을까를 분명히 압니다. 행복했습니다. 어쩌면 아브라함은 그 나이가 되어서 비로소 '아 나는 죽어라고 고생하고 발바닥에 불나도록 뛰어다니면서 피곤하게 일만 하고 희생만 했는데… 그렇게 송아지 잡아서 한 점도 못 먹고 다 갖다 바치며 온통 희생하고 손해만 봤는데, 그런 희생과 손해가 오히려 이런 행복이 되는 희한한 경우가 다 있음을 경험하며 행복해했을 것입니다. 그렇게 아브라함은 행복을 누리는 복을 받은 것입니다.

저는 이 장면을 그 이후로도 너무 좋아해서 제가 제목을 붙여 버렸습니다. '나무 아래 모셔 선 자의 행복.'이라고요. 그리고 가끔씩 혼자서 이 장면을 떠올려보곤 합니다.

두 번째 복을 받습니다. 식사가 끝난 다음에 하나님이 아브라함과 사라를 부릅니다. 이 부부에게는 평생의 소원이 하나 있었습니다. 아들을 갖는 것입니다. 그런데 그 소원은 현실적으로 이루어질 가능성이 전혀 없기 때문에 이제는 포기하고 그냥 가슴에 담아둔 잊혀진 소원이었습니다. 그런데 이 부부를 부르시더니 내년 이맘때라고 날짜까지 정하며 "내가 다시 올 터인데 그 때 내가 아들을 주리라"고 하시는 것입니다. 어떻게 해야 할까요? "할렐루야 아멘. 제가 앞으로 소득의 10분의 1을 반드시 주께 드리겠나이다." 이래야 맞는 거 아니에요? 그런데 피식피식 웃으면서 빈정댑니다. 아이구 우리 영감 나이가 얼마며 내가 생리 끝난 지가 언젠데 그런 소리를 하시나요. 그러는 것입니다. 절대 불가능한 말이니까요. 그런데 하나님은 다시 말하세요. '왜 웃냐? 여호와가 못할 일이 있냐? 내가 여호와거든.' 그리고 다시 말합니다. 내가 내년 이맘때에 다시 오리니 반드시 아들을 주리라. 마치 하나님이 '내가 여호와야 좀 믿어

줘' 하며 애걸복걸 하는 거 같아요. 저 같으면 '싫어? 그럼 관둬. 안 주면 될 거 아냐. 내가 아쉽냐?' 하고 거기서 끝내버리겠어요. 그런데 하나님은 똑같은 말을 반복하시면서 마치 믿어달라고 사정하시는 것 같아요. 무슨 말일까요? 하나님이 지금 이 사람 아브라함을 얼마나 귀하게 여기고 있는가! 하나님은 얼마나 이 사람에게 좋은 것을 주고, 이들의 소원을 이루어주고 싶어하시는가를 생생하게 보라는 것이지요. 이삭은 그렇게 해서 얻은 아들이었습니다.

이제 배웅을 하러 갑니다. 16절에 "그 사람들이 거기서 일어나서 소돔으로 향하고 아브라함은 그들을 전송하러 함께 나가니라." 요즘 말로 하면 음식 주문해서 다 잘 먹고 나와서 카드 줘서 사인했고 또 오시라고 인사하려고 따라 나가요. 어떤 주석가는 몇 킬로미터를 따라 나갔다는데 그게 중요한 건 아닐 테고 어쨌든 둘 사이에 볼일이 다 끝난 것입니다. 그런데 한참을 가다가 하나님이 다시 돌아서서 새롭게 말을 시작합니다. '아 내가 지금 중요한 역사를 이루려고 가는데 그 일을 아브라함에게 말 안 해주고 갈 수는 없지', 그렇게 다시 말씀을 시작하신 것입니다.

그 말의 내용인즉 소돔과 고모라를 그들의 죄로 말미암아 불로 멸하려고 하신다는 것입니다. 그 얘기를 아브라함이 듣자마자 고개를 들어 눈을 부릅뜨고 항의합니다. 그런 기록은 없지만 틀림없어요. 말투를 보면 알지요. 하나님께 대듭니다. '그렇게 하는 것은 부당합니다. 정의를 행하십시오. 거기에 만약 의인 50인이 있다면 의인과 악인을 다 멸해버리는 것은 부당합니다. 그러니 하나님의 공의를 행하십시오.' 하나님이 반응을 하십니다. '그래? 그럼 네 말대로 하마.' 조금 있다가 아브라함은 뒤가 저렸는지 다시 말을 바꾸어 요구를 합니다. 저는 먼지와 티끌 같은 자입니다만 50명이 아니라 45명이 있어도 그 땅을 멸하면 안 될 것 같습니다. 먼지와 티끌인줄 알았으면 먼지와 티끌로 행세를 해야 하지 않나요? 말로는 먼지와 티끌이라고 하면서 실제로는 하나님의 일에 간섭하고 하나님 급이 돼서 행세하는 것입니다. 어떻게 보면 웃기지요. 귀싸대기 맞을 일이지요.

제가 목회할 때 어느 큰 교회를 다녔다는 분이 왔어요. 몇 달 지났는데 목양실에 찾아왔어요. "목사님 많이 힘드시죠. 피곤하시지요. 목회는 목사님이 전문가시지요. 저는 목회가 뭔지 전혀 모르지요. 제가 어떻게 알겠습니까? 그런데 목사님 목회는 그렇게 하는 것이 아닙니다." 그러는 거예요. 지금 아브라함이 그 짓 하고 있잖아요. 그런데 하나님이 그래, 45명 있어도 안 하마. 40명이어도 안 될 것 같은데요. 알았다. 30명이어도 안 될 것 같은데요. 그래 너 하자는 대로 하겠다. 20명이어도 안될 것 같은데요. 알았어. 한 번만 더 말할 테니 노하지 마세요. 의인이 10명이어도 소돔과 고모라를 불로 멸하시면 안될 것 같아요. 알았어. 그러면 10명만 있어도 너 하자는 대로 소돔과 고모라를 멸하지 않겠다. 이게 무슨 이야기일까요? 성경은 우리에게 무엇을 말하고 싶은 걸까요? 중보 기도의 능력이 이처럼 위대하다는 뜻의 말일까요? 물론 그럴 수 있겠지요. 그러나 단 두 줄이면 끝날 말을 여섯 번을 반복해서 지루하게 기록하는 본문의 의도가 무엇일까요? 하나님이 지금 아브라함을 어떻게 대우하고 있는가를 보라는 것입니다.

하나님은 먼지와 티끌을 먼지와 티끌로 대우하지 않고 하나님이 진행하는 역사에서 그 일을 같이 진행해 가는 하나님 급의 사람으로 인정하고 있는 그것을 보라고 하는 것입니다. 죄를 멸하고 심판하는 것은 하나님의 절대주권에 속하는 것입니다. 하나님이 소돔과 고모라를 멸망시키기 위하여 공동의회를 열 필요도 없고 당회를 열 필요도 없습니다. 무슨 자문회의 통과를 거칠 이유도 없습니다. 하나님이 그렇게 일을 하시겠다고 하면 누구도 그 일에 이의를 제기할 수 없고 누구도 불복할 수 없습니다. 하나님의 절대 주권에 속하는 일입니다. 그런데 하나님은 먼지와 티끌인 줄 자신도 아는 아브라함의 의견을 여섯 번에 걸쳐서 다 받아서 그것을 반영하여 하나님의 역사를 진행하고 있습니다. 하나님 급의 사람으로 대우하고 있는 것입니다. 그것이 아브라함이 하나님께 즉석에서 받은 복이었습니다.

하나님이 우리를 찾아오실 때는 하나님 때문에 찾아오시는 법은 한 번도 없습니다. 하나님이 우리를 찾아오실 때는 물 한 대야 얻어서 먼지 묻은 발 씻자고 찾아오시지 않습니다. 잘 차린 밥상 한 그릇 얻어먹고 허기진 배를 채우자고 하나님은 우리를 찾아오지 않습니다. 하나님은 우리의 도움이 필요한 어떤 것도 없습니다. 하나님은 심심하지도 않습니다. 하늘에서 천사들과 놀기만도 바쁘신 분입니다. 하나님이 우리를 찾아오실 때는 우리 때문에 찾아오시는 것입니다. 우리를 하나님 급의 사람으로 끌어올리려고 찾아오시는 것입니다.

하나님은 지금도 하나님께 민감하고 하나님께 민첩한 사람들을 찾으십니다. 우리는 머잖아 하나님께로 가게 될 것입니다. 아니면 우리가 가기 전에 예수님이 오실 것입니다. 어쨌든 우리는 불원간에 얼굴과 얼굴로 우리 주님을 뵙게 될 것입니다. 우리가 주님을 뵙게 되면 그 순간부터는 하나님께 대하여 민감할 필요가 없습니다. 우리는 육안으로 하나님을 알아볼 것입니다. 육안으로 24장로를 볼 것이고 우리의 육안으로 천군천사와 흰 옷 입은 사람들을 다 구별해 알아볼 것입니다. 얼굴과 얼굴로 하나님을 뵙게 되면 그 순간부터 우리는 하나님께 민첩할 필요가 없습니다. 우리는 육신의 손으로 어린양의 손을 잡을 것입니다. 그러나 그렇게 되기 전까지, 얼굴과 얼굴로 하나님을 뵙게 되기 전까지 잠시 잠깐 이 땅에 사는 동안은 하나님께 대하여 민감해야 합니다. 하나님께 대하여 민첩해야 합니다. 왜냐하면 하나님은 한 번도 "정 목사야 나는 여호와인데 내가 이제 네 학생 가운데 하나의 말로 너에게 말하겠다", 이렇게 말하지 않습니다. 그냥 어디에나 있는 사람으로 내게 다가오십니다. 지나가다가 툭 던지는 제자의 한 마디로, 아무 상관없이 강단에서 스치는 교수의 어떤 한 마디 말로 하나님은 우리에게 찾아오시는 것입니다. 그러므로 하나님께 민감하지 않고 민첩하지 않으면 우리는 하나님을 놓치고 살게 됩니다. 하나님을 놓치고 살게 되면 결국에는 하나님 없이 살게 됩니다. 신자나 불신자나 모든 인간들의 가장 큰 재앙과 가장 비참한 비극은 하나님 없이 사는 것입니다.

이 순간에 여러분 결심하십시오. 목회자로 평생을 살다가 얼굴과 얼굴로 주님을 뵈어야 하는 우리 모두가 이 시간에 결심하고 평생에 가장 간절하고 가장 시급한 기도의 제목으로, 평생의 소원으로 삼아야 할 것은 하나님께 민감하고 하나님께 민첨하게 사는 이것입니다. 하나님께 민감하고 하나님께 민첩하기로 작정하십시오. 그렇게 살겠다는 소원을 품으십시오.

# 광야를 행하는 법

민수기 2장 1절-2절, 10장 33절

성주진 (구약학)

혹시 여러분 길을 가다가 길을 잃어버린 경우가 없는지 모르겠습니다. 혹은 산을 올랐는데 하산하다가 엉뚱한 데로 나온 경우가 없는지 모르겠습니다. 지금 이스라엘 얘기하셨는데 제가 전에 이스라엘에서 한밤중에 광야로 나서서 한번 경험을 하려고 조금 가다가 길을 잃어버릴까봐 다시 돌아온 적이 있습니다. 오늘 미로 같이 복잡한 인생, 세상 가운데서 많은 분들이 길을 잃고 방황하고 있지 않는가 하는 생각이 듭니다. 어떤 사람은 심지어 믿음의 길에서 방황했던 분도 있을 수 있겠고 혹은 사역의 길에서 방황하는 분도 없지 않아 있으리라는 생각이 듭니다.

## I. 광야의 진실

본문은 이스라엘 백성이 새로운 국면에 들어선 바로 그 시점에서 오늘 말씀이 주어지고 있습니다. 아까 이스라엘 여행 얘기를 했는데 광야로 한번 간다고 생각하고 여러분 설정을 그렇게 해놓으시면 좋겠어요. 그들은 굉장한 경험을 했습니다. 홍해가 갈라지고 출애굽이 있고 시내산에서 하나님이 현현하시고 그리고 언약을 맺고 하나님의 백성으로 공식적으로 절차를 밟는 이런 일들이 있었습니다. 또 앞으로는 놀라운 전망이 그들 앞에 놓여 있었습니다. 약속의 땅이 바야흐로 이제 곧 그들의 것이 되지 않겠냐 하는 기대, 그리고 그 곳에 하나님 나라를 세우리라 하는 그런 생각, 이런 것들이 그들을 굉장히 흥분케 하고 아마 기대케 했으리라 생각이 듭니다.

그런데 이제 그들의 문제는 광야를 통과해야 한다는 것이지요. 다른 길이 없는 것입니다. 하나님께서 '내가 430년 동안 노예 생활을 한 너희를 해방 시켰다. 그 정도면 됐다. 게다가 내가 가나안 땅, 너희가 살 곳을 마련해 놨다. 그러니 이제부터 헤쳐 모여라. 여리고 성에 내년 이맘때 헤쳐 모이자.' 이런 식으로 하시지를 않는다 하는 것이지요. 하나님께서 광야를 통과케 하시는데 문제는 이 길이 만만치 않다는 것이지요. 먹을 것과 마실 것이 없는, 결핍으로 상징되는 그런 상황이 광야라고 할 수가 있겠습니다. 게다가 길의 위험이 있고 대적의 위험이 도사리고 있는 곳이고 그리고 또 여정이 불확실한 상황에 있는 것입니다. 어떻게 그 광야 길을 건널 때 길을 안 잃고 갈 건가? 어떻게 가나안 땅에 안전하게 도착할 건가? 이것이 이제 그들의 당면 과제인 상황 속에서 어떻게 해야 이 광야를 통과하겠는가 하는 말씀을 주시는 것입니다.

2절에 저는 핵심 메시지가 있다고 봐요. 여기 보니까 회막을 향하여 진을 치라, 이렇게 되어 있습니다. 새번역에는 회막을 중심으로 진을 치라고 되어 있습니다. 회막은 잘 아는 대로 하나님의 처소의 상징이고 임재의 처소입니다. 이스라엘의 출애굽 당시와 시내산에서만 하나님께서 그들과 함께 계시는 것이 아니고 광야에서도 이제 그들 가운데서 행하실 것이다 하는 것을 보여주는 것이지요. 그러기에 너희가 광야를 행할 때 광야 통과를 위한 제1조는 뭐냐? 하나님을 중심에 모시고 통과해야 한다는 아주 명확한 메시지를 주는 것입니다.

광야의 진실은 무엇인가? 광야의 그 삭막함과 황량함에 있는 것이 아니고 또는 아무 것도 없는 그런 것에 있는 것이 아니고 그 실상은 하나님이 우리 가운데 계신다는 그것입니다. 광야일지라도 하나님이 자기 백성 가운데 계신다 하는 것이 광야의 진실이라는 거예요. 그래서 그곳의 중심에 계셔서 모든 것이 되어 주시는 그러한 곳이 광야인데, 이곳을 통과해서 가나안으로 가라는 것이지요. 이스라엘은 구원만 받고 버려진 존재가 아니고 하나님의 백성으로 부름 받았을 뿐만 아니라 그 나라의 건설을 위해서 보냄 받은 존재이다, 그때까지 언제라도 하나님께서는 그 중심에서 함께 계실 것이다, 하는 것을 보여주는 것이지요. 하나님께서 중심에 계신다는 것은 근원이고 원천이다 하는 것을 상징하는 의미도 있겠습니다. 하나님께서는 자기 백성에게 능력과 지혜, 사랑과 자비 그리고 그 모든 것의 원천이고 근원이 되신다 하는 이야기입니다.

겉보기에는 그저 사람들이 떼거리로 그냥 막 몰려가는 것 같지만 그러나 이 이스라엘에 비밀이 있다면 그 가운데 하나님이 계시다는 것입니다. 광야 통과 길에 아말렉도 나오고 여행객도 있고 혹 상인들도 가겠지만 그러나 이스라엘의 비밀이 있다고 한다면 하나님이 그 가운데 계시다는 것이 차별화된 진리라고 말할 수 있겠습니다. 이러한 비밀이 이스라엘을 광야로 통과케 하는 것이지요. 이러한 숨겨진 능력과 세상이 알지 못하는 자원이 그들을 하여금 이 광야를 지나가게 하는 것입니다.

우리가 옛날에는 그저 화력(火力) 즉 불이 힘 있다 해서 불을 때서 능력을 얻었지요. 조금 있으니까 물레방아 정도가 아니라 수력 발전으로 돌릴 수 있는 것이 나왔고, 이제는 우라늄을 이용한 원자력 발전이 에너지원이 되었습니다. 전부터 있었지만 사용을 할 수 없었던 바람마저 능력이 된다는 것을 알고 사용을 하면서부터 인류 문명을 특징짓는 다양한 능력이 공급되고 있습니다.

이스라엘에게는 하나님께서 남들이 알지 못하는 비밀의 원천이 되어 주셨기 때문에 그들은 하나님을 삶의 중심에 두고 이 광야를 통과하는 것을 연습하는 것이지요. 매일매일 연습하는 것입니다. 이제 나오는 대로 누가 먼저 가고 뒤에 가고 하는 것은 아무 의미가 없는 것 같이 보여요. 그 자체에 뭐가 있겠는가? 그런데 매우 중요한 의미가 거기에 있습니다. 그런고로 하나님이 어디 계신가 하는 것을 늘 찾아야 합니다. 그곳을 향해야 합니다. 하나님을 중심에 두는 연습뿐만 아니라 내 자리는 어디인가? 내 옆 이웃은 누구이고 옆의 지파는 누구인가를 늘 확인해야 자기 자리를 찾아갈 수 있게 되는 것입니다.

이런 것을 40년 혹은 38년 매일매일 연습해야 하는 과정으로 써주신 것이지요. 이런 연습, 말하자면 하나님을 찾고 이웃이 누군지를 알아서 자기 자리를 정립하는 것은 일종의 경건 연습입니다. 한편은 하나님과의 관계 연습이라고 한다면 다른 쪽은 사람 곧 형제와 이웃과의 관계에서 자기의 위치를 설정하는 연습입니다. 이렇게 바른 관계를 통해서 광야를 통과해야 한다는 핵심 메시지, 가장 큰 비밀 원천은 하나님이시다 하는 것입니다.

2절, 제가 어느 때 히브리어로 읽다가 우리말로 어떻게 번역되어 있나 봤는데 번역이 안 되어 있는 것 같아요. 그게 민네게드(מִנֶּגֶד)인데 아무리 봐도 어디 어떻게 번역되어 있는지 감을 잘 못 잡겠어요. 그런데 그게 여럿으로 번역될 수 있는데 공동번역에는 '마침 거리를 두고 떨어져서' 이렇게 번역되었어요. NIV를 비롯한 대부분의 유력한 영어 번역들은 본문이든 주해든 꼭 넣는 것이 있어요. '거리를 두고 좀 떨어져서'(some distance off), 이렇게 번역된 민네게드가 있습니다. 거리를 두라는 이것이 무슨 뜻인가? 진영을 치는데 회막하고 거리를 두라는 것이 무슨 뜻인가? 저는 이것이 의미심장하다고 보았습니다.

첫째, 이것을 거룩의 거리라 이름을 붙여 보았습니다. 하나님이 거룩하시기 때문에 죄인이 가까이 갈 수 없는 거지요. 타락한 죄인은 거룩하신 하나님께 거리를 둘 수밖에 없는 일종의 안전거리죠. 그런 장치가 필요합니다. 그래서 하나님을 거룩한 하나님으로 알고, 하나님을 하나님으로 바로 알고 모시는 태도를 가져야 할 것이다 하는 것을 의미한다고 보겠습니다. 그런데 이것은 거룩으로 끝나는 게 아니라 이것은 또한 은혜의 거리라고 붙여 보았습니다. 하나님은 거룩하신데 절대적으로 거룩하시지요. 그러면 몇 미터 떨어져야 안전할까요? 혹 몇 킬로미터 떨어져야 안전할까요? 아니면 우주 끝에 가면 안전할까, 하는 생각을 갖게 됩니다.

그런데 여기 우리가 민수기뿐만 아니라 출애굽기를 봐도 어느 정도 거리를 두고 일반 백성들도 진을 치지만 그중에 택하신 사람은 그만큼 가까이 오도록 규정하고 있습니다. 레위인들은 회막 가까이 갈 수 있죠. 또 제사장들은 성소까지 갈 수 있어요. 대제사장들은 지성소까지 갈 수 있지요. 원칙적으로 가까이 갈 수는 없지만 하나님께서 제도적으로 가까이 올 수 있는 길을 보장해 주셨습니다. 성도들도 떨어지긴 하지만 그만큼은 회막에 가까이 올 수 있는 접근 가능성, 은혜로 하나님께 나갈 수 있는 길을 열어놓아 주셨습니다. 거리를 통해서 이런 의미를 우리에게 보여주고 있다고 생각이 됩니다.

이 정도 얘기하면 일반 성도들이 이런 생각을 할 수 있을 것 같아요. 정말 맞다. 목사님에게 너무 가까이 가면 다친다. 교회 생활 너무 열심히 하면 상처 받는다. 그래서 교회 생활의 요체가 뭔지 새 신자에게 비밀 강습을 시킵니다. 적당히 거리를 둬라! 그러나 그것은 오해입니다. 신약에 가면 명확하게 드러나지요. 신약에서의 이 거리를 그래서 저는 '연합의 거리'로 이름을 붙여 보았습니다. 그리스도가 내 안에 내가 그리스도 안에 있다 하는 것을 우리가 너무 잘 알고 있습니다. 또 성찬 예식의 의미에 관해서 알아볼 수 있는 말씀 가운데 요한복음 6장에 보면 "내 살을 먹고 내 피를 마시는 자는 내 안에 거하고 나도 그 안에 거하나니," 상호 거주하는 관계입니다. 그러니까 이게 거리가 없는 거지요. 연합되어 있으니까 거리는 제로입니다. 이것은 원래 불가능한 것이었습니다. 아무리 멀리 떨어져도 거룩을 감당할 수 없는 사람들인데 연합해서 그리스도가 내 안에, 내가 그리스도 안에 있는 제로 거리란 원래 불가능한 일이었죠. 우리가 잘 아는 대로 이것은 그리스도의 십자가로 이루게 된 것입니다. 우리 죄를 씻어 정결케 하심으로 하나님께 나아갈 수 있게 되고, 거룩하신 하나님과 화목케 하심으로 가까이 갈 수 있게 하셨다는 것입니다.

## II. 광야를 통과하는 비밀

이 증거를 우리가 지금 현장에서 다 가지고 있다고 봅니다. 사실이죠. 성령이 우리 안에 계신다 하는 것을 이 가운데 믿지 않는 사람은 아무도 없을 것입니다. 성령은 거룩한 영의 줄임말이잖아요. 거룩한 하나님은 도무지 가까이 갈 수 없는, 멀리 있을수록 안전하다고 생각할 만한 정도인데 그 하나님이 우리 가운데 계시다고 말씀하시니까 과연 이것은 연합의 성취라고 말할 수 있겠습니다.

뿐만 아니라 우리 그리스도인들을 뭐라 부릅니까? 고린도 교인들, 문제가 적지 않은 사람들이지만 그들을 일컬어 성도라 하는 것을 바울이 몇 번 강조하지 않습니까? 하기오스(ἅγιος), 거룩한 사람들이잖아요. 아니, 어떻게 성령이 타락한 인간 속에 거주하시고 어떻게 타락한 인간이 거룩하다는 칭호를 감히 받을 수 있겠는가 하는 거죠. 그것은 거룩의 원리와 은혜의 원리, 그리고 이것이 결합된 연합의 원리 때문에 가능하다고 보는 것이죠. 그래서 하나님과의 생생한 연합 가운데 흐르는 생명을 공급 받는 성도로서 우리는 오늘날 살아가게 되는 것입니다. 그리스도와 함께 죽고 그리스도와 함께 살고 그리스도의 죽음이 나의 죽음이 되고 그리스도의 부활이 나의 부활이 되는 연합의 축복을 날마다 누리며 사는 은혜의 자리로 우리를 부르셨다는 것을 우리가 말씀을 통해서 잘 알게 됩니다.

그러면 또 우리는 이런 생각을 할 수 있습니다. 아 그렇구나! 거룩의 거리도 없어지고 은혜의 거리도 없어지고 이제 연합의 거리만 남았으니 이제는 혹시 그게 다 쓸데없는 거 아닌가? 취소된 거 아닌가, 하는 생각을 혹시 할 수가 있겠습니다. 그러나 그것은 아니죠. 그것이 취소된 것이 아니고 이제는 적용되지 않는 것이 아닙니다. 거룩한 하나님이 더 이상 거룩하지 않게 된 것도 아니고 우리의 타락이 더 이상 타락 아닌 것이 아니에요. 이것은 하나님의 구속이 성취가 됐을 뿐만 아니라 이제는 더 강화되어서 이제 거룩하신 하나님이 우리 안에 있으니 우리의 거룩함이 얼마나 더 깊어야 논리적으로는 마땅하겠는가 하는 것을 생각할 수가 있는 것입니다.

전에 구약 시대에 성전이 얼마나 정결해야 했습니까? 심지어는 모든 성막의 기구들까지도 피를 묻혀 가지고 정결하게 해야 했어요. 그런데 우리 자신이 성령의 전, 거룩한 영이 계시는 전이 되었다고 한다면 어떻게 우리가 전으로서 그리스도를 섬기는 사람이 되어야 하겠는가, 어떻게 성령의 내재를 감당하는 사람이 돼야 하겠는가! 결국 이 말씀은 이런 경건의 요청을 담고 있는 것임을 보게 됩니다.

3절 이하에 보면 사방으로 진을 치라고 말을 하는데, 그대로 동서남북에 진을 쳤습니다. 열두 지파가 주둔할 때 동쪽으로 세 지파 나머지 각 방향으로 세 지파씩 진을 쳤는데, 대표 지파가 있지요. 동쪽은 유다, 남쪽은 르우벤, 서쪽은 에브라임, 북쪽은 단 지파가 대표 지파로 섰습니다. 그들의 공통점은 모두가 합해서 하나님을 중심에 모셔야 한다는 것이고, 차이점은 지파마다 위치가 다르다는 것이었습니다. 그래서 그 두 가지를 축으로 삼아서 자기 지파를 찾아야 하는 상황이 되었습니다. 하나님이 어디 계신가? 그리고 내 이웃 지파가 어디 있는가 하는 것으로 자기 자리를 찾게 되어 있습니다. 자기 자리를 바로 찾아서 순서를 지키고 그 자리를 따라서 이동을 할 때에도 그대로 움직이는 광야의 행군법을 소개하고 있습니다. 이렇게 자리를 지키는 것이 참 중요했습니다.

제가 어디의 글을 봤더니 미국 고속도로 옆에 사는 농부가 관찰한 이야기가 하나 나왔어요. 농부가 일을 하다가 보니 이상한 현상을 하나 발견했습니다. 작업 차량이 오더니 갓길 옆쪽으로 와서 세워 놨어요. 한 사람이 삽을 들고 나와서 땅을 열심히 팠습니다. 그가 들어갔고 그 다음에 다른 사람이 삽을 가지고 와서 열심히 이번에 메웠습니다. 그리고 장소를 이동하더니 거기에서 또 한 사람이 파고 조금 뒤에 다른 사람이 와서 다시 메우는 거예요. 도무지 이해가 안 가요. 메울 거면 왜 파냐는 거죠. 그래서 물어 봤어요. 우리는 사실 고속도로 미화 작업반인데 세 사람이 한 팀이다. 그런데 마침 나무 심는 사람이 안 왔다. 파는 사람 일당 받아야 하니까 파고 메우는 사람 일당 받아야 되니까 메운다. 나무 심는 사람은 안 왔으니까 일당 못 받는 거죠. 그렇긴 하지만 아무 의미가 없는 일이 되잖아요. 결국 내가 안 한 것으로 끝난 것이 아닙니다. 이것이 공동체의 행군이 가지는 큰 의미예요. 나 하나 빠져도 누가 메우겠지? 그렇게 되지 않습니다. 이런 것이 공동체요 몸의 지체인 것입니다. 지체마다 자기 역할이 있고 자기 위치가 있고 자기 기능이 있는 것이죠.

이럴 때 우리가 자기 자리의 좌표를 찾아야 합니다. 많은 사람에게 인생은 미로와 같을지 모르겠습니다. 어디를 어떻게 가야 하냐? 목표를 알아도 헤매게 되잖아요. 그런데 우리에게는 그렇지 않다는 것입니다. 우리 그리스도인들에게 인생은 미로와 같은 것이 아닙니다. 하나님 나라의 좌표가 다 있는 것입니다.

위상 수학이라고 하는 분야가 있는데, 하나님이 어디 계신지 알고 내가 어디 있는지 알면 목적하는 곳으로 갈 수가 있는 거죠. 하나님 앞에서 내가 있어야 할 자리, 세상에서의 나의 자리, 교회에서 나의 자리가 있어요. 하나님 나라에서 나의 좌표가 있다 말입니다. 우리에게는 좌표만 있는 것이 아니라 좌표가 없이 헤매는 사람들에게 어디에 하나님이 계시다 하는 것을 자꾸 알려 주어야 할 책임이 또한 있습니다. 그리고 엉뚱한 곳을 헤매는 사람들에게 그리스도가 누구이신지, 또 공동체 안에서 당신의 이웃은 누구인지를 알려 주도록 그런 일에 부름을 받은 사람들입니다.

이동할 때는 유다 지파 그 다음에 르우벤, 다음에 에브라임, 그리고 단 지파 이런 식으로 해서 가게 되고 가운데는 성막의 여러 가지 기구들이 자리 잡고 제일 앞에는 언약궤가 나아가게 됩니다, 전군이 있고 중군이 있고 후군 있는 셈인데, 순서에 따라서 진행이 된다는 것입니다. 왜 이런 순서가 있게 되었는지는 연구를 한 분들도 아직 확정을 못해요. 다만 이것이 구속사적인 결과이고 결국 하나님의 뜻에 따라서 된 것임을 말해줍니다. 그러니까 정지해서 주둔할 때에도 이동할 때에도 싸우러 갈 때에도 그렇게 해야 한다는 말씀이 되겠습니다.

공동체 훈련에서 굉장히 중요한 부분 같습니다. 이동할 때에도 자기의 자리가 있고 행군할 때 행렬에서 이탈하지 말아야 한다는 거지요. 제가 학교에서 이탈자들을 조금 봤습니다. 경건의 이탈자들입니다. 자기 자리가 이곳인데 차 타러 우 몰려가는데 어디 가는지 모르겠어요. 경건의 훈련이 아무 것도 아닌 것 같은데 그렇지 않습니다. 공부는 내가 열심히 하면 되고, 기도는 다른 시간에 하면 되고, 또 예배 시간은 다 녹화되어서 학교에 있으니까 나중에 들으면 된다고 생각하는지 모르지만, 지금 있어야 할 바로 그 자리에 있는 그것이 경건의 큰 훈련입니다. 광야에서 지금 가르쳐 주고자 하는 것이 바로 그것이 아닌가 하는 생각이 들어요.

10장 33절에 보면 "하나님이 앞서 행하신다" 하는 말씀이 있습니다. 구름기둥과 불기둥 얘기, 너무나 유명해서 잘 아는 이야기죠. 멈출 곳, 쉴 곳이라고 번역됐는데 아주 참 좋은 번역이고 은혜롭습니다. 재충전이 필요한 거죠. 재충전을 위해서 허락된 시간입니다. 바쁜 데 뭐 쉴 거 있냐. 열심이 특심이면 그냥 가자! 이렇게 할 수도 있겠지만 쉴 곳을 찾아서 주둔하고 거기서 재충전하고 또 교육도 받고 쉬기도 하는 것입니다.

열심이 특심이고 직선거리를 좋아하는 분들에게는 참 어렵습니다. 쉬고 싶지 않은데 괜히 쉬라 하고. 공부하고 싶은데 자꾸 소등하라면 짜증이 나기도 하지요. 공연히 뺑뺑이 도는 것 같고 진도가 잘 안 나가는 때가 있는 것 같습니다. 그러나 성경의 추천 코스는 항상 최단거리가 아니에요. 이것이 성경의 거리 개념이죠. 그리고 최단 시간도 아니다. 우리가 3년 과정인데 이것은 좀 길다. 내가 나이도 있고 게다가 난 학부에서 신학을 했는데 또 한다. 좀 단축시켜 줄 수 없나, 이런 생각이 들 수 있어요. 혹시 검정고시 없나? 어차피 합동고등학교라고 불리는데, 이런 성급한 생각이 들 수도 있습니다. 그런데 누가 학부에서 신학을 하라고 그랬나요? 사실은 참 잘한 건데 그걸 가지고 시간 줄여 달라고 생각지 않는 게 좋겠다는 거죠.

그런데 하나님은 일부러라도 먼 길로 인도하시기도 하는 분이십니다. 때에 따라서 그렇게도 하십니다. 블레셋 사람의 땅이 가깝지만 이스라엘 사람들을 아시는 하나님은 빠른 길로 인도하지 않으시고 홍해의 광야 길로 돌려 인도하셨습니다. 여기서 '돌려'라는 말을 순수한 우리말로 하면 뺑뺑이로 인도하셨다는 말이 될 것이에요. 이렇게 어떤 때는 물가로 어떤 때는 먼 길로 지체하기도 하면서 인도하실 때 중요한 것은 하나님을 앞세우고 인도할 바를 따르다 보면 가나안 땅에 이르게 된다는 교훈이에요. 하나님의 시간은 우리가 생각할 때 너무 느린 것 같고 또 어떤 때는 너무 빠른 것 같습니다. 그러나 하나님은 언제나 가장 적당한 때에 우리를 부르신다 하는 이야기입니다.

하나님을 따라가는 것이 물론 핵심 요건이죠. 그런데 하나님보다 앞서가는 것이 늘 문제입니다. 광야에서 나온 불평이 얼핏 보면 결핍 때문입니다. 물이 없고 음식이 없는 것 때문이었지만, 사실 조금 더 들어가 보면 제 생각에 하나님보다 앞서가려는 것이 근본 문제였습니다. 하나님의 계획보다는 자기 계획을 앞세우고 자기 생각을 앞세울 때에 그런 일들이 일어나지 않았는가 하는 생각이 듭니다. 베드로가 예수님을 앞서간 적이 있었는데, 그 결과로 예수님이 그를 혼내고 야단을 쳤습니다. 베드로는, 지금 왜 예수님이 죽어야 하느냐 죽으면 안 된다는 얘기였죠. 베드로에게 자기 나름의 어젠다(agenda)가 있고 생각이 있던 것입니다. 요렇게 하면 요렇게 되고 이렇게 하려면 이렇게 되어야 하는데, 여기서 예수님이 죽는다는 것은 도무지 대안이 없는 것이요 생각할 수 없는 것이다, 계획이 다 틀어진다는 거지요. 그런데 그리스도의 제자의 특징은 그리스도를 따라가는 것입니다. 그것이 유일한 조건이 아닐까 합니다. 요즘에 팔로어(follower)가 많다고 자랑하는 사람이 많아요. 그게 세력이 되기도 합니다. 그러나 우리 그리스도인들은 팔로어가 많다고 자랑할 것이 아니라 그리스도의 팔로어가 되어야 합니다. 철저하게 그리스도만 따르는 제자가 되어야 광야를 통과하는 것입니다. 주님을 따르는 것이 광야를 통과하는 비밀 가운데 하나라는 것을 말씀드릴 수가 있겠습니다.

## III. 하나님의 보장

광야는 오늘의 현실입니다. 물론 우리 그리스도인들은 이미 약속의 땅 가나안에 있습니다. 천국 시민입니다. 그러나 새 하늘과 새 땅이 아직 오지 않은 상황에서 우리는 광야적인 특징을 여전히 가지고 있는 것입니다. 오늘 믿음의 공동체에서 어떻게 이 시대를 보낼 것이며 혹은 나중에 있을 우리의 사역을 생각하면서 이 과정을 어떻게 보낼 것인가 하는 측면에서 조금 본다면 거룩하신 하나님을 중심에 모신다하는 것이 금과옥조(金科玉條)이죠. 그리고 하나님 앞에서 뿐만 아니라 공동체와 함께 걸어가기 위해서 이웃과의 관계에서도 자기 자리가 있으므로 구속사적인 성취인 연합을 이루어서 가게 된다는 것입니다. 구속사적인 하나님의 경륜과 은혜의 베품을 통해서 볼 때 당연히 우리 믿는 사람들은 그리스도 안에 있고 연합된 사람들이죠. 성경은 끊임없이 권면합니다. "내 안에 거하라." 이것이 성경의 교훈에서 가장 큰 특징 가운데 하나죠. 내가 하나님의 자녀면 하나님의 자녀답게 살라는 것입니다. 그 원칙과 은혜를 따라서 제대로 머물게 될 때 열매를 많이 맺겠다는 것이 우리 주님의 약속입니다.

하나님께서는 한편으로 우리에게 보장을 해주셨습니다. 하나님의 보장은 확실해서 이중 잠금장치와도 같습니다. 우리가 하나님 안에 있으면, 그리스도 안에 있으면 거기서 빼낼 자가 없어서 그 자체로 완벽한 안전장치인데, 또한 그리스도가 우리 안에 계십니다. 그리스도가 우리 안에 자리를 잡으시면 떠나실 일이 없거든요. 이런 이중의 안전장치를 통해서 우리는 계속 하나님의 자녀 된 확신 가운데 거할 수 있는 은혜를 공급 받는 줄 압니다.

그런데 거기 머물러라 하였습니다. 그냥 있어라 하는 것이 아니라 그 안에 계속해서 머물라는 것이지요. 물론 그러노라면 많은 유혹이 있고 많이 힘들고 어렵습니다. 그리고 일상의 따분함이 있습니다. 이런 모든 것에도 불구하고 계속해서 머물라는 것이죠. 제가 아침에 운동을 하다 보면 발견하는 것 중에 하나가, 여러분은 진작 발견했을지도 모르지만, 운동은 아무리 해도 적응이 안돼요. 물론 할 때는 힘들어도 하고 나면 너무 좋은데, 그 다음에 일어나서 하려면 여전히 원점으로 돌아가서 하기가 싫어요. 그런데 하고 나면 여전히 또 좋습니다. 말하자면 쉽지 않습니다. 치열한 싸움이 늘 있습니다. 이렇게 힘들고 귀찮은 과정에서 치열하게 견디며 그런 생각을 하죠. 성경의 하나님이 나의 하나님이 된다. 이런 과정을 통해서 책에서만 보고 설교로만 듣던 그 하나님이 나의 하나님이 된다! 그러므로 이 과정이 그렇게 중요하다. 저는 신학교 과정을 그렇게 생각해요. 하나님이 나의 하나님이 되는 과정이다! 제가 여러 모로 나름대로 보고 관찰하고 결론을 내린 것입니다. 어떤 사람이 목회할 준비가 되어 있느냐? 하나님을 나의 하나님으로 고백할 수 있고, 더 나아가 나의 하나님으로 알고 신뢰할 수 있는 경건의 연습과 삶의 훈련이 되어 있는 사람이라야 한다! 바로 이것이 우리의 졸업 후 사역과 목회를 위한 준비의 요체가 아니겠나 하는 생각을 하게 됩니다.

여기는 이제 가나안이고 에덴동산 같기도 한 곳인데 광야 얘기를 해서 미안합니다. 광야 길의 측면을 제가 주로 부각시켜서 말씀을 드렸습니다. 약속의 땅에 나아가는 과정의 원리를 이스라엘이 진영을 이루고 광야 길을 가는 것을 통해서 보았습니다. 이러한 원리에 따라 나감으로써 결국 연단 받은 하나님의 백성이 되기 바랍니다. 하나님을 나의 하나님으로 고백하며 일상을 살고, 또 사역을 준비하는 분들이 다 되길 주의 이름으로 축원합니다.

# 바른 생활

잠언 1장 1절-5절

**현창학** (구약학)

잠언 성경을 가지고 바른 생활에 대해서 생각하겠습니다. 초등학교 교과서 교과목 이름도 바른 생활인데 이렇게 대학원에서 바른 생활을 또 가르치나 생각하실 수 있겠지만 언제나 가장 기본적인 것이 어렵고 그것을 삶으로 소화해서 살아내고 또 좋은 영향을 사회에 끼치는 것은 상당히 신학적인 처리가 필요하고 또 그것에 대한 각오가 필요하고 기도가 필요한 일이기 때문에 공부할 필요가 있습니다.

## I. 잠언 전체의 교육목표인 의와 공평과 정직

오늘 특별히 1장 1절에서 5절 말씀 읽었습니다만 시간을 줄이기 위해서 5절까지만 읽었는데 1절에서 7절 전체를 제목으로 봅니다. 구조 분석을 해보면 3절 하반절에 잠언 전체의 교육 목표가 나오고 있습니다. 우리 성경에는 3절이 "지혜롭게 공의롭게 정의롭게 정직하게 행할 일에 대하여 훈계를 받게 하며" 이렇게 되어 있는데 원문에는 지혜롭게 훈계를 받게 하며가 3절 상반절이고, 공의롭게 정의롭게 정직하게 행할 일에 대하여가 3절 하반절입니다. 그리고 이 3절 하반절이 구조적으로 볼 때에 핵심에 해당합니다. 제목의 핵심이라는 것은 곧 잠언 성경이 무엇을 가르치고자 하는 것을 말씀해 준다고 볼 수 있습니다.

여기 '공의롭게 정의롭게 정직하게'라는 번역이 좀 일관성이 없어서 표현을 바꾼다면 의와 공평과 정직이 됩니다. 제가 개혁 한글에 훈련이 많이 돼 있어서 그런지 모르겠습니다. 번역을 보면 의는 공의로 공평은 정의로 정직은 그대로 정직이네요. 조금 번역이 바뀌었기 때문에 수정을 해서 말씀드립니다만 어쨌든 의와 공평 정직 다 무슨 말이냐 하면 바른 생활을 말합니다. 의로운 생활, 공의로운 생활, 정직이라는 것도 영어로 upright 똑바로 또 흔들림이 없이 서 있는 것입니다. 어디를 가는데도 치우침이나 곁눈질이 없고 곧바로 보고 나아가는 생활입니다.

잠언은 특별히 젊은이들에게 곧바른 생활을 권하는데, 말도 곧바르게 생각도 곧바르게 행동도 바르게 하는 바른 생활을 추천하고 강력히 권고하는 책입니다. 잠언은 좋은 인생의 팁(tip)들이 있는 줄 알았는데 이건 또 무슨 소리인가! 여러분 그런 여러 가지 삶의 세세한 교훈들 지혜들 이런 것들도 전체적으로 보면 잠언에서는 바른 생활이라는 큰 우산에 들어가게 됩니다. 잠언 전체는 바른 생활을 청년시절부터 훈련해서 그것이 가치가 되고 의식이 되고 말이 되고 행동이 될 수 있도록 이렇게 권장하는 책이에요. 그렇게 바르게 살 때에 그 인생이 참으로 성공하는 인생이 된다는 가르침을 주는 책입니다.

잠언이나 욥기 전도서를 지혜서라 그러는데 잠언이 가르치는 지혜가 무엇이냐 바르게 곧게 사는 거예요. 남을 속이거나 거짓말하거나 게으르거나 하지 않고 정직하게 살아라. 그리고 이렇게 정직하고 바르게 살면 형통한다는 것을 가르쳐 줍니다. 그래서 잠언은 지혜가 생명나무라, 오른손에는 장수가 있고 왼손에는 물질과 영광이 있다, 이 땅에서 하나님이 많은 것으로 복주시고 갚아 주신다는 약속을 하고 있습니다.

1장 3절에서만 바른 생활을 강조하는 것이 아니고 잠언은 의, 의인, 의로운 생활을 수도 없이 강조하는데, 거의 백 번 가까이 의라는 말이 나오고 있습니다. 비록 의라는 말을 쓰지 않을 때도 무엇이 바른 삶인가를 가르치고 있어요. 또 지혜라는 말 지혜로운 자라는 말이 늘 의, 의인과 동의어로 쓰이고 있습니다. 그러니까 바른 생활이 얼마나 중요한지 모릅니다. 잠언 한 권을 이해하려 할 때 바른 생활을 내 가치와 정신으로 삼고, 그런 삶을 앞으로 목회할 교회 주일학교에서 가르치리라 생각하는 것은 참으로 잠언을 바르게 이해하고 적용하는 것이라고 볼 수 있습니다.

이미 말씀 드렸습니다만 잠언이 가르치는 바른 생활은 일반 학교 교육에서 가르치는 바른 생활하고는 조금 의미가 다를 수 있어요. 어떻게 살아야 하는 게 바른 것이다 하는 것은 하나님이 인간 양심에 주신 것이기 때문에 양상은 같은 것일지 모르지만 학교에서 가르치는 바른 생활은 힘이 없는 단순한 강의에요. 그렇게 하면 좋다. 또 우리 인간의 양심도 그렇게 말을 하고 있어요. 그러나 성경이 가르치는 바른 생활은 미래를 위한 현명한 선택입니다. 아무렇게나 선택해서 살아가지고는 밝은 미래가 보장되지 않는다는 거예요.

여러분, 잠언은 이 우주에 도덕 질서가 있다고 가르치고 있어요. 우리 합동신학 대학원대학교 교훈에 바른 생활이 있지만 무책임하게 팽개친 인생, 그릇되게 살고 거짓되게 살고 근면하지 않은 생을 경계하는 굉장히 의미 있는 교훈이라고 하지 않을 수 없습니다. 이것은 21세기를 위한 교훈이라고 말할 수 있겠는데 결국 우주에는 도덕 질서가 있다는 거예요. 바른 생활을 한 사람에게 형통과 복을 주신다. 잠언을 잘 깨닫는 것은 인생의 문법을 터득하는 거예요. 잠언을 통해서 무엇이 바른 선택인지를 알고 정당한 의식과 가치를 정립하고 개인의 삶에서 실천의 길로 나아가야 합니다. 이런 의로운 생활을 추구하고 그로써 우리가 살아가는 이 사회가 더 의롭고 공의로운 사회가 되도록 우리 사역자들 자신이 하나님 나라와 의를 건설하는 교육의 책임을 지게 되는 것입니다.

잠언을 몇 가지로 정의해 본다면 교육서입니다. 참으로 우리 젊은이들에게 책임 있는 인생을 살 수 있도록 가르치는 책입니다. 두 번째, 정신과 가치관을 심어주는 책입니다. 단순히 몇 가지 팁을 가르쳐 주는 것에 그치지 않고 지금 말씀드렸다시피 우주의 도덕 질서, 인생의 문법, 바른 생활과 의로운 생활의 가치와 의미를 가르쳐 주는 책입니다. 한편 세 번째로 말씀드린다고 한다면 인격형성(character formation)의 책이에요. 단순한 몇 가지 삶의 요령만 익히는 게 아니고 무엇이 바른 삶인지를 가치로 의식으로 정신으로 내재화하도록 가르치는 것이 이 잠언입니다.

어떤 미국 목사님이 그런 말씀 하시는 것을 들은 적이 있습니다. 현대 사회를 가리켜서 교육받은 무능의 시대다, 또 교육 받은 불행의 시대다.

많이 배워서 재능은 있는 것 같지만 의미나 가치를 못 찾아서 방황하는 시대라는 것입니다. 여러분, 영수국은 있지만 잠언 한 권을 읽히지 못하는 것이 우리의 학교 교육입니다. 많이 알고 재능은 있는 것 같지만 가치가 상실된 오늘 아닙니까? 제 아들도 둘 다 지금 대학을 다니고 있는데 대학생들이 목표가 없대요. 그래서 전부 취업 준비를 한다고 해요. 야, 우린 옛날에 데모도 했다. 가치를 위해서 데모 하고 민주주의를 위해서 길거리에 나서기도 했다. 전 그냥 따라다니기만 하는 평범한 사람이었는데, 그래도 가을이 돼서 학교에 공부하러 가면 전부가 심각한 인상을 담고 있었어요. 뭐 민족의 운명을 자기가 다 짊어진 것처럼… 어쨌든 젊은이들이 고민하던 시대였어요. 민주화가 되고 산업화가 되고 웬만큼 살게 되니까 목표가 없어진 거죠. 젊은이들 탓이 아닙니다만 어쨌든 간에 목표가 없답니다. 이상이 없답니다. 안전한 직장, 조금 더 보수가 나은 곳, 무슨 시험을 보면 안정되게 일생을 살 수 있을까? 도서관은 불야성처럼 불이 꺼지지 않는데 전부 취업 공부를 하는 취직 학교가 되어 버린 것 같아요. 의미와 가치를 못 찾아서 방황하는 그런 시대가 되고 말았습니다.

의인은 금방 생각해도 바른 생활로 직결되니 그것이 짐이 된다고 할 수 있겠지만 사실은 인간 존재의 목표요 가치요 존재 의미가 되어 주는 거예요. 예수 믿고 복 받자! 매우 단순한 논리 가지고 예수님 믿음 다음 아무런 삶의 관리를 안 해요. 세상이 어떻게 돌아가도 관심도 없어요. 어떻게 살아야 하는 것인지 무엇이 의미인지 우리 크리스천들도 그러한 자각 없이 오랜 시간을 살아가고 있는 것은 아닌가요? 하나님은 이 땅에 당신의 나라와 의를 세우기를 원하고 계시죠. 여기도 의가 나와요. 구약에만 의가 나오는 게 아니고, 마지막 심판 때도 하나님 앞에 의의 문제를 가지고 계산하게 되는 것입니다. 비단 잠언만 의를 말하는 게 아니지요. 다른 성경에도 다 나와 있는 인간 삶의 목표입니다. 구속사 안에 그런 것이 다 들어있는데 잠언은 그 중에 삶의 가치 삶의 의미, 그 부분만 추출해서 젊은이를 교육하려고 하는 책인 것입니다. 하나님은 이 땅에 그의 나라와 그의 의를 이루시기를 원하시고 의인을 원하시며 의의 종들로서 기독교인들이 살아가기를 원하시는 것입니다. 마지막 심판 때에도 물론 의의 문제를 가지고 계산하게 되지요.

이 우주에는 일정한 질서가 있으니 요령껏 살아가지고 복을 받을 거라고 생각지 말라는 것이 잠언이 가르쳐 주는 보응의 원리입니다. 요행히 좋은 일이 있으면 생이 형통할 거라고 생각하는 요행주의가 아닌 엄연한 도덕 질서가 우주에 있다는 것을 가르쳐 주는 것이 잠언이 가르쳐 주는 교훈이라는 것입니다. 굉장히 듣기 싫지요. 의도 부담되는데 보응까지 들고 나오니까요. 그래도 의와 보응이 바로 연결되는 게 사실입니다. 잠언 3장 33절에 보면 "악인의 집에는 여호와의 저주가 있거니와 의인의 집에는 복이 있느니라." 많이 읽은 기억이 있겠지만 잠언에 욥기에 전도서에 무수히 많이 나오는 말씀입니다. 2장 21-22절도 마찬가지입니다. "대저 정직한 자는 땅에 거하며 완전한 자는 땅에 남아 있으리라. 그러나 악인은 땅에서 끊어지겠고 간사한 자는 땅에서 뽑히리라."

지금 3장 33절에서 "악인의 집에는 저주가 있거니와" 그랬는데 너무 부담을 가질 필요는 없습니다. 저주라는 것은 당시 고대 사회에서 공의 보존 방편이었고 또 언약에 충실하게 붙어 있도록 하기 위한 장치였습니다. 또 평행법의 원리로 볼 것 같으면 뒤에 있는 의인의 집에 복이 있느니라를 강하게 긍정하는 방법입니다. 평행법이란 것은 전반절 후반절이

같은 사상이니까요. 의인의 집에 복이 있다는 것을 강하게 촉구하고 가르치기 위해서 악인의 집에 저주가 있다고 말씀하는 것입니다.

## II. 바른 생활은 인간 존재의 의미

오늘 우리가 살아가는 삶에서 바른 선택 그른 선택 하나하나는 미래에 영향을 끼치는 것입니다. 나의 미래를 내가 책임지고 내가 결정하는 바른 선택이 요청되는 것입니다. 우리는 은혜로 구원 받고 은혜 안에 사는 사람들이라는 식 훈련이 많이 되어 있는데, 그것은 물론 사실이죠. 그것을 떠나서는 복음이 존재할 수 없으니까요. 그래서 미래를 향한 선택이라든지 책임이라든지 하는 말들은 바로 부담이 되고 어색합니다. 왜냐하면 우리는 내가 아무것도 할 수 없다고 생각하고 두 손 놓고 하나님 은혜에만 맡기는데 익숙해져 있어서, 내 인생과 역사를 위해서 내가 책임 있는 선택을 하고 그 선택을 향하여 끊임없이 투쟁해 나간다는 표현을 들을 때 굉장히 어색한 거예요. 나는 아무 것도 못하는 사람인데… 맞는 말씀입니다. 우리는 아무 것도 할 수 없는 존재인 것이 사실입니다. 그래서 우리 신앙인은 참으로 두 손 다 내려놓고 모든 것을 하나님께 맡기는 기본적인 겸손과 의지하는 태도가 있어야 합니다. 그러나 동시에 필요한 것은 구속의 은총으로 우리가 새 존재가 되었다는 사실 아니겠습니까? 새 존재를 주신 구속의 은총을 믿고 의의 투쟁에 우리 자신을 던지는(commit) 것까지 있어야 그게 참된 신앙입니다.

물론 아무 것도 못하죠. 해보면 안 되는 것을 경험합니다. 철저히 부패한 죄인이기 때문에 내 앞에 다가오는 그 좌절 앞에 두 손을 다 내려

놓고 하나님만 의지하는 거예요. 주님만 바라보는 거예요. 그건 사실이긴 하지만 동시에 잊지 않아야 할 것이 있습니다. 앞의 것은 잘해 왔죠. 그것도 안 한 사람이 있는지 모르겠습니다. 앞의 것을 잘해 왔다고 그것만 매달리고 다른 것을 추구하지 못하면 절름발이가 되는 게 우리 신앙이에요. 그래서 우리가 동시에 잊지 않아야 할 것은 구원의 은총으로 나는 새 존재가 되었다는 사실입니다. 따라서 의의 바른 생활을 위한 투쟁에 나를 전적으로 헌신해야 합니다. 단순한 당위가 아니고 할 수 있는 능력이 나에게 주어진 거예요. 이것을 우리는 잊지 않아야 하는 것입니다.

잠언 설교할 때마다 늘 부담이 되는 것이 바로 그 점이에요. 변명을 하게 돼요. 우리는 아무 것도 못하는 죄인이고 전적으로 주님의 보혈에만 의지해서 의인이 되었는데 또 의를 왜 들먹입니까? 구원 받았는데 그러면 이제 삶을 어떻게 살아야 하는가 하는 그 기준으로 잠언은 우리에게 의로운 삶, 바른 생활을 가르쳐주고 있습니다. 구원 받았다고 해서 아무 것도 안 하고 손을 내려놓는 것은 아니니까요.

율법을 지키는 것이 의입니다. 율법과 의를 동의어로 말씀하고 있는 데도 많아요. 제가 수업 시간에 우리 재학생 학우들하고 그런 얘기를 많이 합니다만 이 지구상에는 두 종류의 인류가 살고 있습니다. 그냥 인류 전체가 한쪽이고 나머지 한쪽은 뭡니까? 인류 버전 2.0인 새 존재들이 있습니다. 세끼 밥 먹고 똑같이 활동하지만 명백히 구별됩니다. "그리스도의 부활의 생명이 있는 누구든지 그리스도 안에 있으면 새로운 피조물이라 이전 것은 지나갔으니 새 것이 되었도다." 이것이 그냥 구호인가요? 실존이에요. 의를 행할 수 있는 능력을 하나님이 주신 것입니다. 그렇다면 우리의 전체적인 복음의 구조에서 말하면, 우리가 미래를 위한 선택을 하고 책임을 지는 생활을 한다는 것은 조금도 이상한 말이 아닌 거예요. 관심이 너무 적었다는 생각이 들 뿐인 것입니다.

아마 예레미야서 어디 주해하다가 그 말씀 하신 걸로 기억합니다. 칼빈 선생님이 인간 존재의 목적은 무엇인가? 인간 존재의 목적은 하나님을 아는 것이다 그렇게 말씀하셨어요. 그것을 조금 고쳐서 잠언 버전을 만든다면 인간 존재의 의미는 무엇인가? 바른 생활이다. 자신이 만든 목표, 자신이 만든 성취에 모든 걸 걸고 살아가니까 그것이 무너질 때 좌절하고 심지어 생을 포기하는 거예요. 우리나라가 요즘 왜 이렇습니까? 2014년 한 해 한강에 투신한 사람이 396명이래요. 그 중에 마포대교가 1위라고 돼 있더군요. 최근에는 CCTV를 설치해 놔서 수상한 사람이 나타났다 하면 기동대가 뜨기 때문에 396명 중에 실제로 목숨을 잃은 사람은 10명 미만이라고는 합니다. 그러나 대체 이게 뭔 짓이에요? 근 6-7년 동안의 통계를 보면 우리 한국 사회는 하루 평균 40명 이상이 목숨을 끊는다고 합니다. OECD국가 중에 1위라는 건 여러분이 많이 들으셨겠지요. 뭐를 추구해야 하는지 모르는 의미 상실의 세대가 되어 버렸어요.

전에 카슨 교수님이 와서 하신 말씀에 도움을 받습니다만, 자기가 만든 성취 목표 자기가 적절하다고 생각하는 쾌락에 의미를 두기 때문에 그것에 곰팡이가 필 때는 그냥 좌절해버리는 거예요. 그러나 하나님의 의가 의미이고 바른 생활이 의미이죠. 성공하지 못하고 성취를 좀 못 해도, 즐거움이 적어도, 아니 행복하지를 못해도 바로 살았다면 의미 있게 산 거 아닌가요? 그걸로 하나님 앞에서 계산할 것입니다. 예수 믿고 어떻게 살아야 하는가 하는 것에 대해서 우리는 이렇게 생각을 해봐야 합니다. 정신이 황폐할 대로 황폐해진 사회가 아닌지, 과도한 자본 추구의 경제를 되돌아보아야 합니다. 그것은 정치 지도자들이나 사회 지도자들의 당연한 책임이지요. 사실상 정신적 가치를 기르는 데 등한히 하며 물질 만능의 시대로 계속 돌진한다면 우리 사회는 어디로 갈지 미래를 보장할 수 없는 것입니다.

여러 가지 통계가 우리 사회가 너무 힘들다는 것을 보여주고 있지 않습니까? 아까도 말씀 드렸다시피 합신의 교훈이 바른 신학, 바른 교회, 바른 생활이라는 것은 그런 의미에서 굉장한 의의를 지닌다고 봅니다. 우리 자신이 바르게 사는 게 중요하다는 사실을 체득하고 그것이 존재의 의미이며 하나님이 우리에게 복 주시는 길이며 그게 도덕질서니까요. 그리고 그것이 참으로 우리 생을 풍성하게 한다는 것을 체득할 뿐만 아니라 우리 주일학교 아이들에게 또 우리들에게 태어날 자녀들에게 귀에 못이 박이도록 심어 주어야 할 것입니다.

이슬람은 수직적 교육이 되는데 기독교는 수직적으로 신앙 전통이 이어지지 않고 흘러 지나간다. 우리 교수님 중에 한 분이 그런 말씀하셨는데요. 웬걸요 잠언은 수직적 교훈 아닙니까? '내 아들아,' 하고 자기 자식에게 바른 생활을 가르치는 책이에요. 오늘 우리 사회는 바른 생활이라는 것에 대해서는 너무 눈이 멀고 감각이 죽어버린 세상 같아요. 신문에 많이 나서 그런지 모르나 평범한 사람들보다 리더들이 더 그런 것 같아요. 언제부터인지 도덕적 이상과 정신적인 가치라는 말을 꺼내기도 힘들 정도로 세상이 변했어요. 그런 말을 꺼내면 케케묵은 사람이 되고 말지요. 눈앞의 이익만을 추구하는 자본주의적 가치는 횡행하지만 정신적인 가치나 도덕적인 이상은 먼 나라 이야기가 되고 말았습니다. 정결한 사회를 만들자는 것은 말도 꺼낼 수 없을 정도로 낯선 시대상인지라 조금 타락하는 건 뭐 당연히 그럴 수 있지, 하는 분위기입니다.

우리는 이제 정신적인 중심을 잃고 가치의 공황상태에 들어간 지 이미 오래가 아닌가, 그런 생각을 합니다. 역사적으로는 조선시대에는 공맹 사상 가지고 버텨왔죠. 격동의 시기가 가져다 준 유익도 없는 건 아니지만 그러나 일제 36년을 거치고 동란을 거치면서 어쨌든 새로운 가치가 자리를 잡고 있지 못하는 가운데 사회는 전반적으로 오직 재화, 경제, 돈으로만 쏠려 가고 있습니다. 정말 천민적인 시대상으로 굴러 가고 있는 것 같습니다.

의라는 것, 바른 생활이라는 것의 가치와 의미를 세워서 미래를 위해서 정신적인 기초를 놓는 것이 우리 사역자들의 책임이 아니겠습니까? 민중은 복 받는 것만 좋아합니다. 위로해 달라고 요구합니다. 물론 복을 빌고 위로하고 찾아다니면서 상처를 보듬어 줘야지요. 두 가지가 다 필요한데 하나의 필요에만 내려갔다가 안 올라와 버린다 말이에요. 그럼 어떻게 됩니까? 사역자와 교중이 공멸하는 거죠. 무속 신앙에 빠져서 공멸하는 거예요. 교인들은 죽을 지경으로 나와 앉아 있지요. 불쌍히 생각하고 거기로 내려와서 같이 뒹굴어야 하죠? 그 마음이 없으면 또 무슨 목회를 합니까? 그러나 거기 그냥 두지 말고 위로와 동시에 거기에서 끌고 올라와야 하는 것입니다. 바른 생활과 하나님 나라의 이상까지 끌어올려야 하는 것입니다. 우리 사역자들이 이 책임의 부담자들이 아니겠나, 하고 생각을 합니다. 단순히 교우들의 신앙 성숙과 안정을 위해서뿐만 아니라 우리 사회에 정신적 자산의 토대를 놓기 위해서 바른 생활과 보응의 원리라는 엄연한 질서에 착념해야 할 것입니다.

최근에 재미있는 칼럼을 신문에서 읽었는데 2015년 6월 25일 동아

일보입니다. 6월 25일이라 특별히 그런 칼럼을 실었는지 모르겠는데 이화여대 국제대학원 이병일 교수님이 그런 글을 썼더라고요. 우리 한국은 20세기 후반에 산업화 민주화를 이루고 원조하는 국가로까지 부상했어요. 실감이 잘 안 나실 수도 있지만 저희 어릴 때는 정말 배고픈 일이 흔했어요. 저희 선친 때는 먹을 게 없어서 나무뿌리 캐다가 그걸 끓여 드셨다 그랬죠. 가난이라든지 질병이라든지 적어도 저희 세대에는 그런 근대사의 비극에 진저리가 나는 거예요. 한국이 1957년에 1인당 국민소득 67불로서 세계 최하위였었다죠. 오늘날은 3만불에 종합경제력 세계 9위랍니다. 생각할 수 없는 복을 하나님께 받았는데 어쨌든 이 교수님의 해설은 20세기 후반 50-60년 사이에 산업화 민주화를 이루고 원조하는 국가로까지 격상되었다, 서구의 국가들이 200년 동안 한 일을 반 세기 만에 따라잡은 고속 질주였다 그것입니다.

그런데 그게 무슨 힘으로 됐는지 사람들이 모른다는 겁니다. 그렇게 고속 질주할 수 있었던 데는 일본, 미국, 유럽과 같이 따라잡을 상대가 있기 때문에 그랬다는 거예요.. 문제는 21세기가 되어서 고속 질주가 사라진 후에 한국은 방황하고 있다. 한국 얘기만 해서 죄송합니다만 우리 동아시아가 다 같이 들어도 좋겠지요. 지금 한반도를 둘러싼 긴장과 갈등, 또 복잡하고 첨예한 주변 정세를 생각하면 한국 사회는 방황할 여유가 없다는 것이지요. 통일이 되었습니까? 또 내적인 갈등은 없습니까? 그렇게 방황할 여유가 없는데 방황하고 있다. 왜냐면 따라잡을 상대가 없어졌기 때문에 그게 심각한 문제라는 거예요.

## III. 새로운 도전의 목표와 사역자의 역할

그래서 이분이 제안하는 것은 뭐냐? 이 지구상 인류 사회가 유례없는 풍요를 누리고 있지만 말할 수 없는 빈곤 속에 신음하는 국가들이 많다. 이 빈곤국들을 원조하는 서구의 모델은 실패했기 때문에 이제 한국에 희망이 있다. 그들이 빈곤을 탈출하려는 꿈을 진정으로 도와줘야 한다. 그것이 새로운 블루오션이다. 따라잡을 상대는 없어졌지만 새로운 블루오션, 새로운 도전의 목표를 찾는다면 빈곤국을 품고 같이 빈곤을 탈출할 수 있도록 책임을 감당하는 것이 새로운 목표다. 이분의 말이 다 맞는 것은 아니지만 어쨌든 신선한 주장입니다.

한국 사회가 다시 한 번 긴장하고 다시 한 번 분발할 수 있는 새 모델, 새 도전, 새 목표는 빈곤국을 진정으로 품고 그들의 빈곤 탈출을 도와주는 일이다. 한국의 산업화 민주화 세대에는 자신감이 있고, 청년들의 세대에는 열망이 있으며, 또 세계를 경영한 경험이 있는 대기업의 경험, 그리고 탄탄한 기술력을 지닌 중소기업의 실력이 있답니다. 한국은 참되게 지구촌의 빈곤 퇴치를 위해서 봉사할 수 있는 나라요 이것이 새로운 블루오션이다. 이 과제에 더 적극적이고 더 창의적인 관심을 가질 때에 한국은 방황을 끝내고 세계라는 블루오션으로 눈을 돌려 새로운 도약의 기회를 맞이할 수 있다, 이런 내용으로 쓴 것을 보았습니다.

과연 그렇다면 이것이 우리 청년들의 새 목표요 새 동기가 될 수 있겠죠. 그런데 저는 여기까지 읽으면서 필자가 어떻게 해서 반세기 만에 이와 같은 고속 성장을 했는가 하는 내적인 원리는 모르고 있구나 하는 생각이 들었어요. 그리고 또 한 가지, 새로운 동기 새로운 목표 새로운 블루오션을 제시하기는 했지만 그것을 정말로 추진할 수 있는 힘은 어디에 있겠는가 하는 생각을 하지 않을 수 없었습니다. 특별히 이것은 우리 신앙인들이 새롭게 생각해야 한다는 생각이 들었습니다.

여러분, 만약에 가난에 찌들어서 늘 얻어 쓰기만 했던 나라가 빈곤국들의 빈곤 탈출을 진정으로 도와줄 수 있다면 그것은 우리나라로 볼 때도 홍익인간의 이념에 맞는 것이고, 그런 것은 논외로 하더라도 아브라함의 소명이 그거 아닙니까? 하나님을 알게 하고 참된 복을 누릴 수 있도록 만민에게 복의 근원이 되는 것이 선택 받은 사람들의 몫이라고 한다면 필자의 주장이 아니더라도 우리 그리스도인들, 또 복을 받은 사회가 감당해야 할 하나의 모델은 될 수 있을 것입니다. 그런데 문제는 이것이 구호나 이상에 그치는 것이 아니고 실천적인 청사진이 되고자 한다면 정신이 받쳐줘야 한다는 것입니다.

의와 공평과 정직이라는 대목에서 의는 다른 사람을 향한 사랑도 포함하는 내용입니다. 의와 공평과 정직이라는 이 가치를 배우고 실천하려는 좋은 마음과 그러한 실행 능력이 받쳐 줘야 블루오션도 찾아나갈 수 있고 새로운 모델도 개발할 수 있는 것입니다. 독일이 통일되고 조금 지나서 들은 얘기니까 지금부터 20년 전인데요, 1995년쯤 독일에 어떤 전문가가 그런 말 하는 것을 들었습니다. 통일이 되었는데 동독에 대한 서독의 원조가 점점 약해진다는 것이었습니다. 그렇게 경제적인 원조의 양이 적어지는 것은 다름이 아니고 정신적인 힘이 약해지기 때문에 원조가 제대로 되지 않아서 통일 사업이 삐걱거린다는 것이었죠. 우리가 잠언이 가르치는 의와 공평과 정직, 곧 바른 생활이라는 이 정신을 배우고 실천하려는 굳건한 마음과 능력이 있을 때에 우리 사회와 민족의 활로를 개척

할 수 있는 것입니다. 아까도 말씀드렸습니다만 우리에게 능력은 있다는 거죠. 그러나 그런 동기를 심어주는 것은 사역자들의 몫인 것입니다.

우리는 죄인입니다, 하고 하나님 앞에 고백하고 가만히 있어서는 안 되는 것입니다. 우리 기독교 신앙을 잘 들여다보면 '죄인입니다' 하는 순간에 새 힘이 솟는 게 기독교이에요. 회개와 동시에 부활의 새 능력이 용솟음치는 게 신앙인들의 삶의 원리죠. 세상을 바꾸려면 바른 생활에 대한 일사각오가 있어야 합니다. 저 같은 사람이 무슨 그런 거창한 화두를 말하겠습니까? 그러나 능력 있는 백성에게 동기를 가르쳐주는 일은 목사가 하고 싶은 꿈이에요. 먼저 내 삶에서 바른생활 거룩한 생활이 자리잡도록 애를 쓰고 그 다음에 그것이 나 혼자로 끝나지 아니해야 합니다. 율법이나 선지서들을 보면 사회에 대한 관심이 굉장히 많습니다. 실은 저도 사회에 대한 관심이 별로 없는 사람이지만 구약을 공부하다 보니까 어쩔 수 없이 사회에 눈을 돌리게 됩니다. 율법이나 선지서가 사회 문제에 관심이 많고 잠언도 그래요. 물론 잠언은 하나님을 기쁘시게 하고 개인에게 최대의 기쁨이 되는 것이 무엇인가, 이쪽에 더 관심이 많이 가 있는 책이긴 합니다. 아무튼 구약 성경 전체가 사회에 관심이 많습니다.

몇 년 전 설교할 때 그런 예를 든 적이 있는데, 여러분 청교도 어머니들은 자기 자녀들에게 늘 해주는 교훈 한 마디가 있었답니다. 열심히 살아라, 그리고 성공해라! Work hard, and be successful. 그래서 그 자녀들이 열심히 일해서 경제적으로 풍성해지고 그 힘을 기반으로 정치에 나가고 그 결과 미국의 정신을 결정하는 중요한 축의 하나가 되었다는 이야기를 들은 적이 있습니다.

우리는 잠언을 읽으면서 지혜서에서 가르치는 지혜를 따라 청교도 어머니들의 표현을 조금 바꿔 제시할 수 있겠습니다. 바로 살아라 그리고 성공해라! 내가 먼저 그렇게 하고 내 자녀들에게, 그리고 우리 주일학교 어린이들에게 가르쳐야 합니다. 왜 젊은이들에게 꿈이 없다는 말입니까? 자기가 좇는 세상적인 성취, 안정된 직장, 좋은 연봉, 짧은 근무시간, 많은 재화, 그런 것만 좇아가니까 좌절하고 바로 설 수가 없는 것이죠. 우리 그리스도인들이 마음에 가져야 할 이상은 겸손히 십자가 앞에 무릎을 꿇는 것이죠. 나를 영웅적으로 드러내는 것이 아니고 어쩔 수 없는 죄인으로서 주님의 십자가 앞에 겸손히 무릎 꿇는 것이 우리의 이상이며 우리의 로망이며 우리의 비전이 되어야 하겠습니다. 두 번째는 따라잡을 상대만 응시할 것이 아니라 이제는 하나님만 바라보고 의로운 싸움을 해야 하는 시대가 되었습니다. 세계를 바꾸고 세계를 복되게 하는 책임을 통감하며 그러한 꿈을 꿔야 하겠습니다.

길이 없을 때, 길이 안 보일 때가 문제이죠. 그러나 길이 있다면 이제는 앞으로 나아가기만 하면 되는 것입니다. 방법이 없고 길이 없어서 문제이지 길이 있다면 적어도 기독교인들은 반은 된 셈이에요. 부활의 능력을 믿고 기도하며 새 시대를 위한 새로운 동기에 나의 삶을 드리고 우리 주일 학교와 자녀들의 교육을 새롭게 하는 일에 헌신하는 우리들이 되어야 할 줄로 생각합니다.

# 긍휼의 자녀

**사무엘하 7장 14절-15절**

**김진수 (구약학)**

## I. 성령이 떠나간 사울

제가 단지 두 절을 읽었는데 이 속에는 정말 너무나도 풍성하고 또 많은 내용들이 들어 있습니다. 그 많은 내용들을 이 시간 다 나누기는 어려울 것 같습니다. 그래서 오늘은 긍휼의 자녀라는 제목으로 말씀을 나누고자 합니다. 우리가 사역자들이기 이전에 사역자들로서 부름을 받고 이곳에서 훈련을 받고 있습니다만 우리들이 누구인가 우리들이 어떤 사람들인가 하는 문제를 이 시간 생각하면서 같이 은혜를 나누기 원합니다.

본문 14-15절을 다 같이 한 번 더 한 목소리를 읽도록 하겠습니다. "나는 그에게 아버지가 되고 그는 내게 아들이 되리니 그가 만일 죄를 범하면 내가 사람의 매와 인생의 채찍으로 징계하려니와 내가 네 앞에서 물러나게 한 사울에게서 내 은총을 빼앗은 것처럼 그에게서 빼앗지는 아니하리라." 이어지는 16절 말씀을 또한 주목해 보시기 바랍니다. 하나님은 여기서 다윗 왕가의 왕이 죄를 범할지라도 은총을 빼앗지는 않겠다고 다짐하시듯이 말씀하십니다. 은총을 빼앗지는 않겠다는 말씀은 다른 말로 하면 긍휼히 여기시겠다 하는 말씀입니다. 특별히 하나님은 사울을 예로 들어서 설명하십니다. 사울은 여러분들이 잘 아시는 것처럼 범죄로 인해서 왕권을 잃어버렸습니다. 하나님께서는 다만 징계하는 차원에서 멈추지 않으시고 그에게 왕위를 영 빼앗아 버리셨습니다.

사무엘상 15장부터 31장까지는 사울이 어떻게 하나님께로부터 버림받아서 불행하고 비참한 사람이 되었는지를 잘 보여줍니다. 먼저 그에게서 성령이 떠나가고 하나님께서 보내신 악신이 그를 괴롭히기 시작하더니 마침내 블레셋과의 전쟁에서 비참하고도 끔찍한 죽음을 맞이하게 됩니다. 하나님께서 사울을 그래도 한때는 왕으로 택하셨던 인물인데 어떻게 그에게 악신을 보낼 수 있느냐고 반문하시는 분이 계실 겁니다. 여기서 악의 기원에 대해서 다 설명드릴 수는 없습니다. 조직신학 시간에 여러분들께서 다 잘 배우시는 줄 알고 있습니다. 하나님은 악을 인정하는 분이 아닌 것을 우리는 잘 압니다. 더욱이 하나님께서는 악을 내시는 분도 아니시죠. 성경은 그렇게 가르치지 않습니다. 하나님은 선하신 분이라 가르치십니다. 성경은 악조차도 선하신 하나님의 주권 하에 있다고 말씀하는 것이죠. 사울의 경우도 마찬가지입니다.

사울은 하나님의 명령을 범하는 반역죄를 범하였습니다. 잘 아시는 것처럼 하나님은 사울에게 아말렉을 멸하라고 명령을 내리셨습니다. 아말렉은 출애굽 시절부터 하나님의 뜻을 훼방하고 하나님의 백성을 대적하는 악한 종족이었습니다. 사울은 당연히 하나님의 백성을 대표하는 왕으로서 하나님의 명령에 순종했어야 했습니다. 그럼에도 불구하고 그는 자신의 세속적인 욕심 때문에 하나님의 명령을 어기고 살진 짐승들을 포획물로 사로잡아 왔던 것입니다. 사울이 이렇게 악을 행하자 하나님은 악한 영을 사용하셔서 그를 벌하셨던 것입니다. 사울이 반역죄를 범한 결과로 악신에 사로잡히는 벌을 받았다고 생각할 수 있겠지만 그러나 가만히 생각해보면 사울은 세속적인 욕심에 이끌릴 때부터 악한 영의 유혹에 빠져들었다고 볼 수 있습니다. 따라서 하나님께로부터 악신이 왔다는 성경의 표현은 하나님께서 이미 악에게 사로잡힌 사울을 완전히 악에게 내어주셨다는 의미로 풀이될 수도 있습니다. 다시 말해서 하나님은 여러 차례 경고에도 불구하고 악의 길로 달려간 그 사울을 버리셔서 그는 이제 완전히 악의 지배를 받는 비참한 운명에 처하게 됐다는 얘기가 되는 것입니다.

사울에게서 성령이 떠나셨다는 말도 오해해서는 안 됩니다. 원칙상 중생한 하나님의 자녀에게 한번 임한 성령은 결코 떠나시지 않습니다. 물론 중생한 하나님의 자녀도 범죄할 수 있습니다. 이 경우 하나님의 자녀들은 깊은 영적인 침체를 경험할 수 있고 성령의 감화력으로부터 멀어질 수 있습니다. 마음의 평화가 모두 사라지고 깊은 수렁에서 허우적거리듯이 낙망과 좌절과 혼란의 어두운 밤을 맞을 수 있습니다. 다윗이 시편 51편에서 고백하듯이 뼈가 꺾인 듯하며 주 앞에서 쫓겨났다는 느낌을 가질 수도 있습니다. 그러나 성령이 영 떠나가시는 법은 없는 것입니다. 중생한 사람의 경우 그렇다는 것이지요. 성령이 그들 심령 속에 내주하셔서 그들을 감화 감동하시고 그들을 일깨워주시며 마침내 빛나는 하나님의 자녀로 다시 회복되도록 하시는 데 바로 성령께서 우리의 심령 속에 거하셔서 그렇게 하신다는 것입니다.

그렇다면 사울의 경우는 어떻게 된 것일까요? 사울에게서 성령이 떠났다는 것은 무엇을 의미합니까? 먼저 사울에게 임한 성령은 왕의 직무를 수행하도록 하기 위한 것이었다는 사실을 우리가 기억해야 합니다. 하나님은 구원과는 무관하게 특정한 사람이 특별한 일을 하도록 성령의 은사를 주시는 경우가 있습니다. 브살렐과 오홀리압이 그런 예입니다. 이들은 출애굽 당시 성막을 만드는 일에 쓰임 받은 인물들입니다. 출애굽기 31장이나 35장에 따르면 이들이 하나님의 신으로 충만하여 성막과 성막의 각종 기구들을 만드는 일을 하였다고 합니다. 사사기에 등장하는 사사들도 마찬가집니다. 이방의 적들이 쳐들어오면 대개 하나님의 영이 특별한 능력으로 사사들에게 임하지요. 그러면 사사들은 성령의 능력을 힘입어서 적들을 물리치는 것을 우리는 사사기에서 보게 됩니다. 이와 같은 일이 사울에게서도 일어난 것입니다.

사울은 왕직을 수행하도록 세움을 받은 인물이지요. 그런데 왕직은 아무나 할 수 있는 일이 아닙니다. 성령의 특별한 지혜와 능력이 필요하다는 거지요. 그러기에 하나님은 사울에게 성령이 임하게 하심으로써 왕직을 수행할 수 있도록 능력과 권세를 부여해 주셨던 것입니다. 사무엘상 9장 10-11절에 따르면 사울은 선지자인지 의심을 살 정도로 하나님의 신이 그에게 크게 임했습니다. '크게 임하다'라는 말이 나오는데 이 말은 삼손에게도 사용된 말입니다. 삼손이 맨손으로 사자를 찢어 죽일 때도, 혼자서 블레셋 사람 30명을 죽일 때도 여호와의 신이 그에게 크게 임하셨다고 사사기 14장 6절과 19절에서 말씀하고 있는 것을 보게 됩니다.

그러므로 사울에게 임한 성령은 허물과 죄로 죽은 인생을 근본적으로 변화시켜서 하나님의 자녀가 되게 하는 중생의 은혜와는 아무런 관계가 없다, 그렇게 볼 수가 있는 것입니다. 그것은 다만 백성의 지도자 역할을 할 수 있도록 은사와 능력을 부여하는 것이었습니다. 따라서 사울에게서 성령이 떠났다고 하는 것은 그가 더 이상 왕직을 수행할 수 없는 상태에 이르렀다는 것을 의미하는 것으로서 우리가 받아들이게 되는 것입니다. 그와 동시에 그것은 그가 하나님께로부터 버림받았다는 것을 나타냅니다. 이것이 바로 사울에게서 일어났던 것입니다.

## II. 무조건적인 다윗 언약

그런데 다윗의 경우는 어떠합니까? 하나님은 그를 사울과는 다르게 대하실 것이라고 오늘 읽은 본문 말씀에서 말씀하고 있습니다. 사울에게서는 은총을 빼앗았지만 다윗에 대해서는 그렇게 하지 않으신다는 것이지요. 왜 그럴까요? 왜 하나님께서는 다윗을 이렇게 특별하게 대우하시는 것일까요? 사무엘하 7장에는 이에 대한 대답이 잘 보이지 않습니다. 하나님은 아무런 이유 없이 그냥 다윗에게 말씀하셨습니다. 내가 네 앞에서 물러나게 한 사울에게서 내 은총을 빼앗은 것처럼 그에게서 빼앗지는 아니하리라, 그렇게 말씀하셨다는 것이죠. 말하자면 하나님은 다윗에게 무조건적인 약속을 주신 셈입니다. 이런 이유로 인해서 다윗 언약을 무조건적인 언약이라고 부르기도 합니다. 하나님께서 다윗을 이렇게 특별히 대하는 이유가 무엇일까요? 이 질문에 대한 대답은 오직 하나라고 생각합니다. 하나님께서 다윗과 더불어 언약을 맺으셨기 때문인 것이죠. 다른 이유는 없습니다. 그렇다고 해서 다윗과 사울 사이에 실질적으로 아무런 차이가 없었다 하는 뜻은 아닙니다. 자세히 살펴보면 둘 사이에는 많은 차이점이 있습니다. 다만 두 사람이 모두 다 같은 죄인이라는 점은 동일합니다. 사울은 큰 죄인인데 반해 다윗은 그렇지 않을 것이라고 생각하기 쉽습니다. 그러나 그렇지 않지요.

둘이 어떻게 죄인인지 한 번 보시죠. 사울이 범한 대표적인 죄는 크게 두 가지입니다. 하나는 선지자 사무엘의 말을 무시하고 자기가 직접 제사를 드린 것이고 다른 하나는 아말렉을 진멸하라고 하는 하나님의 명령을 어긴 것입니다. 전자는 블레셋 군대와 대치하는 다급한 상황에서 일어난 일이며 후자는 어찌 되었건 이스라엘 편에 물질적인 이득을 가져오기 위한 것이었습니다. 따라서 사울의 범죄는 단순히 개인적이고 사적인 욕심만을 위한 것은 아니었다, 그렇게 볼 수도 있는 것입니다. 그런데 다윗의 경우는 어떠합니까? 그의 대표적인 범죄 행위는 밧세바와의 스캔들인데 이는 순전히 자신의 육체적 욕망 때문에 벌어진 일입니다. 더군다나 다윗은 이 죄를 감추기 위해서 살인까지 범하지요. 밧세바의 남편이자 자신의 충직한 부하인 우리아 장군을 비열하게 살해한 것이 그것입니다. 그러기에 죄의 경중을 따지자면 다윗의 죄가 더욱 추악하고 잔혹하다 하는 느낌을 받지 않을 수 없습니다.

그러나 사울과 다윗 사이에는 또한 무시할 수 없는 중요한 차이가 있습니다. 그것은 다윗이 자신의 죄를 통절하게 뉘우치고 회개하였다는 점입니다. 시편 51편은 다윗이 밧세바와의 범죄를 얼마나 깊이 회개하였는지를 잘 보여주고 있죠. 다윗은 선지자 나단이 찾아와서 자신의 치부를 드러내자 한 치의 변명도 없이 내가 범죄하였나이다 하고 자신의 죄를 인정하고 회개하는 태도를 보였습니다.

그런데 사울에게는 이러한 모습을 찾아볼 수가 없습니다. 그에게도 선지자 사무엘이 찾아갔습니다. 그러나 여러분들이 잘 아시는 것처럼 사울은 어떻게 했죠? 사울은 그저 변명하기에 바빴고 끝까지 진심으로 죄를 회개하고 통회하는 모습을 보여주지 못했던 것입니다. 우리는 다윗과 사울에게서 나타나는 이 차이에 주목을 하게 됩니다. 이런 차이는 도대체 어디서 온 것일까요? 인간적으로 다윗이 사울보다 더 좋은 사람이어서 그럴까요? 다윗은 단지 그의 회개하는 태도 때문에 하나님의 긍휼을 입게 된 것일까요? 사무엘하 7장에서 보는 무조건적인 약속을 고려하면 하나님께서는 다윗이 이처럼 회개할 것을 미리 내다보시고, 그가 그런 사람일 것을 아니까 그에게서 은총을 거두지 않으시겠다고 약속하신 것일까요? 우리들은 이 대답이 어렵지 않습니다. 그 질문에 대한 대답은 단 한 가지입니다. 다윗이 하나님의 긍휼을 입은 자였기 때문이죠. 다시 말해서 하나님께서 다윗에게 은총을 거두지 않으셨기에 그의 마음속에 통절하게 죄를 뉘우치고 회개하는 마음이 생겨날 수 있었다 하는 것입니다. 즉 그의 회개가 하나님의 긍휼을 불러온 것이 아니라 하나님의 긍휼이 그의 마음에 회개를 불러일으키는 진원지였다 하는 것입니다.

우리는 인간의 회개가 하나님의 긍휼을 불러온다고 생각하기 쉽습니다. 그러나 그것은 오해이며 순서를 뒤집는 것이죠. 하늘에서 비가 내리지 않는데 어떻게 땅이 젖을 수 있겠습니까? 아름다운 음악이 우리의 고막에 와 닿을 때 감동의 물결이 이는 것 아니겠습니까? 그처럼 그 놀라운 하나님의 긍휼이 우리의 심령에 와 닿아 우리의 심령을 움직여서 우리로 하여금 통회 자복하도록 만든다 하는 것입니다. 그러므로 누군가 죄를 통절하게 뉘우치고 그 죄로부터 돌아서게 된다면 이는 그가 하나님으로부터 긍휼을 입고 있는 자라는 증거가 되는 것입니다. 반대로 누군가 완고하게 회개하지 않고 계속해서 죄 가운데 머문다면 그것은 그가 긍휼을 입지 못한 자라는 증거가 될 수도 있는 것입니다. 따라서 저와 여러분들의 마음속에 죄를 미워하는 마음이 있고 죄에서 떠나는 일이 나에게서 일어나고 있다면 그것은 무엇보다도 하나님 앞에 감사드려야 할 내용이 되는 것입니다.

하나님께서 정말 저를 긍휼히 여기시는군요. 제가 정말 죄를 미워하는 것 보니까요. 제가 죄에 머물 수 없고 정말 죄에서 떠나는 것을 보니까 아 하나님이 과연 저를 긍휼히 여기시는군요. 이런 고백을 우리가 할 수 있게 된다는 것입니다. 우리가 남들보다 심성이 더 착한 사람이이서 죄를 회개한다고 생각하면 그것은 정말 큰 착각인 것입니다. 놀라운 하나님의 긍휼이 우리의 마음을 강권하시기에 우리가 죄를 혐오하게 되는 것이죠. 우리가 죄를 혐오하고 마침내 죄에서 떠나게 되는 것입니다.

지금까지 설명 드린 바를 정리하면 다윗은 사울과 똑같이 어쩌면 사울보다 더 심각한 죄인이었으나 하나님께 회개하고 용서 받은 자가 되었습니다. 그 이유는 하나님께서 다윗을 긍휼히 여기셨기 때문입니다. 다른 말로 하면 하나님께서 다윗에게 은총을 거두지 않으셨기 때문이죠. 그럼 왜 은총을 거두지 않으셨을까요? 그것은 바로 다윗이 하나님과 맺은 언약 때문이에요. 다윗이 어떤 사람입니까? 놀라운 사람입니다. 왜 놀라운 사람입니까? 하나님께서 다윗과 더불어 언약을 맺어주신 그런 놀라운 사람이라는 것입니다. 다윗은 하나님과 맺은 사랑과 헌신의 유대관계, 그것 때문에 하나님의 긍휼을 입는 자가 되었다는 것이죠.

이것을 보여주는 구체적인 실례가 있는데 바로 다윗의 인구조사 사건입니다. 사무엘하 24장에 다윗이 인구조사를 하여서 하나님의 진노를 사는 일이 소개됩니다. 하나님은 단에서부터 브엘세바에 이르기까지 온 이스라엘에 삼 일 동안 전염병을 보내십니다. 이로 인해 이스라엘 백성들 칠만 명이 죽게 됩니다. 엄청난 재앙이지요. 다윗이 인구조사를 함으로 인해 범한 죄가 크다는 것이죠. 나라의 근간을 흔들 정도로 심각한 죄였다는 것을 짐작할 수가 있습니다. 아마도 다윗은 인구조사를 함으로써 하나님께 속한 백성의 생명이 마치 자신의 권한에 속한 것처럼 취급하는 잘못을 범했던 것 같습니다. 그것은 하나님을 무시하는 심각한 반역 행위였습니다. 죄의 심각성을 고려하면 다윗이 하나님께 심판 받아야 마땅합니다.

하지만 하나님은 어떻게 하셨습니까? 하나님은 다윗을 원수 대하듯 하지 않으셨습니다. 하님은 그저 다윗을 징계하는 선에서 멈추셨어요. 놀라운 것은 하나님께서 다윗으로 하여금 징계의 방식까지 선택하도록 하셨다는 사실입니다. 하나님은 다윗에게 칠 년의 기근, 석 달 동안의 환난, 사흘 동안의 전염병 중 하나를 선택하도록 하셨습니다. 이것이 얼마나 놀라운 은혜입니까? 큰 죄를 지은 만큼 그냥 벌을 내려도 될 텐데 하나님은 그렇게 하지 않으셨습니다. 이유가 무엇일까요? 하나님은 다윗을 원수가 아닌 사랑하는 아들로 대하셨기 때문입니다. 그래서 그냥 벌을 내리지 않으시고 여러 가지 징계 중에 다윗으로 하여금 한 가지를 택하라고 말씀하셨는데, 다윗을 하나님의 사랑하는 아들로 대하셨기 때문입니다.

## III. 언약 백성을 향한 놀라운 하나님의 긍휼

다윗을 향한 하나님의 마음은 사무엘하 24장 16절에 더욱 선명하게 나타납니다. 24장 16절을 읽겠습니다. "천사가 예루살렘을 향하여 그의 손을 들어 멸하려 하더니 여호와께서 이 재앙 내리심을 뉘우치사 백성을 멸하는 천사에게 이르시되 족하다 이제는 네 손을 거두라 하시니 여호와의 사자가 여부스 사람 아라우나의 타작 마당 곁에 있는지라." 여러분들 천사가 예루살렘을 멸하려 하자 하나님이 어떻게 하셨다고 말씀합니까? 뉘우치셨다고 말씀해요. 여기 이 단어는 '나함'(נחם)이라는 단어인데 그 의미가 가엽게 여기다, 불쌍히 여기다, 긍휼이 여기다, 그런 뜻입니다. 다시 말해서 이미 내린 재앙과 앞으로 내릴 재앙에 대하여서 하나님이 어떻게 생각하셨느냐? 마음 아프게 생각하셨다는 것입니다. 하나님 안에 어떤 마음이 생긴 것이죠? 하나님 안에 지금 뜨거운 긍휼의 마음이 동하셨다 하는 것입니다.

사실 이 긍휼의 마음은 다윗에게 어떤 벌을 받을지를 선택하라고 하실 때부터 하나님의 놀라운 긍휼의 마음, 뜨거운 마음이 감지되었던 것이죠. 그런데 그 긍휼의 마음이 천사가 예루살렘을 멸하려 할 때 더욱 강하게 움직이기 시작했던 것입니다. 무슨 이유에서일까요? 아시는 바와 같이 예루살렘은 원래 여부스 사람들이 차지하고 있던 난공불락의 도시였습니다. 그런데 다윗이 이 도시를 정복하고 자신의 왕도로 삼았습니다. 그러므로 예루살렘은 무엇보다도 다윗과 특별한 관계가 있는 도성입니다. 이런 배경에서 보면 예루살렘과 관련하여 나타나는 하나님의 그 심경의 변화를 이해할 수가 있습니다. 무슨 얘기냐? 하나님께서는 다윗을 긍휼이 보시고 재앙을 멈추기로 작정하셨던 것입니다.

하나님께서 왜 다윗 왕가에 대하여서 이처럼 불쌍히 여기는 마음을 가지셨던 것일까요? 여러분께서 다 짐작하시겠지만 하나님께서 다윗과 더불어 맺은 그 언약 때문입니다. 이것은 우리의 신학적인 추론 이전에 다윗 자신의 고백입니다. 사무엘하 23장 2절과 5절을 한 번 보시기 바랍니다. 다윗의 마지막 말, 유언시가 기록된 곳인데요. "여호와의 영이 나를 통하여 말씀하심이여 그의 말씀이 내 혀에 있도다. 내 집이 하나님 앞에 이같지 아니하냐 하나님이 나와 더불어 영원한 언약을 세우사 만사에 구비하고 견고하게 하셨으니 나의 모든 구원과 나의 모든 소원을 어찌 이루지 아니하시랴."

이 절들은 다윗이 마지막으로 남긴 유언시의 일부입니다. 2절은 이 시가 다윗의 사적인 유언이 아니라 여호와의 신 곧 성령께서 다윗을 통해 하신 말씀인 것을 보여줍니다. 따라서 이 시의 모든 내용은 하나님의 말씀으로서 절대적인 권위를 갖는 것이지요. 자, 이런 이해를 바탕으로 5절을 다시 주목해 보시기 바랍니다. 여기서 다윗이 무엇이라고 노래합니까? "하나님이 나와 더불어 영원한 언약을 세우사 만사에 구비하고 견고하게 하셨으니 나의 모든 구원과 나의 모든 소원을 어찌 이루지 아니하시랴"라고 노래하고 있습니다.

보시는 바와 같이 다윗은 자신의 모든 구원이 하나님과 맺은 영원한 언약으로부터 나온다고  자기 말로 고백을 하는데, 성령의 감동으로 하고 있는 것입니다. 무엇입니까? 언약이 구원의 근거이자 토대가 된다는 것이지요. 이것은 그저 다윗의 개인적인 생각이 아닙니다. 여호와의 영이 다윗을 통해서 하신 권위 있는 진리의 말씀 곧 하나님의 말씀인 것입니다. 이 말씀에 비추어 보면 하나님께서 왜 예루살렘을 보시자 긍휼의 마음이 동하였는지를 알 수 있게 되는 것입니다. 하나님의 긍휼은 다윗과 맺었던 그 사랑과 헌신의 결속 관계, 바로 언약 관계로부터 왔다는 것이죠. 하나님이 그 재앙을 내리신 것에 대해서 마음 아파하신 것은 다윗과의 언약을 기억하신 결과라는 것입니다.

이것은 우리에게 무엇을 가르쳐 줍니까? 그것은 하나님께서 자신과 더불어 언약을 맺은 언약 백성들에게 기본적으로 어떤 마음을 가지고 계시는지를 열어 보여주고 있는 것입니다. 하나님의 속마음, 하나님께서 선택하셔서 자기 백성을 삼으시고 그들과 언약을 맺은 백성들을 향하여서 어떤 마음을 가지고 계시는가를 저와 여러분들에게 열어 보여주고 있습니다. 하나님께서는 저와 여러분들을 어떤 마음으로 보십니까? 긍휼의 마음으로 바라보시는 것입니다. 하나님께서는 그들을 긍휼히 보셨던 것인데, 그들이 죄를 범하여 심판을 받을 상황인데도 그러셨습니다.

우리가 범죄하면 하나님이 우리를 미워하다 못해 증오하시고 우리를 원수 대하듯 하실 것이라고 생각하기 쉽습니다. 그러나 그렇지 않습니다. 하나님은 다윗에게 분명히 말씀하셨습니다. 다윗의 자손 즉 언약 백성이죠, 다윗의 자손이 범죄하면 징계는 있겠지만 은총은 거두시지 않겠다고 말씀하셨습니다. 범죄하여서 매를 맞을 수밖에 없는 처지에 있을지라도 하나님께서는 당신의 자녀를 불쌍히 여기시겠다고 말씀하시는 것입니다.

호세아 선지자가 이것을 잘 보여줍니다. 아시는 바와 같이 이스라엘 백성은 우상 숭배를 일삼으며 온갖 세속적인 삶을 추구하다가 하나님의 심판을 받습니다. 메소포타미아의 강대국 앗수르가 심판의 도구가 되지요. 이 심판은 매우 무서운 것이었습니다. 성이 무너져 내리고 가옥이 불타며 사람들이 죽거나 포로로 사로잡혔습니다. 이 처절한 심판의 현장을 하나님은 도대체 어떤 마음으로 바라보셨을까요? 복수의 신과 같이 검게 피어오르는 전쟁의 연기와 길거리에 흐르는 전쟁의 피를 만족하게 바라보셨을까요? 그렇지 않습니다. 하나님은 그야말로 애간장이 끊어지는 듯한 긍휼의 마음으로 그 참상을 보셨던 것입니다. 호세아 11장 8절을 보시기 바랍니다. "에브라임이여 내가 어찌 너를 놓겠느냐 이스라엘이여 내가 어찌 너를 버리겠느냐 내가 어찌 너를 아드마 같이 놓겠느냐 어찌 너를 스보임 같이 두겠느냐 내 마음이 내 속에서 돌이키어 나의 긍휼이 온전히 불붙듯 하도다." 하나님께서 그렇게 말씀하신 것입니다.

여러분들 하나님의 마음이 느껴지십니까? 하나님께서 자기 백성들을 향한 그 뜨거운 사랑과 긍휼의 마음이 느껴지십니까? 이것이 바로 예수님의 십자가 사랑에서 나타난 거 아니겠어요? 하나님은 의로우시고 거룩하신 분이시기에 죄를 그냥 눈감아 주시지 않습니다. 하나님은 죄에 대해서 무섭게 진노하십니다. 그리고 죄 지은 자를 엄히 징계하십니다. 그러나 그 징계는 잔혹한 복수심과는 거리가 멉니다. 하나님은 당신의 의로우심에 따라서 죄인을 벌하시지만 그 징계 이면에는 말할 수 없는 긍휼의 마음이 끓어 넘치고 있는 것입니다. 이것을 잊어서는 안 됩니다. 이 놀라운 하나님의 긍휼로 인해 언약 백성들에게는 심판이 독이 되지 아니하고 오히려 하나님의 정결한 자녀로 회복시키는 은혜의 수단이 되는 것이죠.

## IV. 언약에 기초한 속죄의 길

끝으로 한 가지 더 생각해야 할 것이 있습니다. 사무엘하 24장에 따르면 하나님이 다윗을 긍휼이 여기신 것으로 모든 일이 끝나지 않습니다. 하나님은 선지자 갓을 통해서 다윗에게 한 타작마당을 매입하게 하시고 그 곳에다 번제와 화목제를 드리도록 하셨습니다. 그리고 다윗이 하나님의 지시대로 하자 그 땅에 재앙이 그치고 하나님이 그 땅을 위한 기도를 들으시는 참된 회복, 진정한 회복이 일어났던 것입니다. 이것은 무엇을 말해 줍니까? 번제와 화목제가 왜 필요하였을까요? 그것은 하나님과의 언약 관계가 어떻게 유지되는지를 보여줍니다. 죄를 범한 자들에게 언약 관계가 유지되려면 번제와 화목제가 필요하다는 것이죠. 앞에서 언약 관계로부터 하나님의 긍휼이 비롯된다고 말씀드렸습니다. 언약은 긍휼의 샘이 솟는 원천입니다. 그럼에도 불구하고 그 긍휼이 죄를 없이하지는 못합니다. 왜일까요? 하나님은 의로우시고 거룩하신 분이시기 때문입니다. 언약 관계가 유지되기 위해서는 죄의 문제를 해결하는 것이 무엇보다 필수적인 것입니다. 다시 말해 언약 관계에 기초한 하나님의 긍휼은 속죄의 길을 내도록 역사하시고, 그 속죄의 길을 요구하도록 되어 있다는 것입니다.

앞에서 말씀드렸듯이 하나님의 긍휼은 죄인들의 마음을 움직여서 죄를 자복하게 하고 회개하도록 만들어줍니다. 그러나 그것으로는 충분하지 않습니다. 회개가 아무리 중요하고 필요하다고 해도 그것만으로는 죄를 없이하지는 못하기 때문이에요. 그랬다면 다윗이 굳이 번제와 화목제를 드리지 않아도 되었겠지요. 다윗이 그런 제사를 드려야만 했다는 것은 죄인의 회개가 온전케 되어서 죄의 문제가 완전히 해결될 수 있기 위해서는 무엇이 필요한가, 번제와 화목제가 필요하다는 것이지요. 다시 말해서 속죄가 필요하다는 얘기입니다. 번제는 주로 속죄를 위한 제사이며 화목제는 속죄함을 입은 자들이 하나님과 더불어 누리는 화평을 나타내는 제사입니다. 그러므로 다윗이 번제와 화목제를 드린 것은 회개뿐만 아니라 속죄를 통한 하나님과의 관계 회복이 언약의 유지를 위해서는 없어서는 안 될 중요한 사실이라는 것을 우리에게 가르쳐주고 있습니다.

이제 말씀을 맺겠습니다. 하나님은 다윗에게 비록 다윗 왕가의 왕이 범죄한다고 할지라도 징계는 있겠지만 은총을 거두는 일은 없을 것이라고 말씀하셨습니다. 이 말씀은 하나님과 언약 관계에 있는 백성들이 하나님께 어떤 자들인지를 알려줍니다. 우리들이 하나님께 도대체 어떤 자들인가? 오늘 이 자리에 모여서 예배하는 우리들이 하나님께는 어떤 자들인가? 내 친구들에게는 내가 어떤 자인가? 내 부모님에게 나는 어떤 자인가? 나를 아는 사람들에게 나는 어떤 자인가? 이게 중요하죠. 그러나 무엇보다 중요한 것은 하나님께 나는 어떤 자인가, 그것입니다. 하나님은 근본적으로 나를 어떤 자로 바라보시는가? 놀랍게도 우리는 진노의 자녀가 아니라 긍휼의 자녀라는 것이죠. 하나님은 우리를 불쌍히 여기십니다. 말할 수 없이 긍휼히 여기십니다. 뜨겁게 불쌍히 여기십니다. 예수 그리스도 안에 있는 우리 새 언약 백성들이 그렇다는 것이죠. 구약의 옛 언약 백성들과 마찬가지입니다.

우리는 그리스도 안에서 긍휼의 자녀입니다. 우리가 비록 연약하여서 죄에 넘어지곤 합니다만 그러나 그것이 긍휼의 자녀인 우리에게 신분의 변화를 일으키지는 못합니다. 적어도 하나님께 우리들은 그런 자입니다. 그것을 잊지 말아야 하는 것이죠. 하나님은 그 풍성한 긍휼에 따라서 죄 많은 우리에게 속죄의 길을 내셨습니다. 예수 그리스도께서 십자가상에서 우리의 죄를 속죄하기 위해서 자신의 몸을 드리신 일이 그것입니다. 다윗이 자신과 백성의 죄를 속죄하기 위해서 번제와 화목제를 드린 것은 사실상 다윗의 후손 예수께서 친히 자신의 몸을 속죄제물과 화목제물로 드릴 것을 예표하는 것이었습니다. 그러므로 예수님은 다윗의 자손이지만 다윗보다 훨씬 뛰어나신 분입니다.

우리는 하나님의 긍휼로 예수 그리스도 안에서 속죄함을 받은 긍휼의 자녀입니다. 우리가 누구인지를 알고 정말 하나님 앞에서 감사하고 또 우리의 그 정체성, 우리를 하나님 나라의 백성으로 받아들이시고 또 영원토록 우리를 자녀로 삼으신 것을 알고 하나님께 진실로 감사해야 하겠습니다. 우리의 모든 학업과 사역들이 그 감사의 바탕 위에서 세워져야 할 줄 믿습니다. 그런 은혜가 여러분들에게 충만하시기를 축복합니다.

# 거짓 종교와 참 종교

**열왕기상 18장 30절-40절**

**조병수** (신약학)

오늘 제가 열왕기상 18장 말씀 가지고 제목을 거짓종교와 참 종교로 잡았는데 이 제목은 사실 종교개혁자였던 쯔빙글리의 글에서 가져온 제목입니다. 쯔빙글리가 1525년에 종교개혁에 깊이 들어가게 돼요. 그래서 그 때 한 1-2년 사이에 여러 가지 개혁적인 발언을 많이 했지만 1525년 3월에 들어가게 되면 가톨릭 교회와 절교를 하고 새로운 종교로 들어가는 입장을 취하게 됩니다. 그때 발표한 글이 참된 종교와 거짓된 종교에 대한 주해라는 제목으로 발표되었습니다.

이 글은 일종의 교리의 진술로서 대략 29장으로 되어 있는 글이었는데 거짓된 종교는 가톨릭 교회를 가리키는 것이었지요. 미사 그 다음 성자 숭배, 다양한 교회의 관습들, 심지어는 종교 행위들을 신뢰하는 종교는 거짓 종교이다, 이렇게 지적을 합니다. 참된 종교는 뭐냐? 참된 종교는 인간이 하나님 앞에서 절망적인 존재임을 인정하는 그것이 참된 종교다. 인간은 오직 그리스도의 대속적인 죽음에 의해서만 구원을 이룰 수 있다. 구원이라는 것은 전적으로 하나님의 은혜다. 이것을 이야기하면서 믿음으로 구원받는 이신칭의 교리를 강하게 주장합니다.

제가 오늘 이 쯔빙글리의 참된 종교와 거짓된 종교라는 이 제목을 생각하면서, 이 제목에 가장 어울리는 본문 말씀은 아마도 지금 우리가 읽은 열왕기상 18장일 것이라고 생각했습니다. 우리가 잘 알고 있는 본문입니다. 갈멜산에서 엘리야가 바알 아세라 850명의 선지자들과 대결하는 장면이지요. 이 본문은 한마디로 말하면 거짓된 종교가 뭐냐 하는 것을 보여주고 또 다른 편으로는 참된 종교가 뭐냐 하는 것을 보여주는 내용을 담고 있습니다.

## I. 거짓 종교의 특징

바알 종교는 거짓 종교다. 바알을 포함한 아세라 등등의 종교는 거짓 종교다. 여호와 하나님을 믿는 종교가 참 종교다. 이것이 논점입니다. 이 두 종교를 외견상으로 보게 되면 큰 차이가 없습니다. 왜 차이가 없냐면 바알 종교와 여호와 종교에 둘 다 선지자가 있습니다. 둘 다 제단이 있고 둘 다 제물이 있습니다. 둘 다 신을 섬기고 있습니다. 외견상으로 보면 거짓 종교와 참 종교는 아주 흡사하고 비슷합니다. 그래서 겉모습만 가지고는 이것이 거짓 종교인지 참 종교인지 알 수가 없습니다. 그러나 내면을 찬찬히 들여다보게 되면 많은 결정적 차이들을 발견하게 됩니다.

특별히 이 이야기의 주인공으로 등장하고 있는 엘리야의 시각에서 보게 되면 엘리야 선지자가 거짓 종교와 참 종교에 대하여 표현하는 몇 마디의 말들이 결정적으로 이게 거짓 종교구나 이것이 참 종교구나, 알게 만드는 내용들을 담고 있습니다. 거짓 종교는 무엇일까요? 거짓 종교는 한마디로 말하면 첫째 특징이 다수를 신뢰하는 데 있다 그것입니다. 엘리야가 이 거짓 선지자인 바알 선지자들과 아세라 선지자들을 바라보면서 그들은 속에 믿고 있는 게 하나 있는데 그게 뭐냐? 자신들이 많다 하는 것을 믿고 있다는 것을 발견했습니다. 오늘 우리가 읽은 30절 말씀을 읽으면 바로 그 말부터 시작을 합니다. "엘리야가 모든 백성을 향하여 이르되 내게로 가까이 오라" 하고 얘기를 하지요. 그 때 이 백성들에게 바알 종교, 이 거짓 종교의 특징은 뭐냐 하고 말하는데 앞으로 나가면 25절에 이렇게 말합니다. "엘리야가 바알의 선지자들에게 이르되 너희는 많으니…". 엘리야가 이 말을 한 것은 그들의 속셈을 뚫어 봤다는 거예요. 그들의 마음이 무엇을 의지하고 있는지 알고 있다는 거지요. 그들이 신뢰하는 바가 어디에 있는지 엘리야가 판단했던 것입니다. 뭘 신뢰하고 있냐? 너희는 많다는 것을 신뢰하고 있다. 거짓 종교는 숫자에 의존하는 종교, 그게 거짓 종교다 이렇게 표현할 수 있습니다.

사람이 많으면 뭐가 될 것처럼 생각합니다. 대부분 우리가 그런 생각을 해요. 사람이 많이 모여 있으면 뭔가 힘을 발휘할 것처럼 보이고 사람이 많이 모여 있으면 뭔가 능력이 있는 것처럼 보이고 사람이 많이 모이면 안 되는 일도 될 것처럼 보이고 그래서 사람이 많으면 좋다 그렇게 생각을 합니다. 그래서 거짓 종교일수록 세력을 불리려 하고 숫자를 늘리는 데 열중을 합니다. 물론 숫자가 많다는 것이 무조건 나쁘다고 볼 수는 없습니다. 성경에도 때때로 많은 숫자를 통해서 하나님의 은혜가 일어나고 말씀이 진정으로 선포가 될 때 교회가 부흥하고 또 새로운 신자가 늘어나고 그래서 초대 교회 현장에서도 하나님의 은혜로 말미암아 많은 사람들이 예수를 믿는 그런 일들이 있던 것은 사실입니다. 그런데 문제는 뭐냐 하면 마치 숫자가 진리인 것처럼 생각하는 것, 또는 숫자가 진리를 증명하는 것처럼 생각해서 인위적인 방식과 세속적인 방식을 통해 사람의 숫자를 늘려서 세력을 확장하려고 하는 것은 거짓 종교이다 그 말입니다.

안타까운 것은 오늘날 기독교도 이러한 길을 사모하고 있는 것처럼 보인다는 사실에 있습니다. 우리 기독교도 어느덧 시간이 지나면서 물론 자연적으로 증가하고 또 하나님의 은혜로 증가하고 여러 가지 증가 현상을 맛보던 중에 사람이 많이 모여 있으면 야 우리가 이제 힘을 얻었다, 그렇게 생각하는 이상한 기대감과 호기심을 가지게 되었어요. 제가 여러 번 얘기를 드렸는지 모르겠지만 우리가 청년이었을 때 소위 서울 여의도에서 빌리 그래함(Billy Graham) 집회라는 것이 있었습니다. 저도 막 청소년의 신분을 벗고 청년의 나이에 들어갈 그 때쯤 8월 뙤약볕이 내리쬐는 여의도 아스팔트로 모였습니다. 그렇게 뜨거운 여름날에 그 집회에 기독교인이 동서남북에서 모여서 자그만치 100만이 모였습니다. 100만 명이 보통 숫자가 아니에요. 지금도 어느 교회 가보면 그 당시에 공중에서 촬영한 사진을 그려놓고 있는데 거기의 100만개의 머리 중에 한 머리가 제 머리죠. 어디에 들어있는지 알 수 없어요. 그렇게 많은 사람이 집회가 끝나고 난 다음에 밤중에 기도하고 헤어져서 나올 때 마포 쪽으로, 영등포 쪽으로 내려오는 한강 다리를 건너갈 때 100만 명이 한꺼번에 몰리니까 병목 현상이 일어나가지고 저 같은 사람은 떠서

갔어요. 사방에서 조여서 힘으로 버티지 못하니 그냥 저절로 떠밀려 갔어요. 가고 싶지 않아도 갈 수 밖에 없어요. 그 때 저도 무슨 생각을 했냐면 야 기독교가 성공을 했구나! 기독교는 대단하구나! 이렇게 많은 사람이 모였으니까 기독교는 정말 참 종교구나 그렇게 생각을 했어요. 물론 굉장한 일이었죠.

그 이후 기독교는 사람을 많이 모으면 그것이 진리인 것처럼, 사람이 많이 모아져 있으면 그것이 진리를 증명하는 것처럼 생각을 해서 그런 쪽으로 많은 노력을 기울였습니다. 이사야 2장 22절에 이렇게 말합니다. “너희는 인생을 의지하지 말라 그의 호흡은 코에 있나니 셈할 가치가 어디 있느냐” 백만 명이라도 하나님이 그냥 바람 한번 불면 사그라지는 것이다. 천만 명이 모여 있어도 하나님께서 그 코를 막으면 끝나는 것이다. 인생의 힘은 호흡인데 호흡은 코에 있다. 후히 치를 가치가 어디 있느냐 그 말이죠.

요즘 박윤선 목사님 따님이 이상한 책을 하나 써서 박윤선 목사님이 정말 괴물이었던 것처럼 생각하고 설왕설래가 많아요. 읽으면서 주먹도 한번 치고 가슴도 치고 눈물도 좀 흘렸는데, 제가 다 읽고 난 소감은 그거였어요. 아 내가 박윤선 목사님을 3년 동안 뵈었고 그 분이 말년에 주석 작업을 다 끝낸 다음에도 혼신을 다해 새벽부터 일어나 성경을 연구하였다고 했는데, 66권 성경을 주석하기 위해서 가족을 내팽개치고 몰두하였다고 했는데, 저는 가족이 아니었기 때문에 그냥 그러려니 생각하고 짐작을 했는데 정말 그랬구나! 정말 그랬기 때문에 책이 나왔구나. 제가 확신을 얻었어요. 만일에 그분이 그렇게 하지 않았더라면 이 주석이 나왔겠는가? 그 따님이 자기 아버지를 원망해서 쓰긴 했지만 잘 증명해줬다 고맙다. 얼마나 고마운지 모르겠어요. 저는 그냥 옛날 얘기처럼 박윤선 목사님이 이랬다, 저랬다 그랬는데 가족들에게 그렇게 모질고 야박하게 냉정하게 했기 때문에 일이 벌어진 거잖아요. 오늘날은 왜 일이 안 벌어지냐면 목회자들이 가정에 야박하지 않아요. 가정을 너무 사랑해요. 그리고 뭐라고 하냐면 가족 목회를 한대요. 가족 목회를 왜 해요? 주님이 먹이시고 입히실 걸 믿고 그냥 내버려두면 똥 싸고 자기가 치우고 기저귀 갈고 하면서 자라는 거죠. 이적이 안 일어나는 거예요. 저는 그 책을 읽으면서 한 가지 깊이 깨달은 것이 있어요. 내가 왜 66권 주석을 못 쓰는가? 여러분은 왜 못 쓰실까요? 왜 우리는 66권 주석을 못 쓰는가? 딸을 버리지 않았기 때문 아닌가. 참고로 말하면 저는 딸이 없어요. 가정과 자식에게 야박하지 않기 때문에 거기에 시간을 다 쓰고 거기에 신경을 다 쓰고 관심을 두다 보니까 못 쓰는 거죠. 박윤선 목사님이 살아 계시는 동안에 이런 얘기를 했어요. 자주 하신 말씀입니다. '다수가 반드시 진리는 아니다.' 우리의 생각에 백만 명, 천만 명 모여 있으면 그것이 진리일 것이다 생각하는데, 그 시점에 그 분이 한 얘기가 뭐냐면 다수가 반드시 진리는 아니다. 우리가 새겨들어야 할 얘기입니다.

거짓 종교의 둘째 특징은 표현적이고 감동적이라는 데 있어요. 거짓 종교일수록 아주 표현적이고 감동적입니다. 제가 한동안 교단의 이단사이비 대책위원장을 맡아봤어요. 쥐어터질 뻔도 하고 위협도 받아보고 이 새끼 저 새끼 얘기도 들어보고 별 얘기를 1년 동안 다 들어봤는데 제가 몇 개 이단을 조사하고 내린 결론이 뭐냐 하면 이단은 감동적이다. 무당굿 하듯이 얼마나 열정적으로 표현하는지 알 수 없어요. 엘리야가 이렇게 열정을 표출하고 싶어 하는 바알 선지자들의 종교적 본성을 읽었습니다. 그들은 열정을 감동적으로 표현하는 거기에 종교적 본성이 있다고 믿는 사람들이었어요.

그래서 엘리야가 바알 선지자들에게 이렇게 말합니다. 27절에 보면 엘리야가 큰 소리로 바알을 부르라고 했습니다. 그래서 실제로 바알 선지자들은 아침부터 낮까지 바알의 이름을 불렀습니다. '바알이여 바알이여'를 합창하고 박수까지 쳐댔습니다. 그리고 다시 정오부터 저녁까지 바알의 이름을 불렀습니다. 바알의 이름을 부르는 것에 그치지 않고 제단 주위를 뛰놀면서 제 몸에 피가 흐르기까지 칼과 창으로 몸을 상하게 만들고 미친 듯이 떠들면서 자기네 신을 불렀습니다. 바알을 감동시키기 위한 노력이었지요. 거짓 종교의 대표적인 모습은 신을 감동시키려고 해요. 소리 지르고 뛰고 심지어 자기 몸에 상처를 내서 피를 흘려서 불쌍히 여김을 받으려고 노력을 합니다. 노력 종교예요. 애를 씁니다. 열정적으로 보이지요. 슬프고 놀라운 것은 오늘날 이것이 우리 기독교의 모습이라는 것입니다. 우리 기독교가 어느덧 거짓 종교처럼 퍼포먼스 위주의 시끄러운 종교가 되어 버렸어요. 이제 기독교는 시끄럽습니다. 마치 옛날 바알 종교의 선지자들이 소리를 지르고 뛰고 미친 듯이 떠들며 칼과 창으로 몸을 상하게 하는 것처럼 그렇게 기독교도 떠들고 시끄럽고 거친 종교가 됐어요.

제가 언젠가 어느 교회에 저녁 예배에 초청을 받아서 헌신 예배를 하러 갔는데 시간이 거의 다 임박해서 도착을 했습니다. 차 대접도 받지 못하고 바로 예배실로 들어가서 말씀을 전해야만 될 상황이 돼서 목사님이 저를 데리고 맨 앞자리에 앉았습니다. 아직 찬양이 끝나지 않아서 앞자리에서 기다리는데, 찬양의 템포와 강도가 심하고 앰프 시설이 얼마나 좋은지 심장이 벌렁벌렁 귀가 들어갔다 나왔다 하는 것 같았습니다. 그날 설교 제대로 못했어요. 정신없이 심장이 뛰던 여파로 설교도 제대로 하지 못하고 그냥 심장만 뛰다 내려왔어요. 얼마나 시끄러운지 안정이 되지 않았지요. 저는 그 때 그 자리에 앉아서 생각했습니다. 하나님은 조용한 곳에는 안 계시는가? 여러분은 어떻게 생각하십니까? 하나님은 조용한 곳에는 안 계시는가? 시끄러운 곳에만 계시는가? 하나님은 떠들어야만 계시는가? 하나님은 확성기의 볼륨을 최대한 올려야만 거기 계시는가? 하나님은 우리가 미친 듯이 외쳐야만 계시는가? 조용한 가운데는, 침묵 가운데는 안 계시는가?

하나님이 조금 후에 엘리야에게 깨우쳐 준 것이 바로 그겁니다. 한 장만 뒤에 넘어가면 하나님이 엘리야를 산에 불러서 엘리야를 세워놓고 바람이 지나가게 합니다. 안 계십니다. 지진이 일어나게 합니다. 안 계십니다. 불이 일어나게 합니다. 안 계십니다. 그리고 잔잔한 음성 가운데 하나님이 계셨어요. 하나님은 조용한 곳에 계세요. 제가 몇 년째 우리 학교에 이런 변화를 보면서 한 가지 이상하게 생각하는 것은 우리 학우들도 뭔가 시끄러워야만 된다고 여기지 않는가 하는 것입니다. 기도회가 끝나고 나면 확성기를 틀어놓고 음악이 나와야만 기도를 해요. 그래서 제가 지난 원우회에서 만나서도 그 얘기를 했습니다. 여러분 기도할 때 확성기를 끄고 음악이 안 나오는 상태에서 그냥 기도하면 안 됩니까? 그랬더니 저한테 충격적인 얘기를 했습니다. 음악을 들어야만 기도가 됩니다. 찬양을 들어야만 기도가 된대요. 그래서 제가 항변을 했습니다. 억지를 썼어요. 야 그럼 너희들 나중에 순교할 때는 어쩔거냐? 누가 찬송도 안 불러주고 확성기도 없는데 어떻게 기도하고 순교할 것이냐?

스데반이 순교할 때 옆에서 누가 찬송을 불렀냐? 확성기를 틀어줬냐? 그런데 순교하지 않았냐? 그럼 어떡할 거냐?

우리가 마치 바알 종교처럼 점점 이런 시끄러움과 소음과 하나님을 감동시켜야 한다는 생각 가운데서 스스로 바알 종교처럼 변해가고 있어요. 엘리야의 눈에 보인 것은 거짓 신이란 존재는 자극해야 하고 충동해야 한다는 것입니다. 거짓 신은 띄워야만 한다! 엘리야가 그렇게 봤어요. 27절에 엘리야가 그렇게 말합니다. "바알은 신인즉 묵상하고 있는지 잠깐 나갔는지 바알이 길을 행하고 있는지 잠이 들었는지 모르니까 깨워야 한다." 이방 종교의 신, 거짓 종교의 신은 그 특징이 뭐냐 하면 자극해야 하고 그 신을 충동해야만 깨어난다. 그러니 너희가 깨워라 그거예요. 오늘날 우리도 하나님을 마치 우리가 감동시켜야 할 존재처럼 생각을 해서 하나님을 우리가 자극시켜야만 뭔가 일하는 존재로 우리가 하나님을 전락시키고 있는 것은 아닌가? 하나님을 바알과 같은 그런 시끄러운 신, 요란하게 감동을 받아야만 움직이는 신으로 오해하고 있는 것이 아닌가? 그런 생각을 해봅니다.

## II. 하나님을 신뢰하는 참 종교

참 종교는 무엇일까요? 참 종교가 무엇인가를 엘리야가 우리에게 보여줍니다. 참 종교란 하나님을 신뢰하는 종교다. 참 종교는 사람의 숫자를 신뢰하는 것이 아니라 하나님을 신뢰하는 종교다. 우리가 읽지 않았지만 22절 앞에 보면 엘리야가 그런 말을 해요. "엘리야가 백성에게 이르되 여호와의 선지자는 나만 홀로 남았으나 바알의 선지자는 사백오십

명이로다." 엘리야가 말하길 나는 혼자다. 바알의 선지자는 450명, 아세라의 선지자까지 합하면 850명이다. 그런데 참 종교는 사람의 숫자와 상관이 없다. 왜? 참 종교는 그 자체가 능력이 있기 때문이다. 진리는 사람이 증명해서 진리가 아니지요. 요한복음을 읽어보면 예수님께서 여러 차례 말씀하세요. 진리는 그 자체가 진리다. 사람 백 명이, 천 명이 증명해야만 진리가 아니다. 예수님께서 나는 세례 요한에게도 증거를 받을 필요가 없다고 말씀하시는 것은 사람이 진리를 증명하는 것이 아니기 때문이죠. 진리이기 때문에 진리이고, 그 자체가 능력인 거예요. 때로는 다수라는 것이 허상이에요. 때로는 단수가 실상일 때가 있어요. 참 종교는 한 사람을 통해서도 능력을 발휘합니다. 어떤 사람? 하나님에게 달라붙어 있는 사람! 하나님에게 달라붙어서 그 분의 은혜를 구하는 사람을 통해서 능력이 나타납니다.

엘리야를 보게 되면 엘리야가 하나님을 얼마나 의지하고 있는가를 보여주는데 32절에 단을 쌓으면서 이렇게 말해요 "그가 여호와의 이름을 의지하여 그 돌로 제단을 쌓고" 그랬어요. 여러분 솔직히 단을 쌓는데, 돌 올려놓는데 뭣 때문에 여호와의 이름을 의지해요? 필요한 건 뭐에요? 기중기에요. 아니면 하다못해 도르레든지 지렛대든지 그런 것이 있으면 돌을 쌓는 거 아닌가요? 돌 쌓는데 무슨 여호와의 이름을 의지해요? 물론 우리말 성경이 세게 번역을 해서 '의지하여' 그랬지만 본래는 '여호와의 이름으로'입니다. 뭐 여호와의 이름까지 동원해서 해야 합니까? 물 한잔 마시는데 기도하고 해요? 차 운전하는데 뭘 기도하고 해요? 그런데 왜 엘리야는 이 돌을 쌓으면서 여호와의 이름을 의지하고 여호와의 이름으로 하는가? 그가 여호와께 달라붙어 있었기 때문입니다. 여호와가 아니면 안 된다. 하나님의 은혜가 아니면 안 된다고 믿었기 때문에 돌 하나를 쌓는 일, 제단을 쌓는데도 하나님의 이름으로 했다 그 말이에요. 참 종교가 뭐냐? 참 종교는 사람을 의지하는 게 아니라 하나님을 의지하는 것이다 그걸 보여줬습니다.

저는 우리 개혁 교회가 가지고 있는 신앙고백들을 참 좋아하는데 그 중에서 특별히 좋아하는 신앙고백서가 스코틀랜드 신앙고백서예요. 그 신앙고백서 첫마디가 너무 마음에 들어요. 우리는 하나님을 고백하고 그 하나님을 인정한다. 그런데 우리는 그 하나님께 달라붙어야 한다. 이게 첫 마디이에요. 스위스 신앙고백서, 웨스트민스터 신앙고백서, 하이델베르크 다 좋은데 이 스코틀랜드 신앙고백서를 읽으면 그냥 마음이 뭉클해져요. 우리는 하나님을 믿고 하나님을 고백하고 하님을 인정하는데 그 다음 말이 우리는 그 하나님께 달라붙어야 한다. 우리가 그 하나님께 달라붙지 않으면 하나님을 고백하는 것, 하나님을 인정하는 것, 다 소용없다! 이것이 스코틀랜드 신앙고백서입니다. 엘리야가 그 심정이에요. 하나님께 달라붙어 있어요. 참 종교는 숫자와 상관없이 하나님을 신뢰하는 사람들로 이루어진 종교라는 것을 얘기합니다.

참 종교의 두 번째 특징은 하나님을 인식한다는 것입니다. 하나님께 달라붙을 뿐만 아니라 그 하나님이 누구인가를 정확하게 이해합니다. 오늘 이 장면은 보통 부흥사 목사님들 같으면 어디에 포인트를 두느냐? 여호와여 내게 응답하옵소서! '다같이 합시다. 여호와여 내게 응답하소서, 불을 내려 주시옵소서!' 불이 내려서 다 타버리죠. 하늘이 열리고 불이 내리는 것 같은 환상도 보지요. 하지만 그게 포인트가 아니에요. 여러분 성경을 읽으면 성경은 스토리입니다. 내러티브예요. 흘러갑니다. 그렇게 흐르는데 우리가 놓쳐서는 안 될 것은 성경이 흘러갈 때 그중에 어떤 포인트가 있어요. 흘러가는 게 중요한 게 아니라 흘러가는 그 중에 어떤 포인트, 걸리는 돌이 있거나 아니면 어떤 사물이 있어요. 어떤 강물이나 냇물이 흘러가게 되면 물이 흐르고 흘러서 스토리가 이어집니다. 스토리가 이어지는데 그 스토리 중에 낙엽이 하나 떨어지면 시가 나와요. 그냥 물만 흐르면 시가 안 나와요. 낙엽이 흘러줘야 그 낙엽을 보고 시가 나오는 거죠. 그림을 그리는데도 그냥 강물이 흐르는 것만 그리지 않아요. 거기에 배가 떠 있거나 사람이 수영을 해야 그림이 완성됩니다. 음악이 되는 것도 거기에 사람이 빠져 죽어야 그걸 애곡하는 음악이 되는 거지요. 성경을 읽으면서 그냥 스토리만 보면 안 됩니다. 그 속에 뭔가 흐르는데 그것을 제대로 봐야 해요. 이 이야기에서 응답하옵소서, 불을 내려주옵소서, 하는 것이 스토리라면 무엇이 중요하냐? 이 말씀 가운데 하나님을 알아야 한다는 그것이 중요합니다. 36절 마지막에 그래서 엘리야가 그렇게 말합니다. "주께서 이스라엘 중에서 하나님이신 것을… 오늘 알게 하옵소서." 37절에 다시 말합니다. "이 백성에게 주 여호와는 하나님이신 것과 주는 그들의 마음을 되돌이키심을 알게 하옵소서." 불이 내리는 것보다 더 중요한 것은 하나님을 아는 것이다 그거예요.

하나님은 어떤 하나님이신가? 하나님은 역사를 주관하시는 분이시다, 이걸 알아야 한다. 이 자리에 당장 불이 내리는 것이 중요한 게 아니라 하나님은 불을 내리시지 않더라도 역사를 이끌어 가시는 하나님이다. 이 놀라운 얘기가 바로 그거죠. 31절에 단을 쌓으면서 엘리야가 그렇게 말했습니다. "야곱의 아들들의 지파의 수효를 따라 엘리야가 돌 열두 개를 취하니" 단을 쌓는데 꼭 12개여야 해요? 13개면 불길해요? 12

가 완전수기 때문이에요? 돌을 쌓으면서 야곱이 왜 등장을 하죠? 엘리야의 이름으로 하면 안 됩니까? 왜 구태여 야곱 아들들의 지파 수효를 따라 단을 쌓는가요? 과거의 역사에 하나님께서 야곱에게 무슨 일을 하셨는가를 보여줍니다.

36절에 "아브라함과 이삭과 이스라엘의 하나님 여호와여," 이 야곱의 자리에서 어디로 끌고 가냐면 아브라함으로 끌고 갑니다. 왜죠? 하나님은 오늘 이 시점에 비로소 처음으로 불을 내리시는 그런 단발적인 하나님이 아니라 하나님은 옛날 이스라엘 때부터 우리에게 언약을 통해서 이끌어 오시는 언약의 하나님이다, 하나님은 약속의 하나님이다. 우리가 알아야 할 것은 하나님은 한 시점에서 일하시는 하나님이 아니라 역사를 통틀어 일하시는 역사의 하나님이다. 이걸 알지 못하면 오늘 이 자리에 불이 내려도 소용이 없다 그 말입니다. 하나님이 역사의 하나님이고 언약의 하나님이면서 하나님은 그 언약을 지키시기 원하시는 것을 깨닫지 못하면 불이 내려봤자 타죽을 것밖에 없습니다.

거짓 종교는 지금 여기 불이 내리는 것이 중요해요. 참 종교는 불이 내리는 것이 중요한 게 아니라 그 불을 내리시는 하나님이 누구인지 아는 것이 중요합니다. 거짓 종교는 이적을 구하지만 참 종교는 역사를 구합니다. 거짓 종교는 능력을 구해요. 그러나 참 종교는 언약이 무엇인가를 아는 것입니다. 그리고 더 나아가서 하나님이 그냥 아무런 생각 없이 역사에 참여하시는 분이 아니라 그분은 역사를 주관하실 때마다 자기 백성들의 인격을 살피시고 그 백성의 인격을 주관하신다는 이것이 중요하다는 것입니다. 인격을 변화시키는 분이다. 하나님께서 역사에 오셔서 아브라함을 만나시고 이삭을 만나고 야곱을 만날 때마다 하나님은 아브라함을 변화시키고 이삭을 변화시키고 야곱을 변화시켜서 늘 역사 가운데 하나님의 백성을 변화시키는 분이다, 이것이 중요하다는 거예요.

## III. 삶과 성품의 변화

오늘 이 말씀을 읽어보면 한 가지 특이한 구절을 발견하게 되는데 31절에 이렇게 말합니다. "야곱의 아들들의 지파의 수효를 따라 엘리야가 돌 열두 개를 취하니" 그 다음에 돌 열두 개를 취했습니까? 그 다음 말은 어디로 가야 합니까? 32절에 "그가 여호와의 이름을 의지하여 그 돌로 제단을 쌓고" 이게 문제예요. 그런데 그 사이에 삽입구를 하나 집어넣었어요. 열왕기상 기자가 그 사이에 삽입구를 집어넣기를 '돌 열두 개를 취하니'와 '돌로 제단을 쌓고' 사이에 야곱이 누구인지를 설명합니다. 야곱이 누구냐? "이 야곱은 옛적에 여호와의 말씀이 임하여 이르기를 네 이름을 이스라엘이라 하리라 하신 자더라." 해석을 달았어요. 설명을 달았습니다. 왜 이 설명을 달았을까요? 불이 내려서 참 하나님이심을 보이면 되는데 뭐 하러 귀찮게 이런 삽입구까지 끼워 넣으면서 야곱에 대하여 설명할까요?

그 이유가 있는데 하나님은 역사의 하나님으로서 불을 내리시더라도 그분은 불을 내리는 게 중요한 게 아니라 자기의 백성을 변화시켜 나가는 것이 중요하다는 것을 말하기 위함입니다. "네 이름을 이스라엘이라 하리라." 야곱은 본래 태어날 때부터 형 발꿈치 잡고 나와서 일생동안 다른 사람 후리고 속이고 사기 치는, 그런 속임수에 능한 사람이었습니다. 그런데 이제는 이스라엘이라 하리라. 여호와의 이름을 달고 사는, 하나님의 승리를 달고 사는 사람으로 바꾸기를 하나님이 원하셔서 너는 이제 야곱이 아니다, 이스라엘이다 하고 이름을 새로 주시면서 인격이 변하기를 기대하셨고 삶이 변하기를 기대하셨습니다. 이제는 야곱으로 살지 말고 이스라엘로 살아라. 사람 발꿈치 쫓아다니는 사기꾼으로 살지 말고 하나님의 영광을 드러내는 인생으로 살아라, 하고는 하나님이 네 이름을 이스라엘이라 지었다 하는 말이에요.

뭡니까? 야곱의 등장하는 해설을 덧붙인 까닭은 하나님이 진정으로 원하는 것은 변화다 그것입니다. 변화! 하나님의 성도가 변하는 것이다. 능력이 아니다. 사람이 변하지 않으면 능력이 무슨 소용이 있어요? 오늘날 우리 한국 교회를 망치고 있는 것이 바로 그거 아니에요? 목회자가 인격이 변하지를 않았어요. 목회자가 삶이 변하지를 않았어요. 목회자가 그 성품이 변하지 않았어요. 능력은 있다! 그게 무슨 소용이에요? 그래서 오히려 망하는 것입니다.

엘리야가 그걸 발견했습니다. 하나님은 불을 내리기 전에 우리가 야곱에서 이스라엘로 돌아가는 그 변화가 우선이다. 삶이 달라지지 않으면 불이 떨어지는 것이 무슨 의미가 있겠는가? 그래서 거짓 종교는 불이 떨어지는 것에 관심이 있다면 참 종교는 하나님의 성도가 영적으로, 내면적으로 그 삶이 변화되는 데 관심이 있어요. 참 종교는 능력과 이적을 행하는 종교가 아니라 변화와 갱신을 일으키는 종교입니다. 참 종교는 새 사람을 만드는 종교입니다. 엘리야가 이 대결을 시작하기 전에 이스라엘 백성들에게 물었습니다. 너희가 어느 때까지 둘 사이에서 머뭇머뭇 하겠느냐? 그리고 이 말씀은 오늘 우리에게 다시 또 물어요. 너희가 언제까지 거짓 종교와 참 종교 사이에서 머뭇거리겠느냐?

쯔빙글리 시대에는 신자들이 결단을 했어요. 참 종교를 택하자! 그래서 도시를 바꾸고 신앙을 바꿨습니다. 개강을 하는 이 시점에 여러분들이 참 종교의 길을 가지 않는다면 신학을 하고 능력을 쌓는 것은 허사이다, 하는 점을 기억하고 우리가 갈 길은 거짓 종교가 아니고 참 종교임을 마음속에 깊이 새기시기를 바랍니다.

# 영광의 보좌를 보라

요한계시록 4장 1절-11절

김추성 (신약학)

## I. 초대교회가 처한 상황과 요한계시록의 보좌 환상

지난 해 4월 중에 로마를 방문하였습니다. 하이델베르크에서 차를 렌트해서 이틀을 운전해서 기나긴 길을 가서 처음으로 이탈리아를 방문했고, 그 중심지 로마를 방문했습니다. 로마에 가면 대표적인 건축물, 관광객들이 꼭 찾는 곳이 바로 콜로세움입니다. 둘레가 527미터, 높이가 48미터, 총 수용인원이 5만 명에 달한다고 합니다. 현재까지 남아 있는, 인류가 남긴 가장 거대한 건축물이랍니다. 수원 월드컵 경기장에 몇 명 들어가는가 보았더니 4만 3천 명이더라고요. 그런데 거기는 5만 명이 들어가요. 그러니깐 수원 월드컵 경기장보다 더 많은 사람이 들어간다는 것입니다. 콜로세움에 들어가기 위해서 줄을 서서 기다리며, 한 시간 가까이 기다렸는데요, 얼마나 건축이 압도적인지 마음에 콱 눌리는 것이 있더라고요. 정말 기를 죽여 놓더라고요. 2천 년 전에 이 가운데를 아마 권투사들이 지나갔을 터인데, 어떤 마음으로 지나갔을까? 그것을 한번 연상해보는 것이에요. 건축물이 얼마나 화려해요. 그러나 저 안에서 피에 굶주린 관중들이 막 환호성을 지르고, 로마 사람들 보면 참 대단하긴 대단하다 싶어요. 구경거리 중에 제일 재밌는 구경거리가 뭐에요? 싸움 아니에요? 싸움을 시켜놓고, 사람은 물론 동물하고도 싸우게 하잖았어요?

그리고 또 다른 생각을 해보는 것이에요. 아, 그리스도인들이 여기서 늘어서 있을 때 어떤 느낌이 들었을까? 영화에서 보았던 장면들이 이제 생각나는 것이에요. 사자의 밥이 되고, 화형도 시키기도 하죠. 로마의 창과 칼, 절대 권력 앞에 선 한 마리 양 같은 그리스도인들의 모습이 떠오르면서, 그렇구나! 이것이 초대교회의 성도들이 느꼈던, 요한계시록을 받는 독자들이 느꼈던 그런 마음이겠구나! 이 로마에는 황제들의 관저들이 있고, 수많은 신전들이 여기 저기 있습니다, 비너스, 디오니소스, 가는 데마다 신전들이 서 있는 것입니다. 2천 년 전의 상황이 마음속에 재현되고 생각되는 감동이 있었어요. 절대 권력 앞에서 가이사를 주로 섬길 것인가, 예수 그리스도를 주로 섬길 것인가? 이 고백은 우리가 세례 받을 때 하는 고백하고는 수준이 다른 고백입니다. 생명이 날아가는 고백이에요. 죽느냐 사느냐를 결정하는 이 고백은 엄청난 희생을 요구하는 고백이었습니다.

여러분, 말로만 들었던 카타콤에 직접 들어가 보니깐 너무 충격적이에요. 불만 끄면 찾을 수가 없어요. 제가 갔던 곳만 해도 15만에서 50

만이 묻혀 있다고 추산을 하는데, 그런 카타콤이 9백 킬로미터 이상 깔려 있어요. 이탈리아 전역에 있더라고요, 도대체 얼마나 많은 그리스도인들이 지하로 숨어 들어갔는가? 그 어둠 속 습기 많은 곳에서 오래 살지 못하고 죽었던, 아이들이 묻힌 유아들의 무덤도 있습니다. 로마에 기독교가 공인되기까지 그렇게 살았습니다. 황제는 자신을 '우리들의 주시요 하나님(*Dominus et Deus noster*)'이라고 부르게 했어요. "도미누스 에트 데우스 노스테르". 제우스 신 앞에는 위대한 제우스여 전에도 계시고 지금도 계시고 영원히 존재하고 계신다고 씌어 있습니다. *Zeus en, Zeus estin, Zeus estai, hos megale Zeus*!

이것이 초대교회가 처해 있던 상황이었어요. 이런 절망적인 상황 속에서 사도 요한 자신도 지금 유배를 당한 상황에서 요한이 받은 계시는 결코 작지 않아요. 오늘 봉독한 이 본문은 참 제가 읽을 수 없던 본문 중 하나예요. 이 본문이 저에게는 얼마나 충격적인지, 성경의 많은 말씀들이 다 중요하지만, 저에게는 적어도 이 말씀이 슈퍼메가톤급으로 감격이 되어서 읽을 수가 없어요. 하나님의 보좌에 대한 환상, 이 환상은 결코 작은 환상이 아니에요. 성경 전체에서 따져도 이렇게 장엄한 환상이 있을까 싶을 정도에요. 한 절, 한 절이 너무너무 무게가 있는데, 이번에 설교 준비하면서 더 절실히 그것을 느꼈어요. 하나님 말씀 하나하나가 정말 너무 무거워요.

요한이 본 환상이 어떤 환상이었습니까? 요한계시록 4장, 5장은 요한계시록 전체의 핵심부에 해당하는 환상입니다. 저는 이것을 그렇게 명명합니다. 요한계시록 전체의 총사령부에 해당하는 가장 중요한 환상이다! 앞의 2장, 3장하고도 대조가 되면서 하늘의 엄청난 실체를 보여줌과 동시에, 그러면서 나머지 6장부터 16장까지 오는 모든 일곱 인, 일곱 나팔, 일곱 대접 심판이 진행되는 총진원지, 시작되는 출발점 거기가 어디입니까? 하나님의 보좌입니다. 성경학자들은 이 환상을 요한계시록 전체의 중추에 해당하는 가장 중요한 환상이라고 합니다.

"내가 곧 성령에 감동되었더니 보라 하늘에 보좌를 베풀었고 그 보좌 위에 앉으신 이가 있는데"(2절). 간략하게 여러분이 이 모습을 한번 그려보십시오. 보좌는 하나님을 대표하는 가장 중요한 심벌입니다. 보좌라는 용어는 신약에서 전부 62회 등장하는데 요한계시록에서만 47회, 대략 50회 나타납니다. 4장, 5장에서만 모두 17번 나타나고 있습니다. 아마 너무 쉬우니깐, 간과했는지 모르겠어요. 보좌에 앉으신 하나님을 보았는데, 그 가장 가까운 주위에 네 생물이 밤낮 쉬지 않고 이르기를 "거룩하다, 거룩하다, 거룩하다" 찬양하는 모습이 나옵니다. 그 주위의 24장로도 송영을 합니다. "우리 주 하나님이여 영광과 존귀와 권능을 받으시는 것이 합당하오니 주께서 만물을 지으신지라."

4장과 5장은 데칼코마니와 같은 구조. 대칭적인 구조를 가지고 있어요. 이어서 5장에서는 하나님이 보좌에 앉아계시고 어린 양 예수 그리스도가 보좌에 앉아계신데, 어린 양 예수 그리스도가 네 생물과 24장로에 둘러싸여서 찬양과 경배를 받고 계십니다. 이 찬양은 점점 점진되어서 이제는 수많은 천군천사들, 천천만만 당시의 최고의 수라고 할 수 있는 수많은 천군천사들이 "죽임을 당하신 어린 양은 능력과 부와 지혜와 힘과 존귀와 영광과 찬송을 받으시기에 합당하도다!" 5장 마지막에 이르러서는 이것이 클라이맥스를 이루어가면서 모든 피조물들이 "보좌에 앉으신 이와 어린 양에게 찬송과 존귀와 영광과 권능을 세세토록 돌릴지어다!"

무엇보다도 이 환상을 통해서 분명하게 전해지는 메시지는 로마의 황제가 우주의 왕이 아니시다. 우주의 왕은 보좌에 앉으신 하나님과 어린 양이시다. 이 엄청난 메시지를 이 말씀은 증거하고 있습니다. 그러나 거기서 멈추는 것이 아닙니다. 이 환상은 계속해서 나타나는데, 7장 9절부터 17절까지 또 나타납니다. 6번째까지의 심판이 마치고 나서, 14만 4천이 나오고 나서, 7장 9절에서 17절을 보면 다시금 장엄한 천상의 환상이 펼쳐집니다. 각 나라와 족속과 백성과 방언에서 아무도 능히 셀 수 없는 엄청난 무리가 "구원하심이 보좌에 앉으신 우리 하나님과 어린 양에게 있도다!" 하고 찬송합니다.

## II. 현저히 약화된 천국 소망의 현실

그런데 성경을 자세히 읽어보면 이런 보좌 환상은 구약에도 이미 많이 나타나고 있는데, 아주 중요한 차이가 이제 나타나고 있습니다. 뭐냐 하면, 종말의 모습과 보좌 환상의 모습이 겹쳐지고 있는 것이에요. 즉 21장, 22장의 새 하늘과 새 땅의 모습이 계속해서 중첩되고 있어요. 여러분, 그것을 놓치시면 안 돼요. 7장 마지막 절에 보면, 보좌 가운데에 계신 어린 양이 그들의 목자가 되사 생명수 샘으로 인도하십니다. 수정 같이 맑은 생명수의 강이, 아니 이미 다시는 주리고 목마른 것이 없는 저 하늘의 모습이 지금 보좌 환상과 계속해서 겹쳐서 나타납니다. 11장에도 이미 천상의 보좌 환상이 나타납니다. 일곱째 나팔 심판 자체가 천상의 환상인데, "감사하옵나니 옛적에도 계셨고 지금도 계신 주 하나님 곧 전능하신 이여 친히 큰 권능을 잡으시고 왕 노릇 하시도다." 14장에도 천상의 보좌 모습이 나타납니다. 14만 4천 명이 시온산에서 어린 양과 노래 부르는 보좌 환상이 또 나타나는데, 마지막으로 19장 1절, 6절에 천상의 보좌 환상이 일곱 대접 심판과 17장, 18장의 바벨론 심판이 모두 끝나고 나서, "할렐루야 구원과 영광이 우리 하나님께 있도다" 하는 찬송의 모습으로 나옵니다.

요한계시록의 가장 중요한 구절이 19장 6절에 나타납니다. "할렐루야 주 우리 하나님 곧 전능하신 이가 통치하시도다." 우리 하나님 곧 전능하신 이가 통치하시도다! 종말의 핵심은 하나님과 어린 양의 보좌입니다. 종말의 핵심은 하나님과 전능하신 예수께서 보좌에서 마지막으로 통치하시고 승리하신다, 할렐루야! 하나님의 백성들에게, 믿음의 선조들에게는 바로 이 확신이 있었습니다. 마지막 끝이 무엇인가? 성경이 보여주는 마지막 끝, 아도나이 욤, 여호와의 날, 그 날은 크고 두려운 날이지만, 여호와께서 모든 주권을 회복하시는 위로와 소망의 날입니다. 우리에게 마지막 날은 무엇입니까? 물이 바다를 덮음같이 여호와를 아는 지식이 온 땅을 덮는 그 날입니다. 알파와 오메가이신 하나님과 어린 양에게 마지막 종말이 달려 있기 때문에 그렇습니다. 우리는 알파와 오메가라는 말을 얼마나 많이 썼습니까? 그러나 그 말이 정작 갖고 있는 그 깊은 뜻을 얼마나 생각하고 있었던가요!

우리 한국 교회에 참 희한한 일들이 많지만 얼마 전에도 있었어요. 어느 여전도사가 나와서 2014년 12월 14일 오전 4시 30분에 한반도에 전쟁이 나서 반이 죽는다 그랬어요. 구체적으로 어디 어디가 폭격을 당하고, 어린아이들은 다 죽임을 당한다는 엉터리 예언을 믿고 일부 교회가 동요를 하고 심지어 이민을 간 사람도 있습니다. 잘못된 종말관입니다. 성경이 가르치는 종말의 핵심은 무엇이에요? 하나님께서 통치하신다, 하나님과 어린 양의 보좌가 천국의 핵심으로 나타난다는 것이에요. 요한계시록 22장 2절에 보면, 요한계시록 계시의 절정이라고 할 수 있는 새 하늘과 새 땅의 중심이 무엇이냐? 하나님과 어린 양의 보좌입니다. 3절에 보니깐 "다시 저주가 없으며 하나님과 그 어린 양의 보좌가 그 가운데에 있으리니 그의 종들이 그를 섬기며"라고 했습니다. 새 하늘과 새 땅의 중심이 다른 것이 아니에요. 사탄의 권세가 왜 멸망을 당합니까? 하나님께서 다스리기 때문에 그렇습니다.

우리 주님께서 기도하신 대로 "뜻이 하늘에서 이루어진 것같이 땅에서도 이루어지이다." 이 기도가 이루어지는 것이 종말의 핵심입니다. 이것은 요한계시록 전체에서도 가장 중요한, 빼 놓아서는 안 되는 말씀입니다. 그러므로 종말이 하나님의 손에 있는 것을 확신하는 사람은 고난 가운데서도 흔들리지 아니합니다. "그러므로 우리가 흔들리지 않는 나라를 받았은즉 은혜를 받자 이로 말미암아 경건함과 두려움으로 하나님을 기쁘시게 섬길지니"(히 12:28).

얼마 전에 요한 칼빈의 천국 사모에 대한 글을 읽고 많은 충격을 받았습니다. 어떻게 보면 오늘날 신학자들이 천국 신학을 너무나 많이 무너뜨렸고 계몽주의 이후에 자유주의나 보수주의나 천국에 대한 소망이 급격히 약화되었습니다. 천국은 하나님의 통치이지 우리가 가는 곳이 아니라는 이런 가르침이 통치를 강조하면서 생겨났습니다. 여러분, 요한 칼빈이 뭐라고 한 줄 알아요? 기독교의 핵심은 뭔가? 우리가 예수 믿고 천국 가는 것이다, 예수 믿고 회개하고 천국가는 것이다, 이것이 신앙의 총과업이다 그랬습니다. 칼빈이 1546년 37세에 친구에게 쓴 글이 있어요. '내가 20회 이상 하나님께서 나를 데려가시기를 뜨겁게 기도했다' 그랬어요. 그리고 1560년 51세에 이런 글을 썼어요. "저 마지막 날에 우리가 함께 하늘 유업으로 부르심을 받아 우리의 우정을 참되게 즐길 수 있으면 얼마나 좋겠소? 그리고 하늘에 계신 우리 아버지께서 우리를 같은 때에 고향으로 불러주시기를 우리가 같이 기도 올리기를 바라오." 30세 때부터 천국 영광과 비교할 때 이 세상을 천시해서 발로 밟아버려야 한다, 그랬습니다. 칼빈의 표현을 보면 참으로 놀라워요. 우리는 이 지상 생활을 경멸하는 것에 익숙해져야 한다! 기독교 강요에 나옵니다. 미래의 삶에 대한 묵상을 해야 한다, 천국에 대해서 많이 생각해야 한다, 내세(future life)에 대해서 많이 생각하고 준비해야 한다고 그랬습니다.

여러분, 천국에 대해서 묵상하십니까? 준비하십니까? 오늘 현대 교인들은 천국에 대해서 깨끗이 다 잊어버리고 살지요. 어떻게 보면 천국 기억 상실증에 걸려 있습니다. "영생에 대한 열망을 가져야 한다. 우리는 마지막 끝을 보아야 한다. 우리의 마음이 현세에 대한 경멸로 가득 차지 않게 되는 한, 우리의 마음은 진지하게 영혼을 갈망하고 동경하지 않게 될 것이다. 그리스도와 함께 만일 하늘나라가 우리의 조국이라면 이 땅은 망명의 장소에 불과하지 않은가? 만일 이 세상을 떠나는 것이 참다운 생명으로 들어가는 것이라면 이 세상은 무덤에 불과한 것이 아닌가?" 충격적이지 않습니까? 칼빈이 현세 도피적인 삶을 살았습니까? 우리 믿음의 선배들을 움직인 신앙이 무엇입니까? "이 사람들은 다 믿음을 따라 죽었으며 약속을 받지 못하였으되 그것들을 멀리서 보고 환영하며 또 땅에서는 외국인과 나그네라 증거하였으니 이같이 말하는 자들은 본향 찾는 것을 나타냄이라 저희가 나온 바 본향을 생각하였더면 돌아갈 기회가 있었으려니와 저희가 이제는 더 나은 본향을 사모하니 곧 하늘에 있는 것이라 그러므로 하나님이 저희 하나님이라 일컬음 받으심을 부끄러워 아니하시고 저희를 위하여 한 성을 예비하셨느니라"(히 11:13-16).

믿음의 성도들, 우리 선배들을 움직인 가장 중요한 것, 바탕에 깔린 확신이 무엇입니까? 천국에 대한 확신이었습니다. 손양원 목사님, 주기철 목사님, 순교자가 되신 우리 신앙의 선배들은 내가 지금 죽어도 천국에 간다는 확실한 소망이 있었습니다. 박윤선 목사님께서 그리스도인의 삶은 내세 신앙이다, 하고 강조하시는 것을 분명히 내 귀로 똑똑히 들었는데 이제는 앞 다투어서 내세 신앙이 잘못되었다고 비판하는 자들이 흔한 현실입니다.

지금 저는 하나님의 초월하심에 대해서 말씀드리고 싶어요. 하나님은 초월하시다! 요한계시록 4장은 하나님의 초월하심(transcendence)에 대한 말씀들로 가득 차 있습니다. 현대인들에게 하나님은 어떤 분입니까? 어느 유명한 목회자가 말합니다. 제가 읽고 깜짝 놀랐어요. "하나님은 우리에게 행복을 주기 위해서 존재하는 분이다." 여러분, 이 말에 아무런 거리낌이 없으면 이미 오염된 것입니다. 그래서 현대인들은 하나님이 이런 욕구를 채워주지 못할 때 하나님께 분노를 쏟아내요. 다른 사람들보다 나를 상대적으로 적게 축복했을 때 불평과 불만을 퍼붓게 됩니다. '나를 왜 이렇게밖에 대우하지 못합니까?' 하고 적대하는 것입니다.

뭔가 뒤바뀌어도 한참 뒤바뀌었어요. 누가 창조자이고 누가 피조물인지 모르겠어요. 오늘날 우리는 어쩌면 너무나 하나님의 내재하심에 대한 말씀만 많이 하는지 몰라요. 하나님의 초월하심에 대한 말씀은 거의 듣기가 어렵습니다. 하나님이 초월하시다는 말은 뭐에요? 반틸이 이야기한 대로 창조주와 피조물의 구분이에요. 창조주 하나님은 피조물과 다르다는 것입니다. 복음성가에 좋으신 하나님이란 노래가 있지요? God is so good. 그러나 하나님이 그것이 전부이냐 말이에요. 물론 정말 하나님은 좋으신 분이에요. 그러나 하나님 그분 자신은 그 이상이에요. 하나님의 초월하심에 대한 말씀은 이미 구약 성경에 충분히 많습니다. "누가 손바닥으로 바닷물을 헤아렸으며 뼘으로 하늘을 쟀으며 땅의 티끌을 되에 담아 보았으며 접시저울로 산들을, 막대저울로 언덕들을 달아 보았으랴 누가 여호와의 영을 지도하였으며 그의 모사가 되어 그를 가르쳤으랴 그가 누구와 더불어 의논하셨으며 누가 그를 교훈하였으며 그에게 정의의 길로 가르쳤으며 지식을 가르쳤으며 통달의 도를 보여 주었느냐 보라 그에게는 열방이 통의 한 방울 물과 같고 저울의 작은 티끌 같으며 섬들은 떠오르는 먼지 같으리니"(사 40:12-15).

하나님을 좋으신 하나님으로만 인정한다면 이 말씀은 거부감을 일으킬지 몰라요. 누가 하나님을 가르칠 수 있어요? 이사야 40장 17절 말씀은 충격적이기까지 해요. "그의 앞에는 모든 열방이 아무것도 아니라 그는 그들을 없는 것 같이, 빈 것 같이 여기시느니라." "여호와의 말씀에 내 생각은 너희 생각과 다르며 내 길은 너희 길과 달라 하늘이 땅보다 높음 같이 내 길은 너희 길보다 높으며 내 생각은 너희 생각보다 높으니라"(사 55:8-9). 헤르만 바빙크도 그의 교의학 서론에서 신론을 다루면서 제일 먼저 다루고 있는 것이 바로 하나님의 불가해성(Incomprehensibility of God)입니다. 우리가 하나님을 알 수 없다는 것이죠. 왜? 그분은 창조자이시기 때문에, 물론 인간이 하나님의 형상으로 창조되었기 때문에 하나님의 형상을 알 수 있는 부분도 있지만, 그러나 우리 인간의 한계가 너무너무 제한적이라는 것인데 개혁주의 신학자들이 너무너무 강조했습니다.

제가 종종 묻는 질문이 있어요. 여러분, 지구 말고 다른 별 몇 개나 가보셨어요? 지구 말고 다른 별 몇 개는 가보셨어요? 달 정도는 갔다 오셨지요? 화성 가는 여행객을 구하는데, 그것이 몇 억 든다는데 거기 쓰여 있기를 돌아오는 것은 보장 못한다는 것이랍니다. 저는 천체를 잘 모르지만, 양평에 있을 때 천문대가 있어서 가본 적이 있어요. 거기 가면 밤늦게까지 별 구경을 하였습니다. 하나님이 얼마나 크신 분인가? 과학자마다 말이 다르지만 은하계 하나가 형성되는데 별이 1,000억 개가 있어야 된다고 하더라고요. 그런 은하계가 1,000억 개가 넘는답니다. 셀 수나 있는지, 세 보고 이야기하는지 모르겠어요. 계산하는 방식이 있겠지요. 어쨌든 셀 수 없을 만큼 많은 별들이 있는데, 그 중에 우리는 아직 한 개도 가보지 못했지요. 갈 수도 없습니다. 1초에 30만 킬로미터를 가는 빛의 속도로 1년이 아니라, 10년이 아니라, 몇 십억 광년을 가야 볼 수 있는 게 은하계랍니다. 여러분, 이 엄청난 우주를 창조하신 그 하나님, 우리가 과연 얼마나 알 수 있겠습니까?

## III. 담대한 소망과 흔들리지 않는 확신

오늘 본문 2절, 3절에 보니깐 "내가 곧 성령에 감동되었더니 보라 하늘에 보좌를 베풀었고 그 보좌 위에 앉으신 이가 있는데 앉으신 이의 모양이 벽옥과 홍보석 같고 또 무지개가 있어 보좌에 둘렸는데 그 모양이 녹보석 같더라." 하나님이 얼마나 장엄하신가? 하나님이 얼마나 영화로우신가? 너무 아름답고 너무 찬란하기 때문에, 이 작은 한 구절이 담고 있는 무게조차 너무너무 큽니다. 요한은 하나님의 모습을 보석을 빌어서 표현하는데, 얼마나 휘황찬란하고 아름다우신지 하나님의 그 찬란한 영광을 묘사하고 있어요. 디모데전서 6장 16절에도 이렇게 말합니다. "오직 그에게만 죽지 아니함이 있고 가까이 가지 못할 빛에 거하시고 아무 사람도 보지 못하였고 또 볼 수 없는 자시니 그에게 존귀와 영원한 능력을 돌릴지어다 아멘." 계시록 4장 5절에 또 이렇게 나옵니다. "보좌로부터 번개와 음성과 뇌성이 나고 보좌 앞에 일곱 등불 켠 것이 있으니 이는 하나님의 일곱 영이라."

이 말씀은 출애굽기에 나타나는 시내산에 임재하신 하나님의 모습을 떠오르게 합니다. 하나님은 죄인이 직접 대면할 수 없는 분이십니다. 하나님이 임재하실 때, 번개와 뇌성과 빽빽한 구름이 시내산을 가득 채웠어요. 하나님께서 말씀하십니다. "너는 백성을 위하여 사면으로 지경을 정하고 이르기를 너희는 삼가 산에 오르거나 그 지경을 범하지 말지니 산을 범하는 자는 정녕 죽임을 당할 것이라"(출 19:12). "셋째 날 아침에 우뢰와 번개와 빽빽한 구름이 산 위에 있고 나팔 소리가 심히 크니 진중 모든 백성이 다 떨더라"(출 19:16). 하나님께서 경고하시는 말씀이 바로 이것이에요. 죄인은 전능자 하나님, 초월자 하나님, 거룩하신 하나님을 뵐 수가 없다는 것이에요. '그는 볼 수 없는 분이시요 너희들이 감히 가까이 할 수 없는 초월적인 하나님이시다. 거룩하신 하나님이시다.'

오래 전에 제가 필라델피아에 있을 때 뉴욕에 가기 위해서 자동차를 몰고 10시간 가까이 운전을 한 적이 있는데, 가다가 도중에 얼마나 뇌성벽력이 치던지 정말 아무리 와이퍼를 돌려도 앞이 보이지가 않아요. 번개가 얼마나 치는지 하나만 치는 것이 아니라 너덧 개가 동시다발적으로 막 쳤어요. 이 말씀을 보면 그때가 생각납니다. 두려우신 하나님, 경이로운 하나님(awesome God), 오늘날 우리 교회가 여호와 경외함을 잃어버렸어요. 지도자들이 여호와를 경외하는 모습을 보여주지 않으니까 성도들이 여호와 경외하기를 우습게 알아요. 오늘 우리 주위에 만연한 문화, 저는 이것을 바벨의 문화라고 부릅니다. 어느 때보다도 지금 한국에 그런 풍조만 만연합니다. 야신, 헬신, 축구를 잘하면 축구의 신, 하나님과의 경계를 다 무너뜨리는 경박스러운 풍조가 이 나라에 가득 차 있습니다. 신학생들이 자기들끼리 헬라어 잘하는 친구에게, 헬신, 헬신 그래요. 물론 별 의미 없이 썼겠지요. 신학생들이 정신을 좀 차려야 합니다. 사실 언어가 무서운 것이에요. 하나님을 참 하나님으로 알고 두려운 하나님으로 안다면 어떻게 그런 말을 함부로 쓸 수가 있겠어요?

"거룩하다, 거룩하다, 거룩하다. 수정과 같은 맑은 생명수의 강수가 흐른다." 이 말씀들은 다 하나님의 초월하심을 나타냅니다. 위대하신 하나님, 전능하신 하나님, 장엄하신 하나님, 우리가 감히 침범할 수 없는 하나님! 그런데, 이 보좌 환상을 보여주신 가장 중요한 이유가 뭔지 아십니까? 저는 이것이 정말 너무 놀라워요. 인간들이 방자하게 행하고 교만하게 행하는, 이런 다신론적 우상숭배의 상황에서 하나님은 자신을 계시하세요. 하나님의 백성에게 이 엄청난 환상을 보여주시는 이유가 3장 21절에 나와 있습니다. "이기는 그에게는 내가 내 보좌에 함께 앉게 하여 주기를 내가 이기고 아버지 보좌에 함께 앉은 것과 같이 하리라." 무슨 말씀이에요? 하나님의 백성인 우리들로 하여금 영광의 보좌에 함께 앉게 해주겠다는 것입니다. 이 말씀을 사례(example)로 보여주기 위해서, 보여주신 환상이 4장, 5장의 환상입니다.

그래서 4장에 하나님의 보좌에 앉으신 모습이 나타납니다. 5장에는 죽임 당하신 어린 양 예수 그리스도께서 보좌에 앉으신 환상이 나타나는데, 내가 이기고 보좌에 앉은 것 같이 너희 믿는 자들도 나와 함께 영광의 보좌에 앉을 소망을 주시기 위해서, 4장, 5장에 이 엄청난 환상을 보여주셨습니다. 이 환상은 하나님의 백성들에게는 엄청난 소망이요 이것보다 더 큰 위로가 되는 말씀이 없습니다. 위대한 믿음의 선조들은 이런 담대한 소망과 확신과 흔들리지 않는 믿음을 가지고 이 땅에서 힘 있게 산 줄 믿습니다. 영광의 보좌를 바라보시기를 바랍니다.

# 이렇게 기도하라

### 마태복음 6장 5절-9절

**이복우** (신약학)

신자라면 기도가 중요하지 않다고 주장할 사람은 아무도 없을 겁니다. 그런데 놀랍게도 그렇게 기도를 중요하게 여기면서도 정작 잘못된 기도를 할 때가 많이 있다는 거지요. 그래서 오늘 본문 5절에 보면 예수님께서는 너희는 기도할 때에 외식하는 자와 같이 하지 말라 말씀하시구요, 7절에서는 기도할 때에 이방인과 같이 중언부언하지 말라고 말씀하셨습니다. 그러면서 8절에서는 그들을 본받지 말라고 말씀합니다. 이렇게 예수님께서는 하지 말라 하지 말라 하지 말라, 세 번씩이나 강조해서 기도할 때 주의할 사항들을 말씀해주고 있습니다. 이어 9절에서는 예수님은 너희는 이렇게 기도하라고 말씀하고 있습니다. 여기서 이렇게 기도하라는 것에 앞서서 말씀하신 내용이 있습니다. 하지 말아야 할 것, 주의해야 할 내용, 그것들을 어떻게 하면 극복할 수 있을 것인가? 우리는 오늘 예수님이 금지하신 바 하지 말아야 할 기도와 예수께서 명령하신 해야 할 기도를 비교해서 살펴봄으로써 신자인 우리의 기도가 어떠해야 마땅하며 또 실제로 어떻게 해야 하는지를 배우고 실천하고자 합니다.

## I. 하지 말아야 할, 금지하신 기도

먼저 예수께서 기도에서 금지하신 것에 대해서 살펴보겠습니다. 첫째로 예수께서는 외식하는 기도를 금하셨습니다. 5절에 보면 예수께서 말씀합니다. "너희는 기도할 때 외식하는 자와 같이 하지 말라." 외식이라는 말은 잘 아는 것처럼 위선이나 겉치레나 가면, 연극할 때 다른 인물을 가장해서 하는 이런 것들을 의미하지요. 사람들이 이렇게 가면을 쓰고 위선을 떨며 겉치레를 하는 까닭은 자신을 사람들에게 드러내 보이기 위해서입니다. 그래서 우리가 1절과 5절과 6절에 보면 예수님께서 외식, 위선을 말하면서 반복되게 똑같이 하는 말씀이 있어요. 그것이 뭐냐면 사람에게 보이려고 한다는 것입니다. 그렇기 때문에 예수님이 지적하신 이 외식은 하늘에 계신 아버지께 보이려고 하지 않고 오직 사람에게 보이려고 하는 모든 행위를 가리킨다고 생각할 수 있겠어요. 한마디로 말하면 이 외식은 하나님을 의식하지 않고 사람을 의식하는 것입니다. 하나님을 의식하지 않으면 사람을 의식하게 되어 있습니다.

외식은 사람의 평가에 신경 쓰는 것인 반면에 하나님의 평가에는 아무런 관심도 두지 않는 것입니다. 외식은 사람에게 매이는 반면에 하나님으로부터 자유하는 것입니다. 이게 좋을 것 같지만 이보다 더 망하는 길은 없어요. 하나님께 매이지 않으면 사람에게 매일 수밖에 없습니다. 따라서 외식의 본질은 하나님을 의식하지 않는 것, 다시 말하면 하나님을 무시하는 것입니다. 누군가를 의식하지 않는다면 그 사람을 무시한 것 아니겠어요. 이러한 외식의 특징은 외식하는 기도에서도 동일하게 나타납니다. 사람들이 회당과 큰 거리 어귀에서 기도하기를 좋아하는 것은 거기에만 하나님이 계시기 때문이 아니라 그곳에 사람들이 많이 모여 있고 또 그곳이 사람들이 보기에 눈에 확 띄는 곳이기 때문에 거기서 하기를 좋아하다는 것이죠.

그런데 예수님이 이렇게 말씀하세요. 하나님은 은밀한 중에 계시고 은밀한 중에 보시는 분이라고 6절에서 말씀하고 있습니다. 하나님이 은밀한 곳에만 계시는 분 아니잖아요. 하나님이 은밀한 중에만 보시는 분 아니잖아요. 6장 9절에 당장 말씀하고 계신 것처럼 하나님은 하늘에 계신 분이십니다. 그분은 골방뿐만 아니라 회당과 큰 거리 어귀에도 가 보고 계시고 알고 계시는 분이십니다. 그런데도 굳이 예수께서 골방에 들어가서 기도하라고 말씀하신 것은, 그러면서 하나님이 은밀한 곳에서 은밀한 중에 보신다고 말씀하신 것은 기도할 때에 사람을 의식하지 말고 하나님을 의식할 것을 강조하고 있는 것입니다. 그래서 예수님이 6절에서 너희 아버지에게 기도하라고 명령하고 있습니다. 신자들도 하나님께 기도한다고 하면서 얼마나 자주 사람에게 매여서 하나님을 무시하는 기도를 하는지 모릅니다. 그들은 하나님을 부르면서 기도하지요. 그러나 실은 기도의 대상은 하나님이 아닌 사람으로 정하고 있는 경우들이 많습니다. 외식하는 기도는 기도의 대상을 잘못 정한 것이고 하나님을 무시하는 것입니다. 이렇게 기도하는 사람은 5절에서 예수님이 말씀합니다. 자기 상을 이미 받았다. 6절에서 말씀합니다. 아버지께서 그에게 갚으실 것이 하나도 없다.

둘째로 예수께서는 중언부언하는 기도를 막으셨습니다. 중언부언 하는 기도는 어떤 기도인가? 누군가가 농담 삼아 하는 얘기가 있어요. 중언 중의 말은 부언 말도 아니다, 그렇게 얘기 했습니다. 이 중언부언이란 말은 7절 하반절에 바로 설명이 되고 있어요. 그것은 뭐냐 하면 말을 많이 하는 것입니다. 기도할 때 말을 많이 하는 거예요. 그런데 말을 많이 하는 경우는 두 가지로 생각해 볼 수 있습니다.

하나는 같은 말을 반복해서 할 때 말이 많아지겠지요. 또 하나는 여러 가지 말을 오랫동안 할 때 말이 많아집니다. 그런데 이 두 가지는 모두 예수님께서 금하신 중언부언의 기도가 아닙니다. 왜냐하면 예수님께서 그와 같이 이 모두를 하셨기 때문이지요. 예수님은 제자들을 선택하기 전에 밤이 맞도록 아주 오랫동안 기도하셨고 심지어 요한복음 17장은 한 장 전체가 예수님의 기도예요. 또한 예수님은 십자가 처형을 당하시기 전에 겟세마네 동산에서 기도하실 때 같은 내용으로 세 번이나 반복해서 기도하셨잖아요. 그렇다면 예수님이 금하신 중언부언의 기도는 단순히 길게 하거나 같은 내용을 반복하는 그런 기도가 아닐 것입니다. 그렇다면 예수께서 금하신 중언부언의 기도는 어떤 기도일까요? 우리는 그 해답을 중언부언하지 말라는 말 앞에 단서로, 제한으로 붙는 '이방인과 같이'라는 말에 관심을 두어야 합니다.

예수님은 당시 말을 많이 하는 중언부언을 금하신 것이 아니고 하나님을 모르는 이방인들이 하는 중언부언의 기도를 금하신 것이지요. 그러면 이방인들은 왜 중언부언하는 기도를 할까요? 거기에 대해서 예수님이 7절 하반절에서 이유를 말씀하십니다. 왜냐하면 그들은 말을 많이 함으로써 그들의 기도가 들려질 것이라고 생각하기 때문이다. 이방인들이 기도에서 중언부언하는 근본 이유는 말을 많이 해야 그들의 기도가 기도의 대상에게 들려진다고 생각하기 때문이라는 것이에요. 그러면 이방인들이 이렇게 생각하는 이유는 무엇일가요? 그것은 그들이 누구에게 기도하고 있느냐와 관계되어 있습니다. 즉 그들의 중언부언하는 기도는 그들의 기도의 대상과 관계되어 있다는 것이지요.

이방인들은 누구에게 기도합니까? 그들은 우상에게 기도하는 사람들입니다. 우상은 어떤 존재인가요? 우상은 사람이 만든 것으로 입이 있어도 말하지 못하고 눈이 있어도 보지 못하고 귀가 있어도 듣지 못합니다. 그래서 이사야 45장 20절에서 이렇게 말씀합니다. "열방 중에서 피난한 자들아 너희는 모여 오라 함께 가까이 나아오라 나무 우상을 가지고 다니며 구원하지 못하는 신에게 기도하는 자들은 무지한 자들이니라." 그러므로 우상에게 기도하는 이방인들은 말을 많이 할 수밖에 없어요. 그래야만 그들의 기도가 들려질 거라고 생각하기 때문입니다. 우리 식으로 말하자면 지성이면 감천이다 하는 방식인 것이지요. 그러므로 예수께서 금지하신 중언부언의 기도는 단지 말의 많고 적음이나 기도의 길고 짧음의 문제가 아니라 누구에게 기도하느냐의 문제와 직결되고 있습니다.

이방인들은 생명이 없는 비인격적인 존재에게 기도하기 때문에 중언부언할 수밖에 없지요. 만일 신자들도 그들의 기도의 대상이신 하나님 아버지를 그런 우상처럼 알고 기도한다면 그것이 바로 중언부언하는 기도가 될 것입니다. 그러므로 예수께서 금하신 중언부언의 기도는 곧 하나님께 대한 무지에서 나오는 기도입니다. 외식하는 기도가 하나님을 무시하는 기도였다면 중언부언하는 기도는 하나님에 대한 무지에서 나오는 기도이다, 그렇게 정리할 수 있을 것 같아요.

우리의 기도에서 가장 중요한 것은 말의 유창함이나 화려한 미사여구가 아니라 우리가 하나님 아버지께 기도한다는 사실과 그분이 어떤 분인가에 대한 바른 이해와 믿음입니다. 만일 하나님을 우상과 같은 존재로 생각해서 말을 많이 하는 기도를 한다면 그것은 중언부언하는 기도예요. 그러나 말이 어눌하고 더듬거리고 앞뒤가 안 맞고 서툴고 중복되게 말한다 할지라도 그 기도의 대상이 되시는 하나님에 대한 바른 이해와 믿음으로 그렇게 기도한다면 그것은 참된 기도인 것입니다.

그러므로 기도의 핵심은 기도자가 무릎을 꿇느냐 아니면 일어서서 하느냐 엎드려서 하느냐 하는 기도의 자세나, 아니면 기도를 새벽에 해야 되느냐 낮에 해야 되느냐 밤에 해야 되느냐 하는 기도의 때나, 또 말의 유창함과 같은 것이 아니라 우리의 기도의 대상이신 하나님 아버지께서 어떤 분이신지를 바로 아는 이것이 바로 기도의 핵심입니다. 이런 까닭에 예수께서는 제자들에게 이방인들과 달리 하나님께 기도하고, 그 하나님은 곧 우리의 아버지가 되신다는 사실을 분명히 알려주고 있습니다.

## II. 해야 할 기도

이제 큰 두 번째로 예수께서 명하신 바 그 기도에 대해서 살펴보겠습니다. 예수께서는 제자들에게 9절에서 너희는 이렇게 기도하라 말씀하셨어요. 이것은 제자들이 마땅히 기도해야 할 기도의 내용을 알려주신 것입니다. 우리는 이것을 주기도문이라고 부르지요. 여러분 주기도문의 첫 단어가 무엇인지 아십니까? 이것을 아는 것은 매우 중요합니다. 예수께서 제자들에게 너희는 이렇게 기도하라고 가르쳐주신 그 기도의 첫 단어는 하늘에 계신도 아니고 우리라는 말도 아닙니다. 첫 단어는 바로 '아버지여'라는 말입니다. 주기도문은 아버지여라는 말로 시작합니다. 예수께서는 제자들에게 기도의 모범을 가르쳐 주시면서 제일 먼저 아버지라는 말로 기도할 것을 명령하셨지요. 그래서 예수께서는 제자들에게 기도할 때 아버지를 부름으로써 시작할 것을 가르쳐주신 것입니다.

물론 예수님 자신도 그렇게 기도하셨어요. 죽은 나사로를 살리실 때나 겟세마네에서 기도하실 때나 그 외에 많은 경우에 아버지를 부름으로써 기도를 시작하신 것을 우리는 성경에서 얼마든지 확인할 수 있습니다. 그러면 예수님은 왜 아버지를 부름으로써 기도를 시작하라고 하셨을까요? 그 중요한 이유는 신자가 아버지라는 칭호 안에 담겨 있는 뜻을 바로 알 때에 하나님을 무시하는 외식하는 기도와 하나님에 대해서 무지한 이방인의 중언부언하는 기도를 하지 않게 되기 때문입니다. 여러분, 공관복음 중에서 마태복음이 아버지라는 단어를 무려 44회나 사용합니다. 제일 많이 쓰고 있습니다. 그리고 오늘 본문이 포함되어 있는 마태복음 5장부터 7장의 산상설교에 17번 아버지라는 말씀이 등장합니다. 그리고 오늘 우리가 읽은 5-9절의 이 짧은 본문 안에도 아버지라는 말이 4번이나 나타나고 있습니다.

마태복음에서 이렇게 자주 사용된 아버지라는 말에는 중요한 의미가 있습니다. 이 의미를 알 때에 우리가 예수님께서 기도할 때 아버지여라는 말로 아버지를 부름으로써 기도를 시작하게 하신 그 뜻을 알 수 있을 것입니다. 이제 몇 가지로 그 의미를 생각해 봅니다. 주로 마태복음에 나와 있는 아버지라는 용례를 살펴보면서 거기에서 담고 있는 의미들을 함께 생각해 보겠습니다.

첫째로 아버지라는 말은 우리의 유래와 우리의 기원을 밝히는 말입니다. 우리가 어디로부터 나왔느냐 우리가 누구의 자식이냐 할 때 아버지의 자식이라고 말하는 것처럼 우리가 누구로부터 나왔느냐 하나님으로부터 나왔다는 말을 표현하는 것이 바로 아버지라는 말이지요. 우리가 하나님을 아버지라고 부르는 것은 우리가 하나님으로부터 나왔고 하나님으로부터 존재한다는 뜻입니다. 하나님 아버지는 우리의 존재의 근원입니다. 하나님이 없다면 우리도 없습니다. 그래서 우리의 모든 것이 그분에게 매여 있으며 우리는 그분을 의존해야만 살아갈 수 있는 자들입니다. 우리는 홀로 모든 것을 해결할 있는 자존적이고 자충족적인 그런 존재가 아닙니다. 우리는 스스로 모든 것을 해결할 수 있는 완전한 사람이 아니라는 말씀이지요.

사도 바울이 사도행전 17장 28절에서 하신 유명한 말씀이 있습니다. "우리는 오직 그를 힘입어 살며 기동하며 있느니라." 우리의 생명과 우리의 활동과 우리의 존재가 모두 하나님 안에 있다는 것이지요. 그를 힘입으라는 말은 결국 그분 안에 있다는 뜻입니다. 그래서 우리는 하나님께 요청할 수밖에 없고 또 하나님이 은혜를 베풀어주셔야만 지탱될 수 있는 자들입니다. 우리는 하나님 아버지의 소생이라고 또 말씀합니다. 우리는 하나님의 은혜로만 사는 자들이요 하나님 의존적인 자들입니다. 그러므로 우리가 기도에서 아버지를 부름으로 시작하는 것은 우리는 하나님으로부터 나왔고 우리는 하나님에 의해 존재하고 우리의 호흡과 생명과 삶과 그 외의 모든 것이 전적으로 하나님께 매여 있습니다. 하나님 없이 우리는 아무것도 아닌 자들임을 알고 오직 하나님만을 의지하오니 불쌍히 여겨 주시옵소서, 라는 신앙의 고백으로 기도를 시작하라는 말씀이지요.

기도는 단순히 우리의 필요를 채우기 위해 요청하는 것이 아닙니다. 기도는 단지 무언가를 구하고 채워지는 기계적인 것을 의미하는 것도 아닙니다. 기도는 사람이 하나님께 대한 의존을 철저히 인정하는 것이고 하나님이 아니면 인간은 아무 것도 아니요 아무 의미도 없고 어떤 가치도 없다는 것을 온 몸으로 온 영으로 고백하는 것입니다. 기도는 하나님이 어떤 분이며 인간이 어떤 자인가를 골수에 사무치게 인식하는 것이고 하나님과 인간의 바른 관계가 어떤 것인지를 확인하는 행위입니다. 이것이 바로 아버지를 부름으로 기도를 시작하게 하신 주님의 뜻입니다. 그래서 기도는 신론적이고 인간론적이고 또 구원론적입니다. 이 기도에 우리가 배우는 모든 신학들이 연결되어 있습니다.

둘째로 아버지라는 말은 우리의 기도를 들으시는 하나님이 전지하신 분이라는 것을 가르쳐 주고 있습니다. 오늘 읽은 본문 8절에서 그 내용을 우리가 볼 수 있어요. 우리 하나님은 우리가 말을 많이 하여야 들으시는 분이 아닙니다. 하나님 우리 아버지께서는 우리가 구하기 전에 우리에게 있어야 할 것을 이미 아시는 분이십니다. 이방인들은 자기들이 만든 돌이나 나무나 비인격적인 우상에게 기도하지요. 그러나 성도들은 모든 것을 미리 아시는 인격적이신 하나님, 전지하신 하나님에게 기도합니다. 이러하신 하나님 아버지는 참으로 깊은 관심과 사랑으로 우리의 모든 사정을 헤아리시고 또한 우리 앞길에 대한 구체적인 계획을 갖고 계시며 우리에게 필요한 것이 무언이지 가장 잘 아시는 분이십니다.

성경에 보면 "여호와 나의 하나님이여 주의 행하신 기적이 많고 우리를 향하신 주의 생각도 많도소이다"라는 고백이 있습니다(시 40:5). 우리의 기도는 이처럼 사려 깊고 자상하고 우리의 모든 사정을 헤아리시는 그 하나님 아버지께 드리는 기도입니다. 따라서 예수님이 아버지여라는 말로 기도를 시작하게 하신 것은 우리의 기도는 하나님의 인격성과 전지성에 대한 이해와 믿음에서 시작해야 되고, 그러한 것을 의탁해서 하는 기도라는 것을 가르쳐 주고 있는 것입니다.

셋째로 아버지라는 말은 하나님 아버지의 성품과 관련이 있습니다. 먼저 5장 48절에 보게 되면 우리 하나님 아버지는 온전하신 분이라는 것을 설명합니다. "하늘에 계신 너희 아버지가 온전하심 같이 너희도 온전하라"고 요구하고 있습니다. 우리 하나님 아버지는 온전하신 분이십니다. 그분에게는 어떤 부족함이나 연약함이나 결점이나 흠이 없습니다. 그분의 계획과 생각과 행하심은 언제나 온전합니다. 이와 같은 온전하심 때문에 우리는 하나님께 기도하면서 기대와 담대함을 얻습니다. 왜냐면요 아버지께서 온전하시기 때문에, 또한 아버지께서는 온전한 것으로 채울 것을 우리는 믿기 때문이죠. 여러분, 온전하신 하나님에게서 온전하지 못한 것이 나올 수 있을까요? 하나님에게는 한 치의 실수가 없습니다. 이렇게 온전하신 하나님이 우리의 아버지이십니다. 그래서 우리는 아버지에게 기도하면서 그분이 우리에게 가장 합당한 것을 꼭 필요한 때에 풍성하게 채워줄 것을 확신합니다. 또한 아버지는 4절에 보면 은밀한 중에 보신다 말씀하구요. 또 6절에 보면 은밀한 중에 계신다고 우리 아버지를 설명합니다. 우리는 살다 보면 참으로 세상에 그 누구하고도 말할 수 없는 답답한 문제를 가지고 탄식하며 절망할 때가 있습니다. 여러분 이럴 때 어떻게 하십니까? 하나님 아버지 그분은 은밀한 중에 계시고 은밀한 중에 보시는 분이기에 그 누구에게도 말할 수 없는 우리의 아픔과 고통을 이미 다 보시고 아시는 분이잖아요. 그러므로 그분 앞에서 숨길 것도 없고 말하지 못할 것도 없습니다.

아버지께서 이미 우리의 비밀한 것도 보신다는 것은 우리의 두려움이 되지요. 늘 하나님이 보고 계신다는 것 때문에 두려움이 되고 또 경건에 유익을 줍니다. 다른 한편으로 참으로 우리의 큰 위로가 됩니다. 세상 그 누구와도 나눌 수 없는 일이라 할지라도 하나님 아버지는 이미 보고 계시고 알고 계시기에 우리가 하나님 아버지와 의논하고 도움을 구하는 데 전혀 문제가 없습니다. 너 그런 적이 있었니? 이렇게 말씀하신 적이 한 번도 없다는 거예요. 그래서 우리는 하나님께 아버지여, 라며 기도하는 것입니다.

넷째로 아버지여라는 말은 하나님의 섭리와 관련이 됩니다. 하나님 아버지는 어떤 분이신가요? 5장 45절에 보면 하나님 아버지는 우리에게 해를 비추고 비를 내리시는 분이라고 말씀합니다. 6장 1절에서는 상 주시는 분으로 그리고 6장 4절과 18절에 보면 갚으시는 분이며 26절에서는 공중의 새를 기르시며 6장 30절에 보게 되면 들풀도 최고의 것으로 입히시고 또 7장 11절에 보면 우리에게 좋은 것으로 주시는 분이라고 말씀합니다. 그러므로 아버지 하나님은 이 세상을 떠나 계셔서 우리의 삶에 도무지 개입도 간섭도 하지 않는 그런 분이 아니라는 것이죠.

우리 아버지 하나님은 오늘도 여전히 해를 비춰 주시고. 또, 눈이 와서 얼마나 예쁜지 몰라요. 도로는 미끄럽지 않아서 다행이었고 학교에 들어오면서 눈이 있는 풍경을 보고 참 감사했어요. 하나님께서 이렇게 오늘도 눈을 내려주시는구나. 상을 주시고 수고를 갚으시고 우리를 기르시고 입히시고 좋은 것으로 주시는 그런 분이라는 것이지요. 우리의 아버지는 살아 계신 분이시며 만물을 지배하시고 주권적으로 통치하시고 자녀들의 삶에 구체적으로 개입하셔서 그들의 길을 지도하시며 필요를 채우시는 분이십니다. 이렇게 섭리하시고 다스리시는 분이 우리의 아버지입니다. 그러므로 예수께서 아버지여라는 부름으로 기도를 시작하게 하신 것은 하나님 아버지의 이러한 섭리에 대한 믿음을 가지고 하나님의 도우심과 개입을 바라고 기도하라는 뜻입니다.

마지막으로 아버지라는 말은 하나님의 절대적 차별성을 나타내는 말이기도 합니다. 하나님 아버지는 6장 9절에 보면 하늘에 계신 아버지라고 말씀합니다. 여기서 하늘은 땅과 대조되는 말씀이지요. 하나님이 하늘에만 계시겠어요? 온 우주 만물 중에 계시는 분이시죠. 그런데도 굳이 하늘에 계신다는 말을 함으로써 이것은 의도적으로 땅과 대조시키고 있는 것입니다. 5장 35절에 보면 땅은 하나님의 발판입니다. 그러나 5장 34절에 보면 하늘은 높이 계신 하나님의 보좌라고 설명하고 있습니다. 하나님은 땅을 초월하여 계시는 분입니다. 그래서 그분에게는 오늘 13절에 있는 것처럼 나라와 권세와 영광이 영원히 있는 것이지요. 반면에 땅에 있는 인간은 언제나 연약하고 언제나 비참하고 언제나 부족합니다. 여러분, 하늘에 계신 하나님 아버지와 육신의 아버지 사이에는 하늘과 땅 차이보다 더 큰 차이, 인간은 절대로 초월할 수 없는 절대로 따라잡을 수 없는 창조주와 피조물이라는 어마어마한 절대적 차이를 가지고 있습니다. 이런 차이 때문에 우리는 육신의 아버지가 아닌 하나님 아버지, 하늘 아버지에게 기도하는 것이지요.

이것을 잘 설명하기 위해서 예수님은 다음과 같이 말씀하셨습니다. 7

장 9절부터 11절에 이렇게 말씀합니다. "너희 중에 누가 아들이 떡을 달라 하는데 돌을 주며 생선을 달라 하는데 뱀을 줄 사람이 있겠느냐. 너희가 악한 자라도 좋은 것으로 자식에게 줄 줄 알거든 하물며 하늘에 계신 너희 아버지께서 구하는 자에게 좋은 것으로 주시지 않겠느냐." 세상에 있는, 땅에 있는 악한 자라도 아들이 떡을 달라 그러면 돌을 주고 생선을 달라 그러면 뱀을 줄 사람이 아무도 없다는 것이지요. 땅에 있는 악한 자라도 좋은 것으로 자식에게 줄 줄 압니다. 하물며 하늘에 계신 절대적으로 선하신 아버지, 절대적으로 온전하신 아버지, 아무도 가까이 할 수 없는 영광의 아버지께서 구하는 자녀에게 좋은 것으로 주시지 않겠습니까? 바로 이런 이유 때문에 예수님은 제자들에게 아버지여라는 말로 아버지를 부름으로써 기도를 시작하라고 가르쳐 주셨습니다.

결국 이상에서 말씀드린 이와 같은 아버지의 어떠하심에 대해서 우리가 알고 믿으며 신앙의 고백으로 아버지를 부름으로써 기도를 시작하는 것, 이것은 하나님을 무시하는 외식 기도와 하나님에 대해서 무지한 이방인의 중언부언하는 기도를 하지 않게 되는 예수 그리스도의 대안이요 방책입니다.

## III. 하나님에 대한 바른 이해와 믿음이 기도의 요체

말씀을 맺겠습니다. 신자는 바리새인처럼 외식하는 기도를 해서도 안 됩니다. 이방인처럼 중언부언하는 기도를 해서도 안 됩니다. 바리새인처럼 외식하는 기도는 하나님을 무시하는 기도이고, 이방인처럼 중언부언하는 기도는 하나님에 대한 무지에서 나오는 것입니다.

우리는 기도에서 이 두 가지 잘못을 범하지 않도록 조심하고 주의해야 합니다. 이를 위한 예수님의 방책이 바로 하나님을 아버지로 부르면서 기도를 하는 것입니다. 우리는 하나님께 기도합니다. 그리고 하나님은 우리의 아버지이십니다. 우리는 이러한 하나님 아버지와의 특별한 관계를 의식하고 기도해야 하구요. 하나님 아버지의 인격과 전지성과 성품과 섭리와 초월성과 절대성을 믿고 의지하고 기도해야 합니다.

우리의 기도에 있어서 가장 중요한 것은 기도하는 우리 자신의 정성이 아니라 기도하는 대상이신 하나님에 대한 바른 이해와 믿음이다, 하는 것을 다시 강조합니다. 그래야 외식하는 기도를 하지 않게 되고 이방인처럼 중언부언하는 기도를 하지 않게 됩니다. 그래서 기독교의 기도는 행위 이전에 신학입니다. 그리고 바른 신학이 바른 기도를 하게 만듭니다. 그래서 우리가 신론을 열심히 배우고 기독론을 열심히 배우고 교회론을 열심히 배웁니다. 어쩌다 보니까 다 조직신학 얘기만 됐는데 하여튼 우리가 성경도 열심히 배워서 하나님에 대해서 풍성히 알아야 합니다. 그렇게 풍성히 알아야 바른 기도를 하게 됩니다.

우리 모두가 우리 기도의 대상이신 하나님을 의식하고 그분에게 매여서 기도하기를 바랍니다. 그리고 하나님에 대한 정확한 이해와 지식과 믿음을 가지고 하나님을 아버지라고 부름으로써 기도하십시다. 외식하는 기도나 중언부언하는 기도를 버리고 기쁨과 확신과 담대함으로 기도하고, 그래서 하나님의 성품으로부터 받는 풍성한 응답을 받으시기 바랍니다. 성도가 하나님을 아버지로 부르면서 기도할 수 있는 것은 무엇과도 바꿀 수 없는 특권이요 참으로 신령한 복이기 때문입니다.

# 여로보암의 죄

열왕기상 12장 25절-33절

김영호 (신약학)

## I. 여로보암의 종교 정책

오늘 본문은 여로보암의 종교 정책을 서술하고 있습니다. 여로보암은 하나님께서 선지자 아히야를 통해서 이스라엘 열 지파를 주리라고 약속했던 사람입니다. 만일 여로보암이 하나님의 명령을 지키고 하나님의 길로 행하면 견고한 집을 주리라 약속했던 인물입니다. 이 여로보암의 종교정책을 오늘 본문이 기록하고 있는데 여로보암의 종교정책은 세 가지로 기록되어 있습니다.

먼저 금송아지 둘을 만든 것이고 그리고 이 금송아지 둘을 세울 새로운 예배 처소를 마련한 겁니다. 여로보암은 이 두 송아지를 이스라엘 북쪽 끝의 단에 세우고 다른 하나는 예루살렘에 가까운 벧엘에 두고 이스라엘 열 지파로 하여금 그들을 애굽에서 이끌어 올린 그들의 신들에게 경배하게 하였습니다. 나아가서 새로운 제사장 제도입니다. 이전에 레위인들에게만 한정했던 자격 조건을 풀어서 보통 백성도 할 수 있도록 한 것이죠. 열왕기상 13장 33절에는 누구든지 자원하면 제사장이 될 수 있다고 했습니다. 역대하 13장 9절에 이방 백성들의 풍속을 따라 제사장을 삼았는데 어린 수송아지 한 마리와 숫양 일곱 마리를 끌고 와서 장립되고자 한다면 이 금송아지의 제사장이 될 수 있었습니다. 마지막으로 새로운 절기를 만든 것인데, 여로보암은 7월 15일 대신에 8월 15일로 정했습니다.

이 여로보암의 종교 정책은 두 가지로 요약해 볼 수 있는데 첫 번째는 비슷한 종교를 만든 것이고 두 번째로는 편리성의 종교를 만든 것입니다. 그런데 성경 기자는 이 일이 죄가 되었다고 평가합니다. 13장 34절에는 이 일이 여로보암의 집에 죄가 되어 그 집이 땅 위에서 끊어져 망하게 되리라 하고 말합니다. 이 죄가 심각한 것은 자기에게 죄가 되고 그 죄 때문에 자기만 망하는 것이 아니고 이스라엘로 범죄하게 하여 하나님이 그들을 버리시는 이유가 된 것입니다. 오늘 이 시간에 우리는 첫 번째로 종교 정책을 들여다보고 둘째로는 그가 이런 종교 정책을 고안해 낸 이유를 살펴보려고 합니다. 이렇게 함으로써 오늘 우리에게 주는 경고가 무엇이고 오늘 우리 시대에 주는 교훈이 무엇인지 듣도록 하겠습니다.

먼저 그가 어떻게 여호와 하나님을 믿고 섬기는 종교를 우상을 경배하는 종교로 바꾸는지 살펴보겠습니다. 비슷한 종교 만들기입니다. 여로보암이 이 일을 어떻게 했는지 오늘 본문 28절에서 설명합니다. “이에 계획하고 두 금송아지를 만들고 무리에게 말하기를 너희가 다시는 예루살렘에 올라갈 것이 없도다 이스라엘아 이는 너희를 애굽 땅에서 인도하여 올린 너희의 신들이라 하고." 여기서 두 가지가 눈에 띕니다. 하나는 '이에 계획하고' 하는 말이고, '이는 너희를 애굽 땅에서 인도하여 올린 너희 신들이라'는 말입니다.

'이에 계획하고' 하는 이 말을 수동태로 번역하면 그가 누군가에게서 자문을 구했다는 뜻입니다. 그렇게 해석할 수 있는 것은 우리는 동일한 형태의 표현을 유다 왕 르호보암이 이스라엘의 장로들의 조언을 버리고 자신과 함께 자랐던 젊은 참모들과 의논하면서 너희는 어떻게 자문하느냐 할 때 거기에 자문하느냐 하는 말이 이와 똑같은 말이기 때문에 그렇습니다. 또 역대하 25장 17절에도 유다 왕 아마샤가 이스라엘 왕 요아스와 전쟁을 앞두고 상의하였다는 표현이 나오는데, 여기 상의하였다는 말이 오늘 본문에 나오는 '계획하고'와 동일한 표현입니다. 이것을 본문에 적용하면 '이에 계획하였다' 하는 말은 여로보암이 자신의 참모들과 상의한 후에 금송아지 둘을 만들었다 하는 뜻이 될 것입니다.

다른 해석 가능성으로는 금송아지 둘을 만들 때 '이에 계획하고' 하는 말은 동사가 니팔형으로 쓰였는데 재귀적으로 번역을 해보면 여로보암이 자기 자신과 의논한 것이에요. 자기 자신으로부터 충고를 얻어낸 겁니다. 스스로 생각하고 판단하고 결정한 것이죠. 이 둘 중에 후자가 더 나아 보입니다. 두 번째 해석이 더 나아 보입니다. 여로보암이 참모진들과 의논을 했을 가능성을 배제할 수 없지만 본문 25절부터 시작해서 33절까지 함께 의논할 수 있는 상대자들이 전혀 등장하지 않습니다. 이 동사와 서로라든지 또는 누구누구와 함께, 라는 표현이 전혀 등장하지 않기 때문에 그렇습니다.

또 본문은 모든 일에 여로보암의 주도성이 강조되어 있어요. 쌍둥이 수도를 세우는데, 25절 보세요. 요단 서편에는 세겜을 요단 동편에는 부느엘을 세우는데 이 세겜과 부느엘을 정한 것이 여로보암이었어요. 남쪽 왕국에는 있으나 자신에게는 없는 것을 발견하고 그의 마음에 이르기를, 하고 생각한 것도 여로보암이었고 새로운 절기를 마음대로 정한 것도 여로보암이었기 때문입니다. 이런 관점에서 볼 때 '이에 계획하고' 하는 말은 여로보암 스스로 두 송아지를 만들기로 정했고 그리고 만들었다는 것이죠.

두 번째로 주목할 것은 그는 이 금송아지를 만들어 세우면서 이것이 우상이다, 라고 말하지 않았다는 것이에요. 28절 후반절에 이 두 금송아지를 가리켜서 너희를 애굽 땅에서 인도하여 올린 신들이라고 합니다. 이 말은 분명히 출애굽기 32장 4절을 떠오르게 합니다. 이스라엘 자손이 모세가 시내 산에 올라가서 40일 주야로 하나님의 율법을 받고 십계명을 받고 있었는데, 그때에 모세가 내려오는 것이 지체되자 이스라엘 백성들이 아론에게 말합니다. "일어나라 우리를 위하여 우리를 인도할 신을 만들라" 그랬어요. 그때 아론이 송아지 형상을 만들고 이스라엘 백성에게 내오면서 한 말이 바로 이 말입니다. "이스라엘아 이는 너희를 애굽 땅에서 인도하여 낸 너희의 신이로다." 차이는 출애굽기 32장 4절에서는 단수이고 여로보암이 등장하는 본문에서는 복수에요. 너희의 신들이라. 두 개였으니까요.

여로보암이 금송아지를 만들어 놓고 그것을 단순히 나무에 금박을 입힌 물건이라 말하지 않고 거기에 신성을 부여하고 있다는 사실이 중요합니다. 여기서 금송아지 둘이 너희를 인도하여 낸 신들이라고 할 때 구체적으로 그 말을 어떤 의미에서 했는지는 명확하지 않습니다. 예를 들어 어떤 보이지 않는 신이 있는데 그 신의 어떤 모양을 만들어 낼 수 있다면 이런 모양일까, 하고 생각하고 만들었는지는 확실하지 않습니다. 왜냐하면 고대 셈족 사람들은 고등한 신들을 생각할 때 동물 모양으로 표현하지 않았어요. 존 브라이트 같은 학자는 이것이 아마도 보이지 않는 신의 발판을 생각한 것이 아닌가 추측합니다. 왜냐하면 가나안을 포함한 고대 근동의 돌판에 새겨진 그림들을 쭉 살펴보면 그런 상상이 가능하게 합니다. 여러분, 도서관 3층에 가면 고대 텍스트도 있고 그 옆에 부록으로 여러 그림들이 있어요. 가나안의 폭풍신의 경우 소를 타고 가는 모습으로 표현이 되어 있습니다. 다른 동물로는 말이나 사자 등이 있어요. 어떤 신을 생각할 때 말 위에 타고 간다, 했을 때는 민첩성 즉 빠른 것을 생각하고 그렇게 했으리라 추측할 수 있죠. 사자는 대적할 수 없는 용맹함을 생각할 수 있을 것입니다.

오늘 본문처럼 소를 그 발판으로 생각했다는 것은 힘을 상징하는 것입니다. 만일 이 해석을 우리가 가능성이 있다고 받아들인다면 이런 점에서 여로보암은 개념적으로 예루살렘에 있는 그룹과 대등한 무엇인가를 만드는데, 그때 그가 의도한 것은 소가 가진 요소까지 포함된 어떤 것을 상상했던 것입니다. 그러니까 이스라엘의 열 지파의 눈에는 남쪽 그룹을 능가하는 어떤 것을 제시했다고 볼 수 있습니다. 단순히 차별성만이 아니라 거기에 힘의 요소 능력의 요소를 더한 어떤 신성을 부여하려고 했다 생각할 수 있어요.

## II. 편리성의 종교 창출

다음으로 우리가 어떻게 여호와 하나님이 정하신 장소에서 그분이 정하신 방식으로 믿고 섬기는 종교를, 어떻게 사람 위주의 편리성의 종교로 만들고 있는지 살펴보겠습니다. 여로보암은 두 금송아지를 만들어서 벧엘과 단에 세웁니다. 왜 이 두 지역에 세우느냐에 관해서는 다양한 해석이 있는데 네 가지를 소개해 보겠습니다.

첫 번째, 벧엘은 남쪽 유다와 접경지역이고 단은 북쪽 아람 전선을 위한 행정중심이고 방어선이기 때문이다 하고 말하는 사람이 있어요. 다른 사람은 이스라엘 열 지파의 최북단과 최남단의 한 도시들을 선택함으로써 두 금송아지가 마치 북이스라엘 왕국 전체를 수호하고 있는 것을 과시하기 위함이었다고 합니다. 또 어떤 이들은 벧엘은 하나님께서 야곱에게 나타난 곳, 거기에 야곱이 제단을 세운 곳이기 때문이요, 단은 사사기 18장에 나오는 모세의 손자가 제사장으로 섬겼던 사실 때문에 거기다 세웠다고 생각합니다. 단에만 세워도 되는데 벧엘에 하나 더 세운 이유는 유다 주민들 중 불신자들이 벧엘에 세워진 이 금송아지 종교를 보고 넘어오도록 유혹하기 위해서였다고 해석하는 사람도 있습니다.

이 해석들 중에 어떤 것이 옳다 그르다 판단하기 어렵지만 본문은 이것과는 조금 다르게 말합니다. 다시 본문 28절로 돌아옵니다. 여로보암이 이르길 너희는 다시는 예루살렘에 올라갈 것이 없다고 말합니다. 문자적으로 번역해 보면 너희는 충분히 예루살렘에 올라갔다, 또는 너희가 예루살렘에 올라가는 것이 너무 무거운 짐이다 하고 말한 것이에요. 그는 북이스라엘 열 지파의 종교적인 짐을 덜어주려는 사람이고 싶어 합니다. 이것은 베냐민 지파를 제외한 북쪽 열 지파가 다윗 왕가로부터 등을 돌린 이유와 정확하게 일치합니다.

그들은 남쪽 유다의 왕 르호보암에게 부역을 감해줄 것을 요청했을 때 거절하고 오히려 더 강화하겠다고 하자 우리가 다윗과 무슨 관계가 있느냐 이새의 아들에게서 받을 소산이 없도다 하면서 독립을 선언했습니다. 이 배반의 영수(領袖)가 누구였냐? 바로 여로보암이었지요. 여로보암은 이 부역의 의무를 줄여준 것 때문에 많은 사람들의 지지를 얻었을 거라고 어렵지 않게 상상할 수 있습니다. 그렇게 그는 정치 사회 영역에서 성공을 거두자 이제는 종교 영역에서까지 비슷하게 문제를 해결하려고 하는 것으로 볼 수 있습니다.

지금까지 예루살렘에 힘들게 올라가서 제사했으니 이것으로 충분하다. 너희에게는 그 짐이 너무 무거우니 내가 두 금송아지를 만들어서 너희가 거주하는 가까운 곳에 세울 것이다. 거기서 너희는 제사를 하면 된다, 이렇게 말하는 것이죠. 그렇게 여로보암은 금송아지를 만들면서 이것이 너희를 애굽에서 인도하여 낸 너희의 신들이라고 말함으로써 비슷한 종교를 만들 뿐 아니라 이스라엘 백성이 하나님의 백성으로서 가져야 할 바른 신관을 깨려 하였습니다. 이는 유사성이 있는 종교를 만들어서 그것을 진흥시키기 위해 편리성을 끌어들인 것이라 볼 수 있어요. 자신의 의도를 숨기고 너희가 이제부터는 예루살렘으로 올라갈 필요가 없다고 하였습니다. 그만하면 되었다, 너희는 그동안 충분히 무거운 짐을 졌다, 이제부터 둘로 나누어 윗 지방은 단으로 가고 아랫 지방은 벧엘로 가라. 가서 너희를 애굽 땅에서 인도하여 올린 너희의 신에게 절하라. 편리성의 종교를 창출한 것입니다. 하나님이 없는 종교를 만들어 냈어요.

지극히 자기중심적인 삶과 신앙을 정당화해 준 것이지요.

여기에 더하여 여로보암은 절기를 바꿨다고 합니다. 절기를 바꾸는데 전혀 낯설게 바꾼 것이 아니라 정확하게 한 달을 뒤로 미룬 겁니다. 물론 이것은 비슷한 종교 만들기에 해당합니다. 7월 15일이 어떤 날이었는가를 살펴보면 이렇게 한 이유가 드러납니다. 비슷한 종교 만들기보다는 편리성과 이스라엘 열 지파의 삶의 정황을 고려한 것임을 짐작할 수 있습니다. 레위기 23장 39절을 같이 읽겠습니다. "너희가 토지 소산 거두기를 마치거든 일곱째 달 열닷샛 날부터 이레 동안 여호와의 절기를 지키되 첫 날에도 안식하고 여덟째 날에도 안식할 것이요." 여기서 중요한 표현이 초막절인데 초막절의 첫날 그리고 여덟째 날에 안식을 하도록 되어 있습니다. 초막절을 언제 지키느냐 하면 토지 소산 거두기를 마치고 지킵니다. 그러니까 추수를 마치고 지키는 것이죠. 토지 소산이라고 하면 보리나 밀과 같은 곡물 그리고 포도와 같은 것들이 해당됩니다.

로빈슨과 스미스라는 사람이 있어요. 이들이 1838년에 팔레스타인을 여행하면서 기록한 일기가 도움을 줍니다. 여러분, 구약 신약 할 것 없이 이런 사람들의 일기가 굉장히 도움이 많이 될 때가 있습니다. 아랍세계를 여행하고 쓴 일기도 있죠. 오늘 여기서 소개하는 로빈슨과 스미스의 일기는 마치 그때 당시 기후가 어땠는지 밭의 경작은 어땠는지 포도나무는 어떤 종류가 있고 어떤 것을 심는지, 이런 것들을 마치 비디오로 찍듯이 세 권짜리로 기록을 했어요. 이 일기를 보면 남쪽 여리고에서 밀 수확은 5월 14일이면 거의 끝나요. 그런데 동일한 밀 수확이 북쪽 티베리야 지역에서는 6월 19일이나 되어야 남쪽 유다 상태가 됩니다. 구약학자 카일에 따르면 포도 같은 경우는 조금 더 차이가 나요. 티베리야

같은 지역에서는 9월이 되어야 포도가 아주 무르익지만 밑에서는 벌써 7월이면 그렇게 됩니다.

초막절 예루살렘 성전 예배는 추수가 다 끝난 다음에 이루어지는데, 이 초막절 행사가 유다 남쪽 사람들에게는 자신들의 경제 활동 리듬과 정확하게 잘 맞아요. 그런데 북쪽 사람들에게는 그것이 불편한 일이지요. 아직 추수가 끝나지도 않았고 그러다보니 마음이 아직 남은 추수에 가 있습니다. 이런 상황에서 하나님의 말씀이 있으니 어떻게 해야 합니까? 7월 15일이 되면 내려와서 예배를 드려야 하는 거예요. 그러면 아마 경제적인 손해도 있을 수 있습니다. 그러니까 북쪽 사람들에게는 이것이 불편한 일이고 하나님께 예배드리는 일에서 남쪽 사람들과 같이 추수가 다 끝난 홀가분한 기쁨과 감격으로 예배드리기가 어려웠을 수도 있겠다고 짐작할 수 있지요. 여로보암은 유대 절기를 정확하게 한 달 뒤로 미루고 북쪽 열 지파의 경제생활 리듬에 최적화된 절기를 생각해낸 겁니다. 이렇게 함으로써 북쪽 이스라엘 사람들의 불만을 해소하였고, 동시에 비슷한 절기를 정함으로써 완전히 낯선 절기를 정하였다는 공격으로부터 자유로울 수 있었던 것입니다.

여로보암의 종교 정책을 통해서 우리는 그가 이스라엘 열 지파의 일반 대중들을 잘 다룰 줄 안다는 것을 금방 알 수 있습니다. 비슷한 종교를 만들어 내서 효과적으로 남유다가 가진 하나님의 백성이라는 긍지를 가질 수 있게 하였습니다. 비록 허위의 긍지이지만 이스라엘 열 지파도 계속해서 긍지를 갖게 했고, 게다가 편리하고 부담이 없으며 경제적 리듬에 맞는 종교를 만들어서 제공하였습니다. 여호와 신앙과 예루살렘 중심의 남유다의 예배가 북쪽 열 지파에게 지우던 염려와 불만을 해소해 주었어요. 여로보암이 북쪽 열 지파를 일반 백성이요 그가 생각하는 왕국의 시민으로 잘 대우하였는지는 모르지만, 과연 하나님의 백성으로 하나님 나라의 시민으로 대하지는 않았습니다.

한 사람의 지도자가 그가 섬기는 백성들을 하나님 나라의 존귀한 시민으로 생각하지 않고 자기 왕국의 기반이나 자기 목적의 수단으로 삼을 때 어떻게 일이 진행되는지 오늘 본문이 잘 보여 줍니다. 하나님에 대해서 선명하게 제시하고 설명하고 가르치고 불만이 있을 때 그것을 이겨낼 수 있도록 도와줘도 부족할 판에 비슷한 종교를 만들어서 백성들로 하여금 하나님을 모르게 하고 잊게 하는 것입니다. 백성들이 요구하는 편리하고 경제적으로 이득이 되며 부담 없이 섬길 수 있는 제사를 여로보암이 만들었던 것입니다. 그리하여 참된 제사를 멀리하게 하였습니다.

참으로 불행한 일이지만 오늘날 교회가, 많은 목회자들이 심지어 우리 자신도 그렇게 하고 있는 것을 발견하게 됩니다. 그러나 바라기는 지금부터 여기 있는 우리 모두는 자신을 경계하고 주의해서 이런 일에 참여하지 않기를 바랍니다. 이런 일들을 멀리하기 바랍니다. 성경 기자가 말하기를 이 일이 죄가 되었다고 합니다. 백성을 단까지 보내서 우상에게 경배하게 한 것이지요. 13장 34절입니다. "이 일이 여로보암의 집에 죄가 되어 그 집을 망하게 하고 그 집이 땅 위에서 끊어져 멸망하게 되니라."

그러면 여로보암이 이런 범죄 속으로 빠져든 이유는 무엇입니까? 오늘 본문 26절과 27절을 함께 읽겠습니다. "그의 마음에 스스로 이르기를 나라가 이제 다윗의 집으로 돌아가리로다. 만일 이 백성이 예루살렘에 있는 여호와의 성전에 제사를 드리고자 하여 올라가면 이 백성의 마음이 유다 왕 된 그들의 주 르호보암에게로 돌아가서 나를 죽이고 유다의 왕 르호보암에게로 돌아가리로다 하고." 여로보암이 수도를 정하고 기틀이 잡혀 가는 나라를 둘러보니까 자신에게는 없고 르호보암에게는 있는 것이 눈에 들어온 것이에요. 그것이 무엇인가? 예루살렘과 성전 예배입니다. 그런데 이것은 여로보암의 눈에 지금까지 쌓아온 자신의 모든 업적을 수포로 만들 뿐 아니라 목숨까지 위협하는 요소가 될 수 있다고 생각합니다. 여로보암의 마음속에 있는 불안과 고민은 선지자 아히야를 통해서 준 하나님의 약속을 질식시키고도 남았습니다. 하나님의 약속이 무엇입니까? 열왕기상 11장 26-39절을 보세요. 35절에 하나님은 여로보암에게 열 지파를 줄 것이라고 약속했어요. 37절에 하나님은 그를 다윗을 취하듯이 취할 것이라고 말했습니다. 38절에, 만일 여로보암이 하나님의 눈에 합당히 행하고 다윗 같이 하나님의 율례와 명령을 지키면 그와 함께하며 여로보암을 위하여 견고한 집을 세우리라고 했습니다. 약한 집이 아니고 어떤 집이라고요? 견고한 집을 세워 준다고 하셨습니다.

## III. 여로보암의 죄의 근본 원인

사무엘하 7장 8-16절에 다윗에게 주신 약속이 나오고, 열왕기상 9장 3-9절에 솔로몬에게 주신 약속이 나오는데 이 약속과 여로보암에게 준 열왕기상 11장 26-39절을 비교해 보면 구조가 동일합니다. 구조가 정확하게 일치해요. 첫 번째는 하나님의 선택이에요. 내가 너를 취하리라. 두 번째는 동행입니다. 내가 너와 함께 하리라. 세 번째는 지속적으로 존속될 왕조입니다. 어느 누구에게도 왕조를 세우고 지속되리라 하는 약속을 준 적이 없어요. 다윗에게 준 약속은 이것과 차이가 나는 곳이 있긴 한데, 거기에는 영원까지라는 말이 덧붙여 있어요. 우리는 하나님께서 다윗에게 줄 위가 영원까지 지속되게 할 것이고, 어떤 식일는지는 모르지만 여로보암이 하나님의 뜻에 합하게 다스렸다면 지속될 만한 왕조를 주셨을 것이라고 추측할 수가 있습니다.

'영원까지'가 있고 없고의 차이가 있지만 이 지속성을 위해서 사무엘하에서 그리고 열왕기상에서 두 인물에게 쓰인 단어가 동일합니다. 사무엘하 7장 16절에 보면 내 집과 내 나라가 네 앞에서 영원히 보존되리라 했는데 '보존되리라' 하는 말하고, 열왕기상 11장 38절에 내가 다윗을 위하여 세운 것 같이 너를 위하여 견고한 집을 세우리라 할 때 이 '견고한'이라는 말이 똑같은 말이에요. 하나는 동사요 하나는 분사로 사용된 특징이 있지만, 그것은 우리가 항상 예배 드릴 때 아멘 하는 말의 니팔형입니다. 이 단어는 장막을 칠 때 텐트 팩이 박히는 장소가 흔들리면 텐트가 무너지게 되니까 텐트 팩을 박을 장소처럼 단단하고 굳다 하는 의미입니다. 보존하리라, 견고하리라 하는 말이 그런 의미로 쓰였습니다. 더 나아가서 이것이 어떤 직분에 사용되면 그 직분이 다른 사람에게 이양되지 않는 것을 의미해요. 예를 들어서 하나님이 엘리에게 말합니다. "내가 나를 위하여 충실한 제사장을 일으키리니" 이 사람은 사무엘을 가리킵니다. 그가 "내 마음 내 뜻대로 행할 것이라." "내가 그를 위하여 견고한 집을 세우리니" 여기에 똑같은 말이 나오지요. "내가 나의 기름 부음 받은 자," 다윗이죠 "내가 영구히 행하게 하리라."

여로보암에게 약속된 견고한 집이라는 것은 이렇게 단단하고 굳은 집으로서 계속해서 그리고 지속적으로 존속하는 집을 의미합니다. 다윗 왕조가 존속하고 지속되는 것처럼 여로보암에게도 무너지지 않고 단단하여 계속해서 지속될 왕조를 약속해주신 것이에요. 그것이 하나님의 약속입니다. 다윗은 이 약속을 듣고서 '이 모든 큰 일'을 여호와께서 뜻대로 행하셨다고 했습니다. 사도행전 2장에서 사도들이 만세전부터 감추어진 구원의 소식을 선포할 때 그것을 듣던 사람들이 '하나님의 큰 일'을 말한다고 했던 것과 똑같은 말입니다.

그러나 이 여로보암의 고민 속에는 이런 큰 일을 듣고도 크신 하나님의 약속이 전혀 자리 잡고 있지 않습니다. 그 결과가 무엇입니까? '이에 계획하고' 금송아지 둘을 만들고 그것을 남쪽에는 유다와 접경인 벧엘에 하나, 북쪽에는 아람 전선을 위한 행정 중심지요 방어선이었던 단에 하나를 세운 것이에요. 하나님의 약속에 대한 피상적인 이해, 하나님의 말씀에 대한 신뢰의 부재 이것이 여로보암의 죄의 원인이에요. 여로보암이 자신도 범죄하고 이스라엘도 범죄하게 만든 종교를 창출하는 데 이르게 한 근본적인 원인은 단순히 안보나 정권 유지에 대한 불안감이 전부가 아닙니다. 남서쪽에서는 애굽의 시삭 왕이 위협하고 유다는 남쪽에서 그리고 아람은 북쪽에서 압박하는 그 시대의 불안이 다가 아니에요. 왕조의 전통이나 정통성이 빈약하고 어디로 가야 할지 모르는 내적인 불안도 주요 원인이 아닙니다. 근본적인 원인은 하나님의 약속을 건성으로 듣고 하나님의 말씀을 신뢰하지 않은 것입니다.

여로보암의 행동을 보면 그의 의식 속에는 자신에게 열 지파를 주셨다는 것 외에는 남아 있는 것이 없습니다. 그의 정책에는 하나님의 선택도 하나님의 동행도 이스라엘이라는 특수한 나라가 갖는 정체성 곧 어떻게 그 나라가 성립되었고 통치되어야 하는지에 대한 고민이 없어요. 하나님의 법과 계명을 어떻게 순종해야 되는지에 관한 생각이 자리 잡을 곳이 없다는 말입니다. 하나님의 말씀을 듣고도 영적인 실재를 전혀 그 마음에 끌어들일 수 없는 사람, 하나님의 말씀을 듣고도 머리가 정치적으로만 돌아가는 그런 사람이 바로 여로보암입니다. 하나님의 선지자를 통해서 자신과 자기 후손에게 준 복된 약속을 듣고도 금송아지를 만들어서 그들을 애굽에서 인도하여 내신 진정한 구속자로부터 멀어지게 만드는 것이에요. 그가 하는 일이 얼마나 심각한 일인지 보십시오.

## IV. 혼합주의와 배도

여러분, 종교의 순수성을 위해서 혼합주의와 타협하는 것만큼 치명적인 것은 없습니다. 종교의 순수성을 지키는 데 가장 무서운 적이 혼합주의와 타협이에요. 만일 어떤 무신론자가 있을 경우 그 무신론자는 신의 존재를 부인하고 현재 전혀 신과 상관없이 살 수 있지만 그가 신에게 돌아올 수 있습니까 없습니까? 돌아올 기회가 있습니다. 그러나 혼합주의에 속해 있는 사람들은 자신들이 우상을 섬기면서도 하나님을 섬긴다고 생각해요. 하나님 아닌 실재를 자기 존재의 근원으로 삼고 있는데도 하나님을 섬긴다고 생각한다 말입니다. 그렇기 때문에 혼합주의는 무신론보다 위험한 것이에요. 이스라엘이 여로보암 때에 혼합주의로 들어서고 아합 시대에 배도가 이루어졌지만 이스라엘 왕을 판단할 때 여로보암의 길을 따랐느냐 따르지 않았느냐로 판단을 하지 않습니까? 여로보암이 그와 같은 일을 한 것입니다.

만일 우리가 정신 차리지 않고 우리가 믿는 바 하나님, 우리가 따라야 할 하나님의 말씀, 우리가 머물러야 할 선배들의 전통을 마음속에 끌어들여 그것을 체화하지 않으면 누구든지 이와 같이 혼합주의로 빠져들 위험이 있어요. 우리가 교회에 무슨 이단사설을 가져오겠습니까? 그러나 여러분의 설교와 여러분이 하는 행동이 하나님을 믿는 것 같은데 실제로는 다른 일을 따르게 하는 그런 일로 인도할 수 있다 그 말이에요. 여로보암이 금송아지를 들여왔을 때 이 종교를 환영한 이스라엘은 그 이후 어떻게 되었습니까? 아합 시대 때 엘리야의 말이 그런 이스라엘 백성들의 상태를 단적으로 드러내줍니다. 열왕기상 18장 21절, "너희가 어느 때까지 이 둘 사이에서 머뭇머뭇 하려느냐?" 하나님과 바알 사이에서 그 어느 쪽도 확신이 없는 사람들로 전락했습니다.

여로보암이 금송아지를 들여왔을 때 이 종교를 환영하며 자신이 제사장이 되고자 했던 사람들, 이후 마침내 제사장이 됐던 사람들이 어떻게 되었습니까? 약 130년 후 동일한 이름을 가진 여로보암 2세가 다스렸던 시대에 벧엘 제사장 아마샤가 아모스에게 했던 말에서 이 제사장들의 상태를 단적으로 들여다볼 수 있습니다. 아모스 7장 12-13절에 "아마샤가 또 아모스에게 이르되 선견자야 너는 유다 땅으로 도망하여 가서 거기에서나 떡을 먹으며 거기에서나 예언하고 다시는 벧엘에서 예언하지 말라 이는 왕의 성소요 나라의 궁궐임이니라" 그렇게 말했습니다. 제사장 직을 생계 수단으로 여기고 하나님 대신에 왕을 절대시하는 그런 모습으로 전락했습니다.

그러나 이런 일이 여로보암에게만 있습니까? 우리가 만일 하나님의 말씀을 대충 듣고 자기 생각만 많이 하고 자기 말만 많이 한다면 근본적으로 여로보암이 가지고 있는 심리나 태도와 다르지 않습니다. 하나님의 말씀과 그 안에 있는 지고하고 무거운 원리를 배우는 일을 등한히 하고 어떻게 목회를 할까요? 그런 상태로 어떻게 가르치거나 설교를 하겠습니까? 하나님의 약속은 마음에 두지 않고 그저 생각만 하면서 자기 왕국을 세우려 한다면 우리의 그런 행동이 여로보암과 무엇이 다릅니까?

그도 금송아지를 만들면서 그걸 가리켜 우상이라 말하지 않았어요. 이것은 너희를 애굽에서 인도하여 낸 신들이라 말했어요. 그러나 그의 정책은 애굽에서 인도하여 낸 하나님을 섬기는 일로 나가지 않았고 그의 정책은 하나님을 섬기고 그분의 뜻을 받드는 것이 아니었어요. 결국 종교를 자신을 위해 이용하는 사람이지요. 종교를 자신의 수단으로 사용하는 사람인 것이에요. 만일 그가 그와 반대로 하나님의 약속을 굳게 붙들고 어찌하든지 자신부터 하나님을 섬기려 하고 그분의 명령과 율법을 지키려 했다면, 인간의 정치적인 이상과 원리를 버리고 다윗처럼 살았다면 결과는 크게 달랐을 것입니다. 다윗은 비록 왕이었으나 쫓겨서 다른 나라로 망명해야 하는 데까지 이르면서도 칼을 들지 않는 원리로 하나님 나라를 세우는 일을 지속적으로 계속했던 것입니다. 여로보암이 백성들이 자유롭게 예루살렘에 가서 제사하고 죄사함을 받고 구원의 은총을 누리도록 모든 정치력을 발휘해서 남유다와의 관계를 개선하려고 노력했다면 이스라엘 역사는 다윗과 함께 그도 기억했을 겁니다. 그랬다면 이스라엘 역사는 다윗과 함께 여로보암을 기억하고 진정으로 하나님 섬기는 사람들을 일컬어 다윗과 같았고 하나님 마음에 합한 여로보암과 같았다고 말했을 것입니다.

그렇다면 우리 남은 생애를 어떻게 살아야 하겠습니까? 자기의 왕국과 자기의 목적과 자기의 생각보다 하나님의 약속과 하나님의 말씀을 마음에 두는 삶, 그것이 최우선이 되어야 할 것입니다. 신자가 인생의 한 계단에 이르러 자신이 젊었을 때 하나님을 섬겼던 그 생각과 열심을 돌아보면 부족을 느낍니다. 50이 되고 60이 된 자리에서 40대나 30대에 했던 것이 얼마나 부족했던지 부끄럽게 느껴질 것입니다. 그러나 매순간 그 순간의 최선은 하나님께 마음을 전부 다 두는 것입니다. 오늘 이 순간 내 생각이나 내 왕국을 내려놓고 하나님의 말씀이 드러나고 하나님의 뜻이 드러나게 생활했다면 어린 아들이 아버지에게 받은 초콜렛 하나가 무엇보다 큰 선물이고 기쁨이듯이 그렇게 하나님의 복을 누리고 즐거워할 것입니다.

시편 1편 1-2절과 같이 우리 영혼에 하나님의 말씀을 끌어들여야 해요. 그렇게 우리 영혼에 말씀이 있을 때에만 마치 시냇가에 심은 나무가 그 영혼의 근원, 생명의 근원을 빨아들이는 그런 삶을 살 수 있는 것입니다. 신약에서 베드로 사도가 말한 것처럼 하나님의 말씀을 받되 샛별이 떠오를 때까지 주의해야 합니다. 들여다보고 있어야 해요. "또 우리에게는 더 확실한 예언이 있어 어두운 데를 비추는 등불과 같으니 날이 새어 샛별이 너희 마음에 떠오르기까지 너희가 이것을 주의하는 것이 옳으니라"(벧후 1:19).

조선시대 때 퇴계 이황 선생님하고 계속해서 논쟁을 벌였던 기대승 선생님 같은 경우는 글을 마음에 붙여야 한다 그랬어요. 그러면 마음이 자연히 그 글을 이해한다는 것입니다. 물론 유학의 원리이기 때문에 그대로 다 적용할 수는 없겠지요. 하지만 우리 마음과 하나님의 말씀이 대적하고 있더라도 그럼에도 불구하고 하나님의 말씀을 마음에 붙여야 그때 비로소 희망이 있어요.

우리 모두는 오늘 본문이 주는 경고와 그리고 시대가 주는 이 교훈 앞에 서서 우리 자신이 항상 넘어질 수 있다는 것을 경계해야 합니다. 그리하여 하나님께 간절히 은혜를 구해야 합니다. 하나님 제가 하나님의 편에 서 있고 싶사오니 나를 인도해 주소서. 하나님의 말씀이 나를 붙들어 주시고 하나님의 말씀이 내 영혼을 열어서 영적인 세계를 보게 해주십시오. 그리고 거기에 참여하게 해주십시오. 그것을 모르고 있는 이 시대의 사람들에게 그것을 열어주고 함께 참여하는 은혜를 내려주십시오. 그래서 바나바와 같이 하나님의 은혜를 보고 기뻐하는 그 기쁨을 제게 주십시오. 그렇게 기도해야 할 것입니다.

# 빛과 빛을 향해 나아가는 우리

**요한복음 1장 3절-10절**

**이승구** (조직신학)

## I. 생명의 원천과 빛

오늘 우리가 본 이 본문은 아주 풍성한 본문이죠. 그래서 그것을 다 생각할 수는 없고 이 본문에서 두 가지 요점을 중심으로 얘기를 하려고 합니다.

첫 번째는 무엇과 관련된 거냐 하면 5절에서 얘기하는 빛이 어두움에 비친다고 할 때 과연 그게 무슨 상황 어떤 상황을 얘기하는 거냐 하는 겁니다. 이 본문이 복잡하기 때문에 사실 이것을 이해하기가 좀 어렵습니다. 특히 이 말씀과 10절 말씀을 연결시켜봤을 때 "그가 세상에 계셨으며 세상은 그로 말미암아 지은 바 되었으되 세상은 그를 알지 못하였고"라고 했는데, 이 말씀을 5절과 연관시키는 것이 가장 자연스럽게 보입니다. 물론 다른 의견을 가진 사람들도 있어요. 만일 그렇게 본다면 이 상황은 어느 상황이냐? 요한복음에서 이제 궁극적으로 우리에게 얘기하려고 하는 예수님이 이 세상에 오셔서 "나는 세상의 빛이라"라고 말씀하시는 상황, 예수님이 오신 다음의 그 상황 이전 상황이겠지요. 지금 그 예수님이 나는 빛이라 하는 상황, 그 말을 하기 전에도 예수님은 빛으로 계신 거예요.

그런데 그 상황은 아마 11절부터의 상황일 것입니다. "자기 땅에 오매," 그 전의 상황이 어떤 상황이냐 10절 상황이죠. "그가 세상에 계셨으며 세상은 그로 말미암아 지은 바 되었으되" 세상이 그로 말미암아 지은 바 되었다고 하는 것을 3절이 얘기하죠. "만물이 그로 말미암아 지은 바 되었으니 지은 것이 하나도 그가 없이는 된 것이 없느니라." 그래서 이것은 성육신 이전 로고스의 활동에 대해서 얘기해 주는 거라고 생각하는 것입니다.

요한복음 1장을 잘 읽은 사람들은 어렴풋하게 그런 생각을 가집니다. 이 세상에 있는 모든 것 안에 로고스의 작용이 있었다고 하는 거죠. 지속적으로 작용하고 있었죠. 그러나 그 로고스의 작용은 어떠냐 하면 4절이 얘기하는데 '그 로고스 안에 생명이 있었는데' 놀라운 일이죠. 요한복음에 의하면 생명을 가지신 분은 하나님 자신이에요. 그래서 특별히 성부 자신입니다. 요한복음 5장 25절 말씀에 의하면 "아버지께서 자기 속에 생명이 있음과 같이 아들에게도 생명을 주어 그 속에 있게 하셨고" 아들한테 생명을 주었습니다. 그래서 성부 성자 성령이 다 생명을 가지고 있었습니다. 그 안에 생명이 있습니다. 그래서 이 생각은 아마도 시편이 이야기하는 "생명의 원천이 주께 있사오니," 시편에서 이 얘기를 할 때

많은 사람들은 이 모든 것이 시편 36편 9절에 "생명의 원천이 주께 있사오니 우리가 주 안에서 빛을 보리이다"라고 하는 말에서 이 말씀이 나온 것으로 생각을 하는 겁니다.

생명의 원천이신 하나님, 성자 그 안에 생명이 있습니다. 이 세상에 그 어떤 것도 하나님을 떠나서는 진정한 생명이 아닌 것이죠. 그 얘기를 하고 있습니다. 그런데 이 생명은 사람들에게 빛으로 작용하는데 이것은 물리적인 빛이 아니죠. 하나님께서는 이것을 물리적인 빛과도 연관시키기 위해서 최초에 빛을 창조하심으로써 물리적인 빛과도 연계했습니다. 요한복음에서는 물리적인 빛과 영적인 빛을 이렇게 같이 생각하면서 얘기를 하는 거예요. "빛이 어두움에 비치되" 그 말을 할 때 창세기에 "하나님께서 빛이 있으라 하시니 빛이 있었고" 하는 것을 요한은 생각하지요. 그러나 그 이상의 것을 더 생각합니다. "어둠이 깨닫지 못하더라" 좋은 번역의 하나죠. 그러나 '이기지 못하더라'라고 하는 게 아마 이 맥락에 더 맞을 수도 있고 어쩌면 이럴 때 요한복음에 가장 잘 나타나는 의도적 애매성이라고 하는 게 여기에 작용하고 있을는지도 모르겠습니다. 이 세상에서 많은 로고스의 활동이 예수님이 이 세상에 오기 전부터 작용하고 있다는 것을 본문이 얘기하는데 예수를 믿는 사람은 요한복음을 통해서 그걸 압니다. 그러나 별로 주의를 하지 않죠. 그리고 이 세상에 있는 대부분의 사람들은 정말 그걸 깨닫지 못하는 거죠. 진정한 의미에서 그것은 빛을 이기지 못하는 상황입니다. 어두움이 빛을 다 감춰버린 게 아니고 깨닫지 못하고 그걸 이기지 못하는 상황이죠.

이 세상에 참 빛이 있었다는 겁니다. 6절 이하의 말씀이 애매해서 10절 이하가 어느 상황인지를 잘 모를 수가 있어요. 왜냐하면 6절서부터만 읽으면 "하나님께로부터 보내심을 받은 사람이 있으니 그 이름은 요한이라 그가 증언하러 왔으니 빛에 대하여 증언하고 모든 사람이 자기로 말미암아 믿게 하려 함이니라." 뭘 믿느냐면 빛을 믿는 것입니다. 그러면서 "그는 빛이 아니요 이 빛에 대하여 증언하러 온 자라. 참 빛 곧 세상에 와서 각 사람에게 비추는 빛이 있었나니." 그렇게 요한 얘기를 하고 참 빛이 왔다는 얘기를 하기 때문에, 아 요한이 예수님에 대해서 미리 증언하고 성육신 하신 사건을 얘기한 것이라고 생각하기 쉽게 구조가 그렇게 되어 있어요. 그러나 사실 잘 살펴보면 10절 얘기는 "그가 세상에 계셨으며 세상은 그로 말미암아 지은 바 되었으되 세상은 그를 알지 못하였고"라고 하는 것은 성육신 이전 상황을 얘기하는 것 같다는 말입니다. 그건 마치 무엇과 똑같습니까? 빛이 어두움에 비치고 있는 거예요. 그런데 어두움이 깨닫지 못하는 것입니다.

그런데 이제 참 빛이 이 세상에 오신 거예요. 예수 그리스도께서 오신 거예요. 그것을 14절에 이렇게 증언합니다. "말씀이 육신이 되어 우리 가운데 거하시며 우리가 그의 영광을 보니" 빛을 보는 거예요. "아버지의 독생자의 영광이요" 사람들이 예수 그리스도를 바라보면 정말 복잡한 생각을 할 텐데, 아버지의 독생자이시다 이렇게 보는 거 아님을 우리가 다 알죠. 예수 그리스도를 진짜로 믿게 된 사람만이 아 이분이 아버지의 독생자이구나, 하는 것입니다. 아버지의 독생자라고 깨닫게 된 그 사람, 그래서 삼위일체 하나님에 대한 개념을 갖게 된 그 사람이죠. 웨스트민스터 신앙고백에서 강조하는 우리가 가지고 있는 신론을 '크리스천 씨이즘(theism)'이라고 얘기하는데 코넬리우스 반틸의 용어입니다. 그런 관념이 우리 삼위일체 하나님에 대한 관념인 것이죠. 예수 그리스도를 살아 계신 하나님의 독생자의 영광을 바라보는 것으로 알게 된 사람들이 그런 크리스천 씨이즘을 가지게 되는 것이죠. 기독교적 유신론을 가지게 되는 것입니다. 이 세상의 다른 유신론하고 다른 기독교적 유신론, 반틸이 천명한 그런 개념을 우리 속에 가지게 된 그 사람이 이 빛을 진짜 알게 되고, 이 빛을 받아들이게 된 사람이죠. 그 사람이 여기 나오는 하나님의 자녀가 되는 권세를 얻은 사람입니다.

그런데 그렇게 믿게 된 사람은 이제 어떻게 생각해야 하느냐? 그리스도께서 이 세상에 오시기 전에도 이미 로고스로서 이 세상에 활동을 하고 계셨다고 하는 것입니다. 물론 그건 구원하는 활동은 아닙니다. 일반은총적인 활동이죠. 그러니까 옛날에 한국 사람들, 예수 그리스도를 믿기 전 사람들에게도 로고스의 활동 안에서 그 빛이 있었고 그 빛 때문에 생명이 있었다는 것이죠. 사람들이 이것을 다 무시하고 깨닫지 못하고 있는 것입니다. 안타까운 상황이죠. 그런데 우리 주께서 참 빛으로 오셨습니다. 당시 예수님은 이 세상에 오셔서 가끔 이렇게 얘기하십니다. 8장 15절 말씀인데 "나는 세상의 빛이라." 요한복음에서 그렇게 얘기하죠. 예수님이 이 세상에 오셨을 때 빛으로 오신 것입니다. 또 요한복음 12장에서도 얘기하는데 "아직 잠시 동안 빛이 너희 중에 있으니 빛이 있을 동안에 다녀 어두움에 붙잡히지 않게 하라 어둠에 다니는 자는 그 가는 곳을 알지 못하느니라"(35절). 이 세상 사람들의 삶이라는 게 전부 어떤 건가? 향방을 모르고 사는 삶이라는 거지요. 참 빛과 관련하기 전에는 정말 향방을 모르고 인생을 낭비하는 삶이라고 얘기하는 거예요. " 너희에게 아직 빛이 있을 동안에 빛을 믿으라 그리하면 빛의 아들이 되리라"(36절). 요한복음이 이것을 강조해요.

우리는 이것 때문에 쓸 데 없는 생각을 하면 안 됩니다. 이것보다 좀 못하게 빛과 어두움을 대조하고 있는 사상이 있었거든요. 예를 들어서 사해사본에 나타나는 그들의 문서들에 보면 그들의 작품들에는 한편으로는 성경을 잘 묵상한 것도 있고, 자기들이 이것을 발전시킨 것도 있는데 그들이 빛의 아들들과 어두움의 아들들을 대조시키면서 이 세상에 있는 것들이 있습니다. 그건 지금 여기서 얘기하는 것보다 훨씬 수준이 낮은 거예요. 여기 참 빛이 이 세상에 진짜로 있습니다. 이 세상에 유일한 빛이라고 얘기하는 거예요.

이걸 생각하면서 우리들이 해야 할 일은 뭐냐? 빛이 있으면 어떻게 해야 되냐면 빛으로 나와야 해요. 빛으로 나오지 않으면 자기가 가는 길을 알지 못합니다. 갈 바를 알지 못하고 이 세상에서 헤매게 되는 거지요. 예수 그리스도를 믿게 된 사람들은 이 세상에서 예수님이 하신 말씀대로 해야 합니다. "나는 세상의 빛이니 나를 따르는 자는 어두움에 다니지 아니하고 생명의 빛을 얻으리라"라고 하신 이 말씀을 우리가 의미 있게 생각해야 합니다. 그래서 진짜 예수 그리스도를 믿는 사람들의 큰 특성이 있는데 빛으로 나아가는 사람들이다 그것입니다. 빛으로 나아가는 사람들은 어떻게 할까요? 오늘 우리의 관심은 여기 있습니다.

## II. 빛의 자녀들의 특성

우선 이 빛으로 나아가지 않는 사람들의 모습을 한 번 생각해보도록 하겠습니다. 예수님께서 아주 친히 친절하게 이 세상 사람들에 대해서 이야기를 해주고 있어요. 예수님이 빛으로 계신데 사람들은 어떻게 하느냐? 3장에 있는 말씀을 잠깐 보시기 바랍니다.

3장 19절 말씀에 이 세상의 문제점을 얘기하는데 "그 정죄는 이것이니 곧 빛이 세상에 왔으되 사람들이 자기 행위가 악하므로 빛보다 어둠을 더 사랑한 것이니라." 그래서 어떻게 하느냐? "악을 행하는 자마다 빛을 미워하여 빛으로 오지 아니하나니" 첫 번째 특성이 뭐냐 하면 믿지 아니하는 거예요. 우리 안에도 믿지 아니하는 특성이 있으면 이 특성이 그대로 남게 됩니다. 빛을 향하여 나아가지 않게 됩니다. 왜냐하면 어두움을 더 사랑하기 때문에 그래요. 이 세상, 하나님과 대립하려는 세상 말입니다. 원래 하나님이 창조한 세상 말고 하나님께 반역하여서 하나님의 뜻에 어긋나고 있는 이 세상을 규정하는 용어가 어두움이죠. 이 세상은 어두움 가운데 있습니다. 우리도 그 가운데 있던 사람들입니다. 주께서 빛을 비추시고 우리로 하여금 그 빛을 보게 하셨다. 그래서 이제 빛의 비침을 봐야 해요. 그런데 오늘 얘기가 정말 예수님께서 오셨을 때 빛이 비친다고 하였습니다. 이것을 또 다른 말로 표현하는 한 곳을 잠깐 보겠습니다.

마태복음 4장 16절에 있는 인용문을 잠깐 보지요. "흑암에 앉은 백성이 큰 빛을 보았고 사망의 땅과 그늘에 앉은 자들에게 빛이 비치었도다 하였느니라." 이것이 뭐에 대하여 얘기하는 거냐면 예수님이 갈릴리에 와서 사역하시고 하나님의 나라에 대해서 선포하실 때에 이 얘기를 하신 겁니다. 나사렛을 떠나 스불론과 납달리 지경에 있는 가버나움에 가서 사시면서 갈릴리 사역을 하실 때 구약성경을 인용해서 큰 빛이 비춘 것임을 알리셨습니다. 여기서 잘 봐야 하는데, 예수님이 갈릴리에서 사역하며 가르치실 때마다 환한 빛이 났나요? 하늘에서 환한 빛이 예수님에게로 환히 비춰서 누구든지 정말 실수하지 않고, 저기에 물리적인 빛이 비춘다 하게끔 되었습니까? 그렇지 않음을 우리가 알죠. 그렇다고 해서 우리가 마태한테 당신 왜 거짓말합니까? 빛이 현상적으로 비치지 않았는데… 그렇게 얘기할 정도로 우리가 어두운 사람은 아닙니다.

우리는 이것이 영적인 얘기임을 알고 있습니다. 정말 예수님이 가르쳐주신 하나님의 나라를 생각할 때 그것은 과연 환한 빛이 이 세상에 비치는 거예요. 그런데 대부분의 사람들, 그 당시에 하나님 나라를 기다린다고 하던 유대인들, 심지어 많은 바리새인들도 그 빛을 보지 못했습니다. 그들이 모두 하나님의 나라를 기대하고 있었다는 것을 여러분 잘 아시잖아요. 그런 사람들조차도 어떻게 생각하고 있냐면 빛이 안 비친다고 했던 것입니다. 예수님이 가르친 가르침에 대해서 평가하길, 저런 가르침은 우리 가운데 있어서는 안 된다고 했습니다. 그래서 마침내 예수님을 나중에 죽여 버리죠. 이 세상 사람들은 어두움에 있기 때문에 빛으로 나오지 않습니다.

그런데 여기 빛으로 나온 사람들이 흥미롭습니다. 빛을 자기가 발견하고 나아오지 않습니다. 주님께서 우리를 그 빛의 자녀로 만들어 주셔야 그제야 여기에 빛으로 있습니다. 예수님의 영광을 보니 아버지의 독생자의 영광이요 그래서 이제 우리가 삼위일체 하나님을 섬기게 됐습니다, 이렇게 고백하게 되지요. 여기 우리의 영광이 있는 거지요. 빛의 자녀들의 특성이 있습니다. 그러면 사람들은 이제 어떻게 할까요? 이제 내가 노력해서 된 것은 아니지만 이렇게 된 다음에 빛으로 나온 사람들의 특성이 어떻게 드러날까요? 어쩌면 다음과 같은 세 가지 정도의 특성을 생각해볼 수 있을 것입니다.

첫 번째 특성은 어떤 거냐? 아까 요한복음 3장에 나온 사람들은 자기 행위가 악하므로 빛보다 어두움을 더 사랑해서 빛으로 나오지 않는다 그랬습니다. 그런데 우리는 어떻게 해요? 날마다 빛으로 나아간다. 사실 그러면 굉장히 힘들어집니다. 왜요? 빛으로 나아가면 어떻게 되겠어요? 날마다 우리의 죄악이 더 명백하게 드러납니다. 결국 빛으로 나오는 사람의 첫 번째 특성은 자기 자신이 죽어야 할 죄인이라고 생각하고 날마다 회개하는 사람입니다. 일생일대의 회개를 진짜로 한 사람, 처음으로 회개하고 예수를 믿는 것, 그것을 우리는 인생의 방향전환이라고 그랬어요. 컨버전(conversion), 회심이라고 번역하기도 하고 변개라고 번역을 합니다. 한국의 옛날 사람들에게는 회심이란 말이 오해를 불러일으킬 수가 있어요. 왜냐하면 불교에서도 회심 얘기를 하거든요. 스스로 노력해서 회심할 수 있어요. 그래서 자기가 합니다. 사람들이 회심하죠. 그런데 우리가 얘기하는 인생의 방향 전환은 우리가 하는 게 아니고, 주께서 하게 해주십니다. 나 스스로의 능력으로 할 수 있는 게 아니고 주께서 하게 하시죠. 그렇게 일생에서 처음으로 예수를 믿고 회개한 사람들은 지속적으로 회개를 하게 되는데 왜냐면 날마다 빛으로 나아가기 때문입니다. 이것이 첫 번째 특성입니다.

우리는 날마다 우리 죄악을 늘 발견하게 됩니다. 진정한 빛의 자녀들, 빛으로 나온 사람들의 큰 특성인 것이지요. 어떤 상황에서도 다음과 같은 어리석음을 범하지 말아야 합니다. 우리는 이제 죄가 없습니다, 하는 그런 어리석음을 범하지는 않겠지요. 그럼 이런 어리석음은 뭐죠? 내 죄보다 다른 사람의 죄가 큰데 왜 그럽니까? 빛으로 나온 사람들은 이런 얘기가 있을 수가 없는 거지요. 그래서 나중에는 뭐라고 고백합니까? 사도 바울과 어거스틴이 대표적인 예인데 내가 죄인 중의 괴수라 하고 얘기하잖아요. 어거스틴도 자기의 죄악을 고백록에서 자꾸 고백합니다. 그것만 보고서 어거스틴이 참 못된 사람인가보다 하고 생각하는 사람들도 많은데, 그 당시에 사람들의 윤리적 기준으로 보면 그는 건실하게 열심히 산 사람입니다. 그러나 하나님 앞에서, 성경 말씀에 비추어 자기 자신을 볼 때 죄인인 것을 계속해서 고백하는 거예요.

그렇게 우리는 끝까지 죄를 고백하면서 살아갑니다. 이제 고백을 안 할 때가 있어요. 언제 고백을 안 하느냐? 여러분이 죽어서 하늘에 있을 때는 전혀 죄를 안 범합니다. 또 부활해서 나중에 온전한 몸을 가지고 주님 앞에 살게 될 때 전혀 죄를 짓지 않습니다. 그 영광스러운 상태에서는 옛날 죄에 대해서는 고백할지 모르지만, 그곳의 삶 하늘의 삶 영광의 주님과 같이 사는 삶에 대해서는 죄를 고백할 것이 없는 것이죠. 그러나 우리가 이 세상에 몸을 입고 있는 한 말씀이 우리를 비추어서 우리의 죄악을 자꾸 드러내기 때문에 진짜 죄의 고백을 하는 사람으로 나타난다, 그것입니다.

그런데 이것을 이용해 먹으면 안돼요. 상당히 많은 사람들이 이걸 이용해 먹습니다. 물론 이걸 이용해 먹는 사람이 그래도 이것에 전혀 무관심한 사람보다 좀 낫기는 합니다. 그러니까 어떻게 하느냐? 굉장히 큰 죄를 자꾸 지으면서 뭐라 그러냐면, 우리는 계속 회개해가게 되어 있습니다! 거기에서 다시 방향을 돌려 어떤 사람들은 또 이상한 얘기도 만들어 내죠. 예수를 믿는 사람은 정말 죄를 안 짓는다, 죄를 지으니까 예수 믿는 사람 아니다! 그게 안 될 것 같으니까 우리의 영혼은 죄를 짓지 않는다 하는 이상한 관념까지 만들어내요. 그게 얼마나 잘못된 관념인지를 생각해야 합니다. 하지만 그게 잘못됐다고 얘기한다고 해서 우리가 날마다 죄 짓는 것을 당연시 하면 안 된다는 거예요. 주님 앞에서 우리의 죄악이 성경 말씀을 연구하면 연구할수록 밝히 드러나게 됩니다. 그것에 대해서 우리는 처절하게 하나님 앞에 울부짖을 수밖에 없는 거지요. 그러니 교회는 하나님 앞에 울며 간구하는 교회일 수밖에 없습니다.

사람이 죄악에 머물러 있는 것이 아니라 빛으로 나아가게 되면, 흥미로운 일인데 빛을 더 밝히 보게 됩니다. 예수님께서 갈릴리에서 사역하실 때 그 환한 빛이 갈릴리 지방에 두루 비추었다고 말하는 마태의 말처럼, 복음의 빛이 이 세상 가는 곳곳마다 환한 빛이 비치는 것입니다. 그런데 이제 주 안으로 들어온 사람은 이것을 그냥 추상적으로 생각하시면 안 됩니다. 실질적으로 우리 마음 가운데서 느껴야 합니다. 바깥에 있는 사람은 어두움 가운데 있기 때문에 그런 거 없어요. 그러나 주 안에 있는 사람들에게는 무슨 일이 나타나야 하냐면 세월이 지나면서 이전보다 더 밝은 빛을 볼 수가 있어요. 그 전에는 예수님을 봐도 빛이 비친다 하는 게 잘 안 보이는 거예요. 이게 진리다 하는 것이 안 보였어요. 그러나 이제 예수님이 진리다, 하는 것을 깨닫습니다. 예수 믿었으니 끝났습니다! 그게 아니고 세월이 지날수록 그분이 얼마나 참 진리 되시는지 더 깊이 알게 됩니다. 이 과정이 마치 무엇과 같은 과정이냐? "진리의 성령이 오시면 그가 모든 진리 가운데로 너희를 인도하시리라" 하는 것과 같은 거죠. 세월이 지날수록 진리에 대한 이해가 더 풍성해지는 것입니다.

우리 성도들이 교회에서 하나님의 말씀을 잘 공부하면 당연히 진리에 대한 이해가 더 풍성해집니다. 그것도 빛을 향해 나가는 과정입니다. 우리들이 학교에 와서 하나님 말씀에 대한 정확한 이해를 통해서 환한 빛을 얻게 되었을 때에도 진리의 빛이 비춰지는 겁니다. 스스로를 잘 돌아봐야 합니다. 나는 그거 귀찮은데요, 나는 그거 하기 싫은데요, 라고 하게 된다면 자기 행위가 악하므로 어두움을 더 사랑하는 것은 아닌지 반성해야 합니다. 진리의 빛, 그런 것 머리 아프고 귀찮으니 나한테 알려주지 마세요, 한다면 그것이 얼마나 이상한 일이겠습니까? 하나님 말씀의 빛이 우리 가운데 더 잘 드러나게 되는 것이 마땅한 일이지요. 세월이 지날수록 어두움의 정체가 눈에 보여야 하는 것입니다. 예수를 믿음 다음에는 그것이 우리하고 상관없는 것으로 오해할 수도 있기에 제가 분명한 예를 하나 듭니다.

중세 말기를 한번 생각해보시기 바랍니다. 그때는 대체로 다 예수를 믿고, 다 십자가를 사랑합니다. 예수님을 사랑합니다. 그리고 주일이면 예배당에 나와서 모두 예배를 합니다. 그러나 주께서 마틴 루터를 통하여 복음의 밝은 빛을 비추실 때 그 빛에 비추어 봤더니, 우리가 옛날에는 제대로 믿는 게 아니었어요. 그것을 깨달은 거예요. 예배를 안 한 게 아니에요. 하나님을 안 믿은 것도 아니에요. 그러나 복음의 밝은 빛에 비춰봤을 때 그것은 아니었습니다. 저기에는 교회의 잔재가 있을 뿐 진정한 교회가 아니구나 하는 걸 깨닫게 된 겁니다. 그래서 참 교회가 있게 된 거죠. 이것이 빛을 향하여 나아가는 건데, 그 당시 사람들에는 굉장히 큰 선택을 해야 하는 거예요. 지금까지 예배한 방식대로 예배를 그냥 할 거냐, 아니면 이 새로운 이해와 예배 방식을 가지고 예배를 바꿀 거냐? 사는 방식조차 바꿀 거냐? 이전에도 하나님 안 사랑한 거 아니고 사랑해왔는데… 그러는 사람은 아직 어두움 가운데 있는 거예요.

그런 사람들이 빛을 향해 나가는 일이 발생하였는데, 이 세상에 종교

개혁이 시작된 거예요. 루터가 그렇게 얘기하고 여기에 칼빈이 밝은 빛을 비추어 줬을 때 사람들이 '아 이것이 우리 주님 사랑하는 겁니다'라고 했던 것입니다. 이 두 사람은 옆에서 그런 사람들을 많이 경험한 거예요. 한동안 '당신이 가르치는 게 옳습니다. 이게 진짜 성경의 가르침 같네요.' 그러다가도 만일 '그런데 우리가 옛날서부터 그래왔고 우리 아버지도 이렇게 해왔으니까 그냥 있지요'라고 한다면 종교 개혁은 안 일어납니다. 이것이 우리 시대에도 마찬가지예요. 학교를 통하여서 정말 성경이 가르치는 밝은 빛이 보이는가? 여러분들이 내가 전통적으로 믿어오던 것하고 정말 종교개혁에 충실한 가르침, 개혁 신학의 충실한 가르침이 과연 어떤 건가 분별이 되어야 해요. '그게 그거네요. 내가 옛날에 믿던 게 더 좋네요.' 한다면 우리는 빛을 모르는 겁니다. 빛을 향해 나아가야 하는 모습이 있어야 합니다.

## III. 빛으로 증언하는 신앙의 열매

이것과 관련해서 맨 마지막 도전을 합니다. 이 얘기는 결국 머릿속으로 진리를 알게 된 그 얘기가 아니지요. 아까도 얘기했습니까? "진리를 따르는 자는 빛으로 오나니 그 행위가 하나님 앞에서 행한 것임을 나타내려 함이니라." 빛으로 나오는 사람은 그냥 그 빛을 좋아하고 그것을 기뻐하는 것으로 마치는 게 아니라 자기네들이 그 빛에 부합한 모습을 향해 나아가게 됩니다. 우리의 삶이 변화됩니다. 물론 우리는 삶이 변해서 구원받는 건 아니에요. 그러나 빛으로 나온 사람, 예수 그리스도를 믿어서 칭의함을 받은 사람들은 반드시 그것에 부합한 삶의 변화가 따라오게 되어 있는 거지요. 이것이 신앙의 열매입니다. 그래서 이 세상 사람들 앞에 우리가 증언을 하는데 마치 요한이 하는 것과 같습니다.

요한은 자기가 빛이 아니요 이 빛에 대하여 증언하러 온 자라 했어요. 우리도 그런 사람들입니다. 우리는 빛이 아니에요. 성경에서는 우리한테 빛이다 그런 얘기도 해줬는데 우리가 그 말의 뜻을 잘 알아들어야 합니다. 주께서 우리를 어떤 식으로 조성하셨느냐. 우리 스스로가 빛을 내는 게 아니에요. 요한이 증언하듯이 예수 그리스도의 밝은 빛이 우리에게 비춰서 그것을 되비치는 역할을 하는 거지요. 그런데 그게 우리 입으로 하는 진술로도 나타나겠지만, 그것이 반드시 있어야 하지만 결국 어떻게 되는 거냐? 우리의 삶이 빛으로 나온 사람다운 삶이어야 합니다. 그런 사람들이 되지 않는다면 이 세상이 우리를 바라보면서 전혀 차이를 알지 못하고 증언을 받지 못할 것입니다.

그러므로 여러분이 이 일을 하지 않는다면 어떻게 됩니까? 여러분은 이 세상을 향하여서 예수를 믿지 마십시오, 하는 꼴이 되고 여러분도 빛을 못 볼 겁니다. '나도 빛을 못 봤거든요' 하는 사람들에 그칠 것입니다. 그러나 우리는 어떤 사람입니까? 우리는 이 빛을 본 사람들입니다. 영적인 빛이 우리에게 비춰진 것을 본 사람들이죠. 그렇다면 그 빛이 우리의 마음을 밝히고 수업시간마다 그 빛에 의해서 하나님의 뜻이 우리 가운데 명확히 드러나야 합니다.

여러분 가운데 몇몇 사람은 학교 마친 다음에 웨스트민스터에 가서 그 빛을 더 받으려고 노력할 수도 있어요. 그런 빛이 우리 가운데 밝히 비침으로써 예수 그리스도께서 이 세상에 온 그 진정한 의미가 드러나도록 하는 일을 해야 하지 않겠습니까? 만일 우리가 예수 그리스도를 본 이후에도 우리조차 그 빛을 보지 못한 사람처럼 행한다면, 계속 어두움의 일을 좋아하고 어두움을 기뻐한다면 우리는 온 세상을 향하여 그리스도의 증인이 되지 못할 것입니다.

말씀을 정리합니다. 날마다 빛을 향하여 나가는 사람이 되십시다. 주님 앞에서 우리의 죄악을 날마다 드러내십시다. 주님의 말씀의 진리가 우리 가운데 더 밝히 드러날 수 있도록, 더 밝은 빛을 향해 나아가야 합니다. 루터의 얘기를 들을 때, 옛날 천주교의 얘기를 들을 때, 아 그건 아니고 이게 빛이다, 하고 나아가야 합니다. 그런데 그 얘기를 다시 칼빈의 얘기하고 비교를 해보면 여기에 더 환한 빛이 있음을 알게 됩니다. 그저 우리가 칼빈주의자여서 이렇게 얘기하는 건 아닙니다. 그게 보여야 해요. 그렇다고 해서 루터에게 문제가 있다는 것은 아닙니다. 우리 학교에서는 한번도 루터를 나쁜 사람 취급한 적이 없어요. 여러분 선배 가운데서 어떤 분이 웨스트민스터에서 공부하고 있는데 그런 인상을 받았나 봐요. 우리는 그런 식으로 얘기한 적이 없어요. '합신 다닐 때는 루터가 나쁜 사람인 줄 알았는데 가서 루터를 공부해봤더니 루터가 좋은 사람이더라.' 그렇지요. 칼빈의 모든 가르침이 루터에게 있는 거예요.

그러나 루터와 칼빈을 비교해 봤을 때 아 여기 빛이 더 풍성하다고 생각을 해요. 우리는 칼빈에게서 배운 것을 가지고 다시 칼빈도 고쳐요. 이상한 사람들이죠. '칼빈이 얘기한 것 가운데 이것은 아닌 것 같다.' 그러면 그걸 누구한테 배웠느냐? 칼빈한테서 배웠어요. 하나님의 말씀의 빛 가운데서 우리가 광명을 보는 것입니다. 이 세상을 살아나갈 때 정말로 모든 것을 분별할 수 있고 하나님의 뜻을 찾아내는 사람다운 모습들이 우리 가운데 나타날 수 있기를 바랍니다.

# 개혁주의 목회가 따뜻하려면

마가복음 9장 38절-40절

김병훈 (조직신학)

## I. 구약의 교회를 어떻게 볼 것인가

모든 일은 그리스도에게 가야 하는 것이에요. 그리스도가 존귀케 되면 그것으로 족하게 될 수 있고 그것으로 기뻐할 수 있어야 하는데 '저 사람이 우리와 같지 않음에도 불구하고 어찌 저런가' 하는 식의 태도는 문제가 있다는 것을 깨우쳐 주는 교훈이라고 할 수 있습니다. 그런 동기 자체가 그리스도의 영광, 하나님을 영화롭게 하는 것으로부터 우리의 부르심이 이미 어떻게 멀어져 있고 얼마나 멀어져 가고 있으며 또 잘못돼 있는가에 대한 사실을 일깨워 주는 교훈인 것입니다.

사실 우리가 잘 알고 있죠. 이와 같은 내용은 바울에게서 빌립보서 1장 15-18절에 이미 고백되고 있는 내용 중에 하나입니다. "어떤 이들은 투기와 분쟁으로, 어떤 이들은 착한 뜻으로 그리스도를 전파하나니 이들은 내가 복음을 변증하기 위하여 세우심을 받은 줄 알고 사랑으로 하나 그들은 나의 매임에 괴로움을 더하게 할 줄로 생각하여 순수하지 못하게 다툼으로 그리스도를 전파하느니라." 그 다음 절에 이렇게 얘기합니다. "그러면 무엇이냐 겉치레로 하나 참으로 하나 무슨 방도로 하든지 전파되는 것은 그리스도니 이로써 나는 기뻐하고 또한 기뻐하리라."

유명한 말씀이죠. 정말로 우리가 그리스도가 드러나고 그리스도가 영광을 받으면 그가 나와 다름에도 불구하고 기뻐할 수 있을까? 사역의 동기와 목적, 방향과 초점이 어디에 있는가에 대해서 점검하는 중요한 질문일 수도 있습니다. 마가복음 9장 40절에 주님께서 이렇게 말씀합니다. "우리를 반대하지 않는 자는 우리를 위하는 자니라." 반대하지 않으면 무조건 옳다, 또 친구다 하는 뜻은 아니지요. 말씀의 진리를 혼동시키고 있는 중에도 불구하고 적극적인 반대가 없으면 내버려 둬라, 혹은 그리스도의 제자가 아니어도 하나님의 말씀이 전해질 수 있다는 식의 관용을 말씀하시는 것이 아니지요. 그가 우리와 다름에도 불구하고 그리스도의 영광이 나타날 수 있다는 사실을 마음에 순전히 두게 되면 잘못된 일은 잘못이라 말을 해야 하는 경우, 그것이 너무 지나쳐서 그런 이들을 통해서도 일하시는 하나님 나라의 확장 자체를 부정해 버리는 데까지 나아가지 않는다, 하는 정도의 말씀으로 해석될 수가 있습니다. 주의 교회에 해악을 직접적으로 끼치고 있지 않는 한 어떤 의미에서는 하나님 나라에 유익이 되는 경우도 있고, 도움이 되는 경우도 있다는 것을 보여 주고 있습니다.

사실 본문에 대한 주해와 필요한 설명은 이 정도로 다 된 셈입니다.

그런데 이 말씀을 우리에게 적용하고자 했을 때, 어떠한 의미를 주는 것인가 하는 것과 관련해서 한 가지 말씀을 드리고자 합니다. 그것은 우리가 교회를 섬기면서 교회를 개혁해야 하겠다 또는 바른 교회를 세워야 하겠다는 강한 열정과 목표를 뚜렷이 갖고 있을 때, 그래서 개혁주의 목회를 해야 하겠다 이런 생각을 갖고 있을 때 이와 같은 말씀은 우리에게 어떤 주의와 조심스러움과 삼가야 할 것들을 말씀해 주는가 하는 것이 교훈입니다.

개혁주의 목회를 할 때 우리는 종종 그리스도의 영광을 위하여 이것을 하는 것인가, 아니면 개혁 신학의 영광을 위한 것인가 이것을 구분해 봐야 합니다. 개혁 신학 자체의 영광을 위해서 하게 되면 나와 다른 것에 대한 정죄와 배타와 미움의 마음이 들게 됩니다. 그리스도의 영광을 위하여 행하는 가운데 내가 배우고 은혜로 깨달은 개혁 신학에 대한 애정을 가지고 그것을 해나간다고 할 때는 달라지는 것입니다. 나와 다르지만 그에게서 하나님이 일하시는 그리스도의 영광의 분량이 있음을 겸손히 인정하게 되고, 그것을 통해서 더불어 범교회적인 연합과 일치 운동을 해나가는 일이 있게 됩니다. 굉장히 중요한 일이죠. 하나님께서 우리에게 베푸신 계시와 은혜의 모든 보화를 개혁 신학에 주었음을 우리가 고백하고 있지만, 개혁 신학 자체가 성경이 아니라는 사실을 늘 생각하고 있어야지요. 개혁 신학을 통한 목회가 유일한 목회가 아니었고 2000년 교회사 속에서 주께서 그의 영광을 위해서 행하신 모든 일들이 개혁 신학의 줄기를 통해서만 나오지 않았다는 사실을 늘 생각해야 하는 것입니다.

그런데 개혁주의 목회를 따뜻하게 하지 못한다, 이런 식의 이야기들을 우리가 종종 듣습니다. 왜 그럴까요? 오늘 설교의 제목이 혹시 보신

분은 알겠지만 '개혁주의 목회를 따뜻하게 하려면' 이것이 오늘의 제목입니다. 대체로 교회 개혁에 열정을 품은 사람들이 하나님 말씀을 통해서 현실을 비판하고 책망할 때 구약의 선지서들을 본문으로 많이 씁니다. 구약의 선지서를 잘 들어서 구약 교회인 이스라엘의 부패상을 안타깝게 지적합니다. 정말 부패한 그 모습에 선지자적인 목소리를 담아서 오늘날 한국 교회의 부패상에 그대로 대입시킵니다. 한국 교회의 물량주의와 세속화의 심각성을 지적하면서, 이 구약 교회가 과연 교회냐 하고 외치기도 합니다. 동시에 파생적인 결과로 혹은 적용의 효과로 정말 오늘날 한국 교회가 교회이겠는가 하는 암시적 전제나 결론을 내비치며 설교할 때가 많습니다. 한국 교회에 퍼진 세속주의와 물량주의로 인한 심각한 병폐에 십분 동의하면서도 그럼에도 불구하고, 그것은 엄격히 말하면 교회관의 문제이죠. 선지서를 보면서 오늘 한국 교회의 아픔과 병폐에 대한 신랄한 하나님의 음성을 듣는 일은 좋지만 그러나 그 선지서가 기록된 구약의 이스라엘 교회를 어떻게 볼 것이냐?

오늘날 문제가 많다는 한국 교회를 어떻게 볼 것이냐? 교회관이지요. 이 교회관이 왜곡되거나 잘못 되면 절대로 개혁주의 목회는 따뜻할 수가 없습니다. 개혁주의 목회를 따뜻하게 한다는 것은 목회자의 개인적 성정의 문제가 아닙니다. 개인의 승화적 차원에서 나오는 도덕성과 부드러움의 문제가 아니고 근본적으로 교회관의 문제가 됩니다. 거짓 교회로 단정 짓는 한 따뜻할 수가 없습니다. 그러나 그것이 아무리 연약하더라도 교회라고 생각한다면 그 교회를 향해서 부드러움과 따뜻한 마음을 품지 않으면 안 되는 것입니다. 굉장히 중요한 문제입니다.

자, 구약 교회를 어떻게 봐야 할 것인가? 따라서 우리는 구약 성경을 읽고 수많은 선지자의 의미를 어떻게 이해할 것인가? 그것을 통해서 오늘날 우리 한국 교회를 어떻게 바라볼 것인가? 그래서 우리는 개혁 교회 안에서 어떻게 목회할 것인가? 이런 질문에 대한 답들을 하나씩 하나씩 교회관의 측면에서 생각을 해보아야 하겠습니다.

첫째 구약 교회는 신약 교회와 마찬가지로 보이는 교회의 외적인 기관입니다. 구약 교회도 보이는 교회의 외적인 은혜의 기관이기 때문에 그것이 아무리 연약하다 할지라도 그 구약의 경륜 안에서 주어진 교회적 표지가 드러나고 있는 한 아무리 연약하고 아무리 부패가 심하여도 참 교회로서의 성격을 잃어버린 것은 아닌 것을 마음에 두어야 합니다. 어떤 교회는 이건 도무지 교회가 아니다, 라고 참 교회의 성격과 표지를 완전히 상실했다는 판단이 든다 할지라도 그 속에 주님께서 참 교회의 흔적마저 없애지는 않았다는 사실을 이해하게 됩니다. 그 흔적을 남겨두셔서 여전히 긍휼히 여길 자를 긍휼히 여기고 계심을 기억해야 합니다.

이사야서 1장 9절에 "만군의 여호와께서 우리를 위하여 생존자를 조금 남겨두지 아니하셨더면 우리가 소돔 같고 고모라 같았으리로다." 소돔 같고 고모라 같았을 우리를 주께서 불쌍히 여겨 조금 남겨두셨다는 것은 여전히 교회로 보고 있는 거예요. 그러니까 하나님의 종을 보내서 너희가 어디에서 떠났는가를 생각하라는 것 아니겠어요? 소도 임자를 알고 나귀도 주인의 구유를 안다. 너희는 범죄한 백성이요 허물진 백성이요 너희 같은 종자가 어디 있겠냐고 탄식하시지만 하나님께서 이사야를 통해서 회복의 메시지를 남겨두신 거예요. 왜 그래요? 교회이니까! 보이는 교회로서의 외적인 은혜의 기관인 구약 교회를 마음에 두어야 할 것입니다.

두 번째는 동시에 보이는 교회가 전부가 아니고 보이지 않는 교회가 있다는 사실도 마음에 두어야 합니다. 보이는 교회 안에는 보이지 않는 교회가 있습니다. 보이지 않는 교회는 보이는 교회만 있는 것은 아닙니다. 다시 말하면 알곡이 있는 것이고 가라지도 있습니다. 영적 이스라엘도 있고 육적 이스라엘도 있습니다. 하나님께서는 그 알곡을 위해서, 영적 이스라엘을 위하여 보이는 교회가 아무리 타락하여 연약해 보여도 그래도 그 알곡들을 위해서 보이지 않는 교회를 위해서 보이는 교회의 외적 은혜의 기관으로서의 역할을 오랫동안 여전히 유지되도록 은혜를 베풀어 가십니다. 그래야 그곳에 있는 영적 이스라엘이 보이는 교회의 외적 은혜의 기관에 남겨진 참 교회의 흔적을 그대로 붙들 수 있기 때문입니다. 그것으로 인해서 그들이 하나님 앞에서 참으로 구원 받는 은혜를 누릴 수가 있는 것입니다. 로마서 11장 1절에 이렇게 돼 있죠. 사도 바울이 “그러므로 내가 말하노니 하나님이 자기 백성을 버리셨느냐 그럴 수 없느니라” 그랬습니다. 구약 교회 안에 보이는 교회가 부패하여 무너졌어도 하나님이 버리지 않는 자기 백성이 그곳에 있다고 말합니다. 은혜의 택하심을 따라 남은 자가 있다고 말합니다.

이런 말씀을 염두에 두면서 세 번째 기억할 것은 구약 교회는 그 자체가 외적인 은혜의 기관으로서 보이는 교회인데, 이 교회가 서 있는 근거가 뭐냐는 거예요. 이 교회가 서 있는 근거가 은혜 언약이라는 것을 기억해야 합니다. 이 은혜 언약이 모세 언약이요 시내산 언약으로 설명이 됩니다. 시내산 언약은 근본적으로 은혜 언약인 것이에요. 하나님의 전적인 은혜로 이스라엘을 들어 하나님이 자기 백성으로 삼으신 것입니다. 은혜 언약은 하나님의 긍휼과 자비와 지극히 선하신 뜻을 따라 이루어진 것이기 때문에 절대로 취소되거나 절대로 변개치 않습니다. 은혜 언약에 무조건성이 있는 거예요. 그렇기 때문에 은혜 언약 안에서 불러내신 이스라엘은 끝까지 하나님의 보이는 교회이에요. 끝까지 하나님의 보이는 교회로 이스라엘이 서 있기 때문에 그 이스라엘이 참 교회가 아닌 경우는 없습니다.

## II. 언약 위에 세워진 교회

이스라엘은 은혜 언약 위에 서서 끝까지 하나님의 전적인 은혜에 따라 사용되는, 그래서 교회가 아닐 수 있는 때가 없는 그러한 교회입니다. 즉 이스라엘이 타락하여 연약한 교회일 수 있고 도무지 교회인가 싶어서 고개를 절래절래 흔들 수 있는 상황까지 부패할 수 있지만 은혜 언약을 취소하시는 것으로 말미암아 나타날 수 있는, 교회가 더 이상 교회가 아닌 그런 일은 없다는 것입니다. 하나님의 은혜 언약 안에서 여전히 참 교회인 것입니다. 하나님께서 언약을 상기시키고 이스라엘을 책망하시고, 그래서 돌이키시기 위해서 꾸준히 선지자를 보내시는 거예요. 그들로 하여금 알게 하시려는 하나님의 교훈은 무엇인가? 보이는 교회로서, 좀 더 외적인 기관으로서 그들의 성격을 회복하고 더욱 굳건한 모습을 갖추도록 하나님이 책망의 교훈을 보내신 것이죠. 왜 그래요? 하나님의 마음이 그곳에 있기 때문입니다. 왜 하나님의 마음이 그곳에 있습니까? 그것이 곧 은혜 언약의 성격이에요. 그래서 붙드시는 것입니다.

신명기 5장 1절에 "모세가 온 이스라엘을 불러 그들에게 이르되 이스라엘아 오늘 내가 너희의 귀에 말하는 규례와 법도를 듣고 그것을 배우며 지켜 행하라 우리 하나님 여호와께서 호렙 산에서 우리와 언약을 세우셨나니," 그리고 6절을 읽어 보면 "나는 너를 애굽 땅, 종 되었던 집에서 인도하여 낸 네 하나님 여호와라." 언약이 먼저에요. 언약 안에서 그들을 불러내신 것입니다. 이 언약은 아브라함을 기억하시사 맺으신 언약입니다. 아브라함의 언약이 은혜 언약인 이상 이 언약 또한 은혜 언약입니다. 은혜 언약에 따라 불러내시고 그 언약에 따라 "내가 너를 종 되었던 애굽 땅에서 인도하여 내었다"라고 말씀하셨습니다. 그 은혜성을 증명하시면서 "이제 내가 너에게 말한 규례와 법도를 듣고 배우며 지켜 행하라"고 말씀하십니다.

이 언약 안에서 이스라엘은 그들이 하나님의 율례와 규례에 불순종하면 하나님이 불러내서 맺으신 그 언약 안의 조건성에 따라서 그들이 은혜로운 충분한 복을 누릴 만한 형편에 이르지 못하겠지만, 하나님께서 먼저 부르신 은혜 언약 구조 안에서 언약 자체를 취소하는 일로 나가시지는 않는다는 말이지요.

하나님께서 그들을 은혜 언약 위에서 교회로 세우십니다. 그러기에 로마서 9장에서 사도 바울은 4절과 5절에 "그들은 이스라엘 사람이라 하나님이 이스라엘을 버리셨겠느냐? 아니라" 얘기하고 "그들은 이스라엘 사람이라. 그들에게는 양자됨과 영광과 언약들과 율법을 세우신 것과 예배와 약속들이 있고 조상들도 그들의 것이요 육신으로 하면 그리스도가 그들에게서 나셨으니 그는 만물 위에 계셔서 세세에 찬양을 받으실 하나님이시니라 아멘" 하고 말을 하게 됩니다. 사도 바울이 구약을 보는 관점에서 은혜 언약 위에 세워진 보이는 교회로서 은혜의 기관이라는 사실을 계속해서 인정하고, 그 가운데 보이지 않는 교회로서 영적 이스라엘이 있으니 하나님께서 보이지 않는 영적 이스라엘을 버리신 것이 아니라는 것입니다. 이 버리심의 의미는 더 이상 사도 바울의 때에 구약이 은혜의 기관으로서 보이지 않는 교회로서의 기능을 상실하거나 폐지된 상황 속에서 하는 말이에요. 그렇기 때문에 보이지 않는 교회로서 하나님의 은혜 언약의 연속성을 설명해 나갑니다.

그럼 문제는 뭐냐? 보이는 교회로서 은혜의 기관인 이스라엘은 왜 없어졌는가 그 말이에요. 은혜 언약의 토대에 서 있으면 변개치 않는 하나님의 은혜에 서 있는데, 왜 구약의 보이는 교회로서의 기관은 없어졌는가? 하는 질문이 나오죠. 그것은 하나님께서 신명기 5장에서 불러내시고, 출애굽기에서 계명과 율법을 주시면서 하시고, 레위기에서처럼 항상 그들에게 규례와 법도를 주어 순종하라는 그 명령에 불순종해서 없어진 것이 아닙니다. 은혜 언약 안에 주어져 있는 순종의 요구는 은혜 자체를 취소하거나 그 언약을 변개할 수 있는 것이 아닙니다. 따라서 이스라엘 교회가 보이는 교회로서의 기능이 중지된 것은 그들의 불순종 때문에 그런 것이 아닙니다. 우리가 다 아는 것처럼 역대기 끝에 가게 되면 이스라엘이 망해요. 예루살렘이 멸망합니다. 그렇게 되면 보이는 교회로서 외적 기관이 중지되어 버린 것이죠. 사라진 것입니다. 불순종으로 하나님의 징계를 받은 것입니다. 은혜 언약이 취소되어서 예루살렘이 멸망한 것이 아니고, 하나님이 징계를 철저하게 내리신 것입니다. 겉으로 보게 되면 마치 이스라엘의 시내산 언약이 이스라엘이 불순종하니까 언약이 취소되어 심판을 받아 교회가 종말을 고한 듯이 보이지요. 그러나 그렇지 않습니다.

신명기 30장에 가게 되면 이 말씀이 나오죠. 신명기 30장 1절에서

10절 말씀을 죽 보세요. "내가 네게 진술한 모든 복과 저주가 네게 임하므로 네가 네 하나님 여호와로부터 쫓겨 간 모든 나라 가운데서 이 일이 마음에서 기억이 나거든 너와 네 자손이 네 하나님 여호와께로 돌아와 내가 오늘 네게 명령한 것을 온전히 따라 마음을 다하고 뜻을 다하여 여호와의 말씀을 청종하면 네 하나님 여호와께서 마음을 돌이키시고 너를 긍휼히 여기사 포로에서 돌아오게 하시되 네 하나님 여호와께서 흩으신 그 모든 백성 중에서 너를 모으시리니" 쭉 내려가서 9절과 10절을 읽어봅니다. "네가 네 하나님 여호와의 말씀을 청종하여 이 율법책에 기록된 그의 명령과 규례를 지키고 네 마음을 다하며 뜻을 다하여 여호와 네 하나님께 돌아오면 네 하나님 여호와께서 네 손으로 하는 모든 일과 네 몸의 소생과 네 가축의 새끼와 네 토지 소산을 많게 하시고 네게 복을 주시되 곧 여호와께서 네 조상들을 기뻐하신 것과 같이 너를 다시 기뻐하사 네게 복을 주시리라."

지금 어떤 말씀이죠? 예루살렘이 멸망했습니다. 교회가 끝이 났다, 불순종했으니 하나님이 은혜 언약에 따라 세우신 모든 교회가 끝이 났다, 싶은 때에 신명기 30장은 미리 그들의 완악함을 아시는 주께서 말씀을 준 것이에요. '그 때도 끝은 아니다. 너희가 그렇게 징계를 받아 멸망에 처해도 내가 너희를 향한 언약은 끝난 것이 아니다.' 교회로서의 성격이 죽은 것이 아니에요. 말씀하신 대로 여전히 복과 저주가 네게 임하므로 쫓겨 간 나라에서 기억나거든요. 이 기억은 하나님이 주신 것이죠. 하나님이 그들에게 기억나게 하시는 거죠. 약속된 대로 돌이키도록 회개하게 하시고 70년이 되면 되돌리시는 거예요.

그렇게 되돌리셔서 그들에게서 약속의 땅에 와서 교회를 다시 세우게 하십니다. 그래서 첫 포로가 끌려간 뒤 70년 어간이 되었을 때 돌이키시고 성전을 짓게 하시니 성전 멸망 때부터 70년 지난 때에 스룹바벨의 두 번째 성전을 짓게 하시므로 보이는 교회로서의 외적인 이스라엘의 모습을 여전히 회복시켜 주십니다. 그들의 불순종에도 불구하고 은혜 언약에서 교회로서의 성격을 잃어버린 것은 아니었습니다. 그리고 하나님께서는 바벨론에 끌려간 그 때에도 하나님의 백성들, 그곳의 영적 이스라엘을 기억하셨습니다.

그렇게 해서 주의 은혜가 계속 됩니다. 그런데 세월이 400여년 지나고 세례 요한이 나타날 때까지 더 이상의 선지자가 없습니다. 교회의 흔적은 남았으나 보이는 교회로서의 외적 역할이 점점 사라져간 것이죠. 그리고 예수께서 때가 차서 오시자 보이는 교회로서의 외적 은혜의 기관인 이스라엘은 모든 일이 다 끝나게 됩니다. 그러니까 이스라엘이 더 이상 이스라엘로서 존재하지 못하게 된 것은 단지 그들의 불순종 때문에 언약이 취소돼서 그런 것이 아니고, 하나님의 구속사적 경륜에 의해서 그 역할이 끝난 것입니다. 모세 역할에 따른 활동이 끝나니까 이스라엘이 교회로서 하던 역할이 끝나게 된 것입니다. 그 이스라엘은 역사 속에서 아주 드물게 오긴 했지만 참 교회적 성격을 언약 위에서 강하고 부요하게 가질 때도 있었습니다. 반면 상당히 상처 입고 연약해져서 이것이 교회인가 싶을 정도로 타락할 때도 많았습니다. 그럴지라도 교회는 교회로서의 성격을 가지고 있었던 것입니다.

우리는 구약 성경을 읽으면서 하나님의 징계와 심판을 혼동하지 않아야 합니다. 선지자를 보내신 하나님의 책망과 경고는 어디까지나 징계의 선고이지 심판의 선고가 아닙니다. 내가 너희를 폐하여 버리겠다는 말씀이 아니고, 죄악에서 돌이켜서 교회로서의 지표를 더욱 더 견고히 하라는 경책의 말씀이죠. 히브리서 12장 말씀대로 사랑하는 자에게 베푸신 징계의 말씀이라 볼 수 있습니다. 부패한 이스라엘의 모습 속에서 불순종을 책망하는 하나님의 경고와 위협은 사실은 그 보이는 연약한 교회 안에 있는 영적 이스라엘을 염두에 두신 것입니다.

그래서 그들이 그 말씀을 받고 애통해합니다. 자신들의 죄를 하나님 앞에 애통해하고, 하나님이 세우신 은혜의 기관이 어찌 이렇게까지 되었는가 때문에 애통해하고, 그리고 울며 자신들이 멸망의 진노를 받기에 합당한 자인 줄을 고백하면서 그럼에도 불구하고 항상 언약으로 돌아가게 되는 것이에요. 언약으로 돌아가 하나님의 긍휼을 바라고 구원을 간구합니다. 은혜 언약을 취소하거나 변개하지 않는 하나님을 끝까지 붙드는 것이죠. 하나님께서 부패한 외적 기관인 보이는 교회를 주의 종들을 보내서 책망하시는데, 비록 교회 자체가 새롭게 되지 않는다 하더라도 그 속에 있는 영적 이스라엘을 구원하시는 하나님의 자비로운 뜻이 담겨 있는 것이에요. 그렇게 하심으로써 회개의 역사가 그곳에 있게 됩니다.

## III. 불순종에 대한 경고의 의미

다니엘의 기도는 포로로 끌려갔음에도 불구하고 하나님의 언약적 신실성에 더욱 더 매달립니다. 다니엘서 9장 11절, 18절, 또 19절에 이렇게 기도합니다. "온 이스라엘이 주의 율법을 범하고 치우쳐 가서 주의 목소리를 듣지 아니하였으므로 이 저주가 우리에게 내렸으되 곧 하나님의 종 모세의 율법에 기록된 맹세대로 되었사오니 이는 우리가 주께 범죄하였음이니이다." 18절 "나의 하나님이여 귀를 기울여 들으시며 눈을 떠서 우리의 황폐한 상황과 주의 이름으로 일컫는 성을 보옵소서 우리가 주 앞에 간구하옵는 것은 우리의 공의를 의지하여 하는 것이 아니요 주의 큰 긍휼을 의지하여 함이니이다." 19절 "주여 들으소서 주여 용서하소서 주여 귀를 기울이시고 행하소서 지체하지 마옵소서 나의 하나님이여 주 자신을 위하여 하시옵소서 이는 주의 성과 주의 백성이 주의 이름으로 일컫는 바 됨이니이다."

지금 다니엘은 어떤 상황이에요? 포로로 끌려갔어요. 보이는 교회는 실종되고 없어요. 말씀의 흔적만 남았습니다. 제사를 통해서나 하나님이 주신 안식을 통해서 하나님의 자비를 맛볼 수도 없는 상황입니다. 의식법 아래 비춰진 은혜의 긍휼을 맛볼 수도 없는 처지이죠. 더 이상 성전도 없어요. '내가 이 죄를 어찌하면 용서받을꼬' 하는 죄 사함의 외적인 수단이 다 없어진 때입니다. 그때 그런 곳에서 다니엘은 말씀을 기억하고 언약을 기억합니다. 그리고는 '우리가 교회이니 하나님 불쌍히 여겨주시옵소서' 하고 고백합니다. 하나님께서 불순종 때문에 교회를 폐하지 않으셨다는 사실에 대한 중요한 증거를 우리에게 보이신 것이지요. 연약하더라도 보이는 교회인 이스라엘에게는 여전히 그들에게 주어진 속죄 의식법, 제사와 규례를 믿으며 나아가는 자들에게는 구원을 베푸시는 손길을 거두지 않으시는 겁니다. 물론 교회가 부패했을 때 육적 이스라엘에 속한 사람들은 하나님의 경고를 무시하지요. 회개하지 않습니다. 그래서 자신들이 멸망의 진노를 받을 자임을 인정하지 않은 채 오히려 더욱 부패의 길로 가다가 멸망에 이르게 됩니다.

우리의 은혜 언약, 특별히 신약적 언약에도 물론 조건성이 있습니다.

믿어야 하는 것이고 그 믿음의 내용을 따라가게 되면 주께서 주신 새 계명에 따라 사랑하는 것이 신자 됨에 필연적으로 드러나는 요소입니다. 그렇다 보니 그것이 조건이라 일컬을 만합니다. 이것을 공로적인 조건으로 오해하니 조건성이라는 말을 쓰지 않지만, 그러나 신자에게 마땅히 그런 필수 요소로서의 조건을 성경은 강력히 얘기합니다.

당연히 구약 교회도 그렇게 되어 있죠. 은혜 언약에 담긴 조건성을 바르게 이해하는 것이 참으로 중요합니다. 은혜 언약의 이 조건성은 순종을 근거로 세워졌다는 사실을 이해해야 합니다. 레위기 18장 5절 "너희는 내 규례와 법도를 지키라 사람이 이를 행하면 그로 말미암아 살리라 나는 여호와이니라." 이 말씀은 은혜 언약을 맺기 위한 전제 조건도 아니고 또 은혜 언약을 유지하는 조건도 아닙니다. 은혜 언약은 하나님의 자비와 긍휼과 인애로 되는 것입니다. 언약 자체의 시작도 그렇고, 언약의 유지도 오직 하나님의 은혜입니다. 따라서 은혜 언약 안에서 주어진 행위의 원리는 행위 언약이 아닙니다. 그것을 통해서 생명을 얻을 가능성이 있는 행위 언약이 아니지요. 오히려 우리가 하나님의 말씀을 듣고 지켜야 하는 것은 피조물 된 도리요 인간 본성상의 필수 요소로 요구되는 바입니다. '내가 너희를 은혜로 구원했으니 내가 말한 바를 잘 지켜라 그러면 살 것이라' 그것을 환기시키신 것이죠. 이런 말씀의 뜻은 본래 우리가 하나님의 법도에 따라 살아야 할 자임을 다시 한 번 확인시키는 것입니다.

그 성취와 순종 자체가 하나님의 은혜로 이루어지는 것입니다. 하나님이 도와주시고, 그리스도와의 연합에 의해서 그리스도께서 행하신 것을 우리가 받아 누리게 되고, 우리 안에서 행하신 성령의 역사로 그것을 조금씩 이끌어 가도록 하시는 것입니다. 그러므로 조건성은 은혜 언약 안에 있는 자들이 은혜를 누리는 경로이며 절차이고 수단입니다. 그런 의미에서의 조건이라 할 수 있습니다.

그러면 불순종의 경고는 뭘까요? 지키지 못하면 죽을 것이라. 그것은 은혜 언약을 받고 있는 보이는 교회의 성격을 이해할 때 비로소 주어집니다. 교회라는 기관은 보이지 않는 교회로서의 참 신자와 그렇지 않은 거짓 신자를 다 포괄하고 있죠. 불순종을 하면 죽을 것이라는 말씀을 은혜 언약 안에 담아 주시는 것은 본래 불순종했을 때 우리가 어떤 형벌 안에 놓이는 자인가를 상기시켜 줍니다. 그리하여 하나님의 택한 백성들에게는 더욱 하나님의 긍휼을 바라보게 합니다. 그와 같은 긍휼이 하나님이 주신 은혜 언약 아래서 보이는 교회에게 어떻게 주어지는가를 더욱 깨달아서 하나님의 용서 앞에 무릎 꿇고 나가도록 하는 것이에요. 그래서 그들을 더욱 주의 거룩한 백성으로 빚어 가시는 것이죠. 은혜 언약의 목적을 성취하시는 결과로 이끄시는 것입니다.

한편 불순종한 자들에게는 오히려 그 조건성의 행위 원리가 심판의 의미로 그들에게 다가오게 됩니다. 거짓 신자들을 향해서는 전혀 다른 결과적 적용이 이루어지는 것이죠. 불순종에 대한 경고가 참 신자들에게는 율법의 정죄를 깨닫고 복음의 순종을 요구하는 것으로 이끌어 가고 그리스도의 자비와 용서를 바라보며 나가게 하지만, 거짓 신자에게는 행위 언약적 정죄가 그들에게 여전히 유효하게 미치고 있음을 확인시켜 주는 의미를 갖는 겁니다. 이런 원리가 신약 교회서도 똑같죠. 동일한 은혜 언약의 기초에 서 있기 때문입니다. 신약 교회는 따라서 그 안에 가라지도 있고 알곡도 있습니다. 이스라엘 교회가 타락할 때 하나님의 징계를 받듯 신약 교회도 징계를 받습니다. 그러나 신약 교회가 아무리 부패해도 교회의 표지를 붙들고 있는 한 여전히 참 교회입니다. 연약하지만 참 교회입니다.

요한계시록에 일곱 교회 이야기가 나오잖아요. 두 교회만 책망을 받지 않습니다. 그 말을 잘못 이해해서 두 교회는 참 교회요 다섯 교회는 거짓 교회라고 생각하면 절대로 안 됩니다. 다섯 교회들이 미성숙한 교회요 영적 교리적 도덕적 부패의 요소가 있는 교회란 사실을 주께서 들춰내십니다. 오고 오는 모든 교회가 배워서 반성하도록 하기 위하여 예를 들고 엄히 책망하신 것입니다. 이 다섯 교회는 전부 교회가 아니고 책망 받지 않은 두 교회만 참 교회다 그런 것이 전혀 아닙니다.

박윤선 박사님이 요한계시록 3장 주석을 쓰면서 이렇게 말씀하셨어요. 교회와 신자들은 부단히 죄에 빠진다. 일곱 교회 중 칭찬을 받은 교회는 두 교회뿐이다. 그러나 예수 그리스도께서는 그 밖에 다른 교회들도 돌아보시고 권면하신다. 교회의 일부분이 부패하였다고 하여 그리스도께서 그 교회를 버리셨다고 속단하는 것은 교회관에서 오류를 범하는 것이라고 그랬습니다. '교회와 신자들의 영적 질병은 한 가지뿐이 아니고 천태만상이다. 그러므로 나에게 다른 사람의 죄가 없다고 해서 안심할 것이 아니요 나에게는 남과 다른 어떤 종류의 죄과가 있는 줄 알고 겸손함이 마땅하다.' 개혁 교회는 다른 교회에 대해서 그러한 마음을 가져야 합니다. '일곱 교회 서신은 교회론이요 동시에 구원론이다. 땅 위의 교회가 죄에 빠지되 죄에 빠진 교회를 그리스도께서 자비로 돌아보아주시기를 좋아하신다. 그는 감독과 목자의 자격으로 이 연약한 교회에서 일하시는 것이다. 그가 왕이시기 때문에 교회가 선악간에 어떤 상태인지를 분별해내시고 책망하시고 그러나 목자이시기 때문에 범죄한 교회에게 구원의 길 곧 회개의 길을 열어주신다.'

개혁주의 교회가 따뜻하려면 개혁주의 교회는 참 교회요 그렇지 않은 교회는 거짓 교회다, 한국 교회는 거짓 교회이다, 그렇게 말하면 절대로 안 됩니다. 연약하다고 보고, 그 연약함이 나에게도 있다고 생각해야 합니다. 그렇게 교회관이 서야만 개혁적 교회가 따뜻한 교회가 될 수 있는 여지가 열리기 시작하는 거예요. 선지서를 읽으면서 당시의 이스라엘 교회를 거짓 교회라고 판단하여 이스라엘의 어떤 행악이 오늘날 한국 교회에도 발견된다고 빗대어 말하는 것은 경계선을 넘어버린 것입니다. 그것을 겉으로 드러나게 말하든 아니면 밑에 자락으로 깔고 말하든 큰 차이가 없습니다. 한국 교회를 마치 거짓 교회인 양 취급하는 일이 있어서는 절대로 따뜻한 개혁주의 목회를 못합니다.

## IV. 그리스도의 영광을 추구하는 교회

한국 교회는 세속주의와 물량주의와 도덕적 부패상이 생각보다 심각하다고 말하는 분들이 많이 있습니다. 그들의 경험에서 볼 때 그런 것도 같습니다. 그러나 제 주변에 살펴보면 동역하고 있는 많은 목사님들이 육체적 어려움과 물질의 빈곤 속에서도 복음을 바로 들고 애쓰는 목사님들이 많습니다. 노회에서도 그런 목사를 보게 됩니다. 모든 한국 교회가 다 그런 것은 아니에요. 일반화시켜 경계선을 함부로 넘지 않도록 해야 합니다. 개혁 교회만이 참 교회라고 생각해서 한국 교회의 일반을 정죄하고 비판하지 않으면서 나가는 겸손이 중요합니다. 개혁 신학의 신학적

탁월성, 그것이 성경적이라는 확신, 말씀에 순종하는 우리의 도덕적 순수성, 예배할 때에 시편 찬송 부른다는 자부심, 이런 것들이 예배론적으로 또는 성경적으로 귀한 것이기 때문에 지향할 바요 사모할 바요 노력할 바인 것은 분명합니다. 바른 신학과 바른 교회와 바른 신앙을 이룬다면 더 없이 좋은 것이지만 우리가 항상 그것을 향해 나가는 부족한 교회라는 사실을 늘 염두에 두어야 할 것입니다. 그것 자체가 그리스도의 영광을 담보하는 독점적인 교회적 모습은 아니라는 사실을 늘 생각해야 합니다.

그렇지 않으면 설교자가 적개심으로 설교하게 되고 분노로 설교하게 됩니다. 미움으로 설교하게 되어선 안 됩니다. 용서와 자비와 긍휼을 구하는 마음으로 은혜 앞에서 우리가 어떻게 서 있는가에 대한 간절한 고백과 감사로 설교해야 합니다. 성도여 우리가 어떻게 되어야 하고 우리가 어찌 할 것이요, 하는 애통하는 마음으로 나가야 하는 것이죠. 오죽하면 바울 사도가 내 자신이 저주를 받아 내 형제 곧 골육 친척을 위하여 그리스도에게서 끊어질지라도 원하는 바라 하는 마음을 표시했겠습니까. 그 마음은 정죄의 마음이 아닙니다. 교회론적인 이해가 잘못되면 회중들의 심령을 정죄와 배타와 자기 의의 마음으로 잘못 인도하게 됩니다. 그런 교회의 영적 분위기는 틀림없이 구별과 나눔과 분리의 의식 안에 자신도 모르게 젖게 될 것입니다. 그것은 잘못 되고 있다는 뚜렷한 증거죠. 개혁주의 목회가 잘못되고 있다는 뚜렷한 증거입니다. 분열과 분리는 말은 안 하고 있을지라도 사실은 자기 의가 기반이 되고 있는 것이죠. 겸손해야 합니다. 바른 교회를 한다는 사람들, 개혁주의 목회를 지향하고 있다는 사람들은 대개 교회가 전도해서 얻은 신자로 구성이 되어 있지 않아요. 다른 교회에서 온 분들을 받아서 목회하는 거예요. 안나가 즉 '가나안' 성도 일부가 오거나 바른 신학의 신학적 성향을 갖고 다른 교회에서 온 분들로 대개 교인이 구성됩니다. 그분들이 대체 언제 예수를 믿었고 언제 복음이 들어갔죠? 자신의 수고가 아니잖아요. 내가 연약하다고 말하는 교회들의 수고를 통해서 얻어진 사람들이라는 말이에요. 하나님이 그 교회를 통해서 일하셔서 주신 영혼들이에요. 그들의 신학 고백이 불완전하더라도 하나님이 그들을 통해서 세워놨기 때문에 이제 자신에게 맡겨줬다는 사실을 인정해야 합니다.

모든 복음주의적 교회가 세속화와 양적 성장의 병폐에 찌들어 있는 것은 아닙니다. 그리스도께서는 복음주의 교회를 통해서도 택한 영혼과 자기 백성을 찾아 나서신다는 사실을 인정해야 합니다. 그리고 그들 가운데서 개혁교회를 찾아오는 교인들이 있게 됨을 너무 감사히 여기면서 그들이 몸담았던 교회의 수고에 대해서 존경의 마음을 가져야 합니다. 그래야 한국 교회가 개혁될 수 있는 여지가 생기고 출발점이 바로 서는 것입니다.

제2 스위스 신앙고백서에서 교회를 다루고 있는 장의 10조에 보면 이런 말씀이 나옵니다. 교회는 언제나 대단한 논쟁들이 있었다. 11조, 참 교회는 교회의 징표를 보여주는 교회다. 12조, 우리는 그리스도의 참 교회와 다른, 모든 교회들을 정죄한다. 우리가 그리스도의 사도들로부터 전해들은 것과 다른 것을 말하는 교회들을 정죄한다. 그들이 아무리 옳은 전통을 계승했노라고 말해도 우리는 상관하지 않고 정죄한다. 누구에게 하는 말이죠. 천주교에게 하는 말이에요. 근본적으로 교회 지표가 잘못돼 있기에 구분하고 있는 겁니다. 13조, 우리는 그리스도의 참 교회와 사귀는 것을 아주 높이 평가하기 때문에 하나님의 참된 교회와 연합하지 않고 그 교회로 분리되어 있는 자들이 하나님 앞에 설 수 있다는 것을 부인한다. 14조, 위에서 언급한 참된 교회의 지표에도 불구하고 우리는 교회를 좁게 보고 다음에 해당하는 사람들은 교회 밖에 있는 자라고 말하지 않는다. 굉장히 중요한 얘기를 했죠. 즉 고의적으로 성례를 멸시하지 않고 어쩔 수 없는 상황에 성례에 참석하지 않거나 못하게 된 사람들은 참된 교회가 아니라고 말하지 않는다. 또 비록 때로 믿음에서 떨어지더라도 믿음이 완전히 없어지거나 아주 믿기를 그치지 않는 사람들을 향해서 당신들은 참된 교회에 속한 자가 아니요 이렇게 말하지 않는다. 더 나아가 연약하기 때문에 불완전함과 잘못에 노출되어 있는 사람들을 다 교회 밖으로 내좇지 않는다. 그런 사람들을 다 교회 밖에 있는 사람들로 간주하지 않는다. 왜냐하면 바벨론 포로 때 70년간 의식법에 따라 하나님 앞에 제물도 못 드린 사람들을 하나님이 자기 백성 가운데 두었다는 사실을 알기 때문이요 자기 주인을 부인한 베드로에게 무슨 일이 일어났는지를 우리는 안다. 사도 시대의 갈라디아와 고린도에 있던 교회들이 어떤 교회들이었는지 우리가 안다. 그 교회들 안에 영적인 불완전성과 심각한 부패가 있었지만 그럼에도 사도 바울은 그 교회들을 거룩한 교회라고 부른다.

너무 흐려져서 앞뒤와 위아래가 뒤집어진 엘리야 시대, 그리고 다른 여러 시대에도 어떠했는지를 우리가 알고 있습니다. 교회가 거의 다 멸절되어 더 이상 존재하지 않는 것처럼 보이는 그런 때가 있었어요. 그럼에도 불구하고 주님은 칠천 명이나 보존하신다. 하나님의 교회는 보이는 교회가 타락했다 할지라도 보이지 않는 교회를 붙드신다는 사실을 생각해야 합니다. 교회의 본질은 보이지 않는 교회에 있다. 보이는 교회는 정도에 따라서 순수성에 차이가 있는 겁니다.

예컨대 한국 교회를 바라볼 때 우리 마음에 참 교회와 거짓 교회의 분리적 교회관을 가져서는 안 됩니다. 과연 거짓 교회인지는 나중에 드러납니다. 그러나 교회 지표를 붙들고 있다 생각되면 그것이 아무리 연약해도 성숙한 교회와 미성숙한 교회 정도의 차이를 생각해야 합니다. 개혁 신학의 영광을 추구하는 것이 아니라 그리스도의 영광을 추구하는 교회로 서야 개혁 교회 목회가 본래 고백하는 신학의 뜻을 이루는 것이요, 그래야 개혁 교회의 목회가 따뜻해지는 것이라 할 수 있습니다.

# 하나님의 말씀으로 살리라

**마태복음 4장 1절-4절**

**이남규** (조직신학)

주께서 시험받으신 이 본문 중, 첫 번째 시험을 통해서 저는 세 가지를 생각해보려 합니다. 먼저, 예수 그리스도께서 시험받으신 목적이 무엇이었는가? 왜 시험을 받으셨는가? 둘째, 시험에는 문제가 있는데 첫 번째 시험 문제는 무엇이었는가? 세 번째, 이 시험 문제에 대한 답은 무엇인가?

## I. 시험받으신 목적

가장 먼저 예수님의 시험의 목적을 살펴봅니다. 예수님께서 성령에게 이끌리어 마귀에게 시험을 받으러 광야로 가셨습니다. 성령께서는 예수님을 광야로 이끄셨는데, 그 목적은 마귀에게 시험받도록 하기 위함이었습니다. 예수님이 왜 시험받으셔야 했을까요? 예수 그리스도께서 시험받으신 것은 그가 그리스도의 직분을 감당하시기 위함이었습니다. 예수께서 시험받으신 일은 3장의 세례를 받으신 후 이어지는 내용입니다. 그는 세례를 받으실 필요가 없으신 분이었습니다. 다른 이들은 죄를 고백하고 세례를 받았으나 주님은 죄가 없으셨기 때문입니다. 그래서 요한은 세례를 주기를 거절하고 오히려 자기가 세례를 받아야 한다고 했습니다. 그러나 주님은 세례를 받으셨습니다.

세례를 받으시자 하나님의 성령이 비둘기 같이 내려 그 위에 임하셨고, 하늘로부터 소리가 있어 "이는 내 사랑하는 아들이요 내 기뻐하는 자라"고 하였습니다. 그리고 4장 1절은 "그 때에"로 시작되며 예수 그리스도가 시험받으신 이야기를 우리에게 해주고 있습니다. 그리스도께서 세례를 받으시면서, 공적 사역을 시작하셨는데, 가장 먼저 시험받으신 일을 하신 것입니다.

왜 예수께서는 시험을 받으셔야 했을까? 히브리서는 이렇게 증언합니다. "저가 범사에 형제들과 같이 되심이 마땅하도다 이는 하나님의 일에 자비하고 충성된 대제사장이 되어 백성의 죄를 구속하려 하심이라 자기가 시험을 받아 고난을 당하셨은즉 시험받는 자들을 능히 도우시느니라"(히 2:17-18). 즉 그리스도께서 범사에 형제들과 같이 되시는 것이 대제사장의 직무를 위해 필요했다는 겁니다. 백성의 죄를 구속하시기 위해서 대제사장이 되셔야 했는데, 그 일을 위해서는 바로 범사에 형제들과 같이 되심이 마땅하다는 겁니다. 그래서 그리스도는 참된 사람이 되셨을 뿐 아니라, 바로 사람들이 당하는 시험에 참여하셔야 했던 겁니다.

성자 하나님이 우리의 대제사장이 되시기 위해 사람이 되셨습니다.

우리를 구원하시고자 사람이 되셨고, 또한 그가 대제사장의 직무를 수행하시고자 범사에 우리와 똑같이 되셨는데, 우리와 똑같은 사람이 되셨을 뿐 아니라, 사람인 우리가 당하는 것처럼 똑같이 시험을 받으신 것입니다. "첫 사람 아담은 생령이 되었다 함과 같이 마지막 아담은 살려주는 영이 되었나니"(고전 15:45). 예수 그리스도께서는 사람이 되셔서 마지막 아담으로서 살려주는 분이 되셨습니다. 첫째 아담은 선악을 알게 하는 나무의 열매, 곧 하나님께서 금하신 열매를 먹음으로써 시험에 실패하셨으나 예수 그리스도께서는 오고 올 모든 시험을 이기시며 통과하셔서 살려주는 영이 되셨습니다. 예수 그리스도께서 시험을 당하심은 우리의 대제사장으로서 그 시험을 이기시고 율법을 완수하신 의와 생명과 영원한 기업을 주시기 위해서입니다. 그러므로 예수 그리스도께서는 대제사장으로서 우리 죄를 속하기 위하여, 우리 대신 하나님의 진노를 받아 십자가의 단번의 제사를 통해 우리를 속죄하셨을 뿐 아니라, 마지막 아담으로서 율법에 완전히 순종하심으로 우리에게 영생과 하늘 기업도 주시는 분이 되셨습니다.

그런데 예수께서 시험 당하신 것은 우리의 구속 사역만을 위한 것은 아니었습니다. 히브리서는 이렇게 말씀합니다. "그러므로 우리에게 큰 대제사장이 계시니 승천하신 이 곧 하나님의 아들 예수시라 우리가 믿는 도리를 굳게 잡을지어다 우리에게 있는 대제사장은 우리 연약함을 동정하지 못하실 이가 아니요 모든 일에 우리와 똑같이 시험을 받은 이로되 죄는 없으시니라 그러므로 우리는 긍휼하심을 받고 때를 따라 돕는 은혜를 얻기 위하여 은혜의 보좌 앞에 담대히 나아갈 것이니라"(히 4:14-16).

이 말씀에서 그리스도는 하늘에 계신 우리의 대제사장이십니다. 그리스도의 대제사장직은 지금도 하늘에서 계속되어서 우리를 돕고 계시니 긍휼하심을 받고 때를 따라 돕는 은혜를 얻기 위해서 은혜의 보좌에 담대히 나아가라 권하고 있습니다. 하늘에 있는 우리 대제사장은 우리의 연약함을 모르시는 분이 아니라 잘 알고 계시며 동정하시는 분입니다. 왜냐하면 모든 일에 우리와 똑같이 시험을 받은 분이시기 때문입니다. 우리가 이미 살펴본 히브리서 2장 18절 말씀처럼 "자기가 시험을 받아 고난을 당하셨은즉 시험받는 자들을 능히 도우시느니라" 하셨으니, 예수님께서 시험받으신 것은 우리를 도우시기 위해서입니다.

따라서 우리는 시험의 때에 긍휼하심을 얻기 위해서 때를 따라 돕는 은혜를 구하고자, 시험을 당하신, 그러나 시험을 이기신 예수 그리스도에게 나아갈 수 있습니다. 그래서 우리의 연약함을 다 아시며, 시험을 이길 능력을 주시는 예수 그리스도를 의지할 수 있습니다. 우리는 예수 그리스도를 의지하여 능히 시험을 이길 수 있을 것입니다. 무엇보다도 먼저 예수 그리스도는 시험을 받으사, 시험을 받을 우리에게 본이 되셨습니다. 시험에서 이길 길을 보여 주셨으며 중보자로서 우리에게 시험을 이기도록 하십니다. 예수님은 범사에 우리의 본이 되셨으니 언약백성이 어떻게 하나님을 사랑할지 보여주셨습니다. 우리가 시험을 당할 때, 그 시험의 본질이 무엇인지, 어떻게 이길 수 있는지 우리에게 보여 주셨습니다.

첫 번째 주제를 정리하면, 예수 그리스도의 시험 받으심의 목적은 무엇인가? 우리를 위해서 인데, 첫째, 우리에게 주실 의를 얻으시기 위해서다. 아담은 실패했었는데 그리스도께서는 의를 성취하셔서 우리에게 주시기 위함입니다. 둘째, 은혜 언약에 들어온 우리가 이제 어떻게 살지 보여주시기 위해서입니다. 이 땅을 사는 동안 우리는 다양한 시험 앞에 서야 하는데, 주님께서는 그 시험이 무엇인지, 어떻게 우리가 이길 수 있는지 보여주셨습니다.

## II. 시험의 문제

이제 두 번째 주제입니다. 아담은 실패했고 그리스도는 이겨냈는데, "이 시험의 문제는 무엇인가?" 하는 겁니다. 예수님께서는 광야로 나가셨습니다. 광야는 음식이 구하기 힘든 곳입니다. 예수님께서 사십일 밤낮으로 아무것도 드시지 않았습니다. 그리고 굶주린 상태가 되었습니다. 밤낮으로 금식하셨다는 진술로서 마칠 수도 있는데, 우리 성경은 주리셨다고 언급합니다. 왜냐하면 예수님께서는 사람이셨기 때문입니다. 성자 하나님께서 마리아로부터 인성을 취하사 사람이 되셨을 때, 사람 비슷한 사람이 되신 것이 아니라 참된 사람이 되셨습니다. 정말 사람이셨습니다. 그래서 주리셨으며, 목마르셨으며, 고통당하셨으며, 아프셨으며, 피를 흘리셨으며, 인간이 당하는 바 영혼이 육체를 떠나는 죽임을 당하셨습니다. 여기 복음서는 이제 주리셨다고 언급함으로써, 주님께서 우리와 똑같은 참된 사람이셨음을 우리에게 다시 상기시킵니다.

그 시험하는 자가 다가왔습니다. 그리고 말했습니다. 네가 하나님의 아들이니 명하여 이 돌들이 떡이 되게 하라. 시험하는 자는 마귀입니다. 마귀는 사람을 유혹해서 죄에 빠지게 합니다. 40일 동안 아무것도 먹지 않고 주리신 주님께 이제 좀 무엇을 먹어야 되지 않겠는가, 하나님의 아들이니 능력이 있을 것 아닌가, 이제 그 능력을 사용해서 이 돌을 떡덩이가 되게 하면 될 것 아닌가? 하고 말하고 있는 겁니다. 우리가 여러 날 아무것도 먹지 못하여 배가 고플 때, 누군가 다가와서 배고픔을 해결할 길을 알려준다면 어떻겠습니까? 아마도 우리는 고맙다고 할 것입니다. 만일 우리가 주린다면, 음식을 얻을 방법을 이리저리 생각하려 애쓸 것입니다.

그런데 주님께서는 굶주림을 피할 방법을 말해주는 마귀의 말을 듣지 않고, 이렇게 대답하시면서 거절하셨습니다. "사람이 떡으로만 살 것이 아니요 하나님의 입으로부터 나오는 모든 말씀으로 살 것이라." 떡으로만 사람이 사는 것이 아니다. 하나님의 입에서 나오는 모든 말씀으로 사는 것이다. 예수님에게 능력이 있으시다면, 그 능력을 사용해서 돌을 떡이 되게 하시면 안 됩니까? 그러나 예수님께서는 거절하셨습니다. 왜냐하면 마귀의 속삭임은 하나님의 뜻을 거절하고 네 뜻대로 살라는 것이었기 때문입니다. 마귀가 다가와서 유혹하는 장면은 창세기 3장을 떠오르게 합니다. 게다가 창세기 3장은 우리의 시조인 아담과 하와가 시험받는데, 이제 둘째 아담인 예수 그리스도께서 시험받는다는 면에서도 비슷합니다.

창세기 3장으로 가보겠습니다. 첫째 아담이 어떻게 실패하는지가 잘 나타나 있습니다. "너희가 그것을 먹는 날에는 너희 눈이 밝아져 하나님과 같이 되어 선악을 알 줄 하나님이 아심이니라." 그러자 여자가 보니 보암직하고 지혜롭게 할 만큼 탐스럽기도 한 나무입니다. 남자에게 주니 먹습니다. 아담과 하와는 선과 악을 하나님의 뜻에 맞추어서 선택해야 했습니다. 그런데 자기들 스스로 선택했습니다. 저들은 저들 스스로 하나님 자리에 올랐습니다. 저들 스스로 선악을 결정하는 자들이 되었습니다. 지금 예수님을 시험하는 마귀의 방식도 똑같습니다. "너는 하나님의 아들이 아닌가? 너는 할 수 있다. 스스로 하나님의 자리에 오르라. 스스로 결정하는 자가 되어서 하나님의 아들임을 증명하라."

하나님의 뜻인가, 내 뜻인가? 이것이 문제입니다. 하나님이 옳으신가, 내가 옳은가. 선과 악을 하나님이 결정하신 대로 알 것인지, 아니면 마귀의 속삭임을 따라 내 욕망을 따라 선과 악을 정할 것인지의 문제란 것입니다. 사람은 선과 악의 판단을 하나님께 맡기고 하나님의 뜻을 잣대로 하여서 살아야 하는데, 많은 경우 그렇지 못합니다. 우리 마음대로 이것이 선이다 해놓고서는 그것이 선이 되기를 원하며 선이라고 합리화합니다.

모든 싸움에 떡이 있습니다. 아담에게 선악과는 생존을 위한 양식이 아니라, 하나님처럼 되기 위한 욕망의 양식이었습니다. 지금 예수 그리스도는 생존을 위한 떡의 문제에 직면했습니다. 그러나 그 생존의 문제 앞에서 마귀가 가져온 시험 문제는, 결국 주님이 맞닥뜨린 문제는 하나님의 뜻을 따르는가, 아니면 내 뜻을 따르는가의 문제였습니다. 우리 주님께서는 생존의 문제마저도 하나님의 뜻 아래 둠으로써 우리의 본이 되셨습니다. 정말로 떡의 문제는 종종 우리가 어떤 가치를 좇는지 알려주는 가늠자가 됩니다. 우리가 무엇을 얼마나 더 가치 있게 여기는가, 우리의 가치관의 문제가 떡의 문제에서 드러나게 된다는 겁니다.

성경에 좋은 예가 나오는데, 에서와 야곱의 예입니다. 창세기 25장 31절을 보십시오. "야곱이 이르되 형의 장자의 명분을 오늘 내게 팔라. 에서가 이르되 내가 죽게 되었으니 이 장자의 명분이 내게 무엇이 유익하리요 야곱이 이르되 오늘 내게 맹세하라 에서가 맹세하고 장자의 명분을 야곱에게 판지라. 야곱이 떡과 팥죽을 에서에게 주매 에서가 먹으며 마시고 일어나 갔으니 에서가 장자의 명분을 가볍게 여김이었더라." 장자권의 가치가 무엇일까요? 에서는 가치 없게 여기고 야곱은 가치 있게 여겼습니다. 본문을 확인하면, 에서는 생존의 문제로 환원시키고 장자권을 팔아버렸습니다. 그리고 떡과 팥죽을 받았습니다. 여기에 대한 신약의 평가는 정신없는 자라는 것이었습니다. "한 그릇의 음식을 위하여 장자의 명분을 판 에서와 같이 망령된 자가 없도록 살피라"(히 12:16)

이처럼 떡의 문제의 핵심은 우리가 무엇을 가치 있게 여기는가를 보여줍니다. 그래서 떡의 문제는 하나님의 뜻을 높이는가, 아닌가의 문제로 나아가게 됩니다. 이것이 이 시험의 문제입니다. 이 시험 문제를 통해 우리가 알아야 하는 것은 하나님의 뜻에 순종함이 생명의 본질이라는 겁니다. 여러분, 우리는 무엇으로 사는 것 같습니까? 겉모습만 보면 떡으로 사는 것 같습니다. 입으로 어떤 영양분이 들어가서 사는 것 같습니다. 우리가 시험에 빠지는 것은 항상 그렇게 우리 눈에 우리가 떡으로 사는 것처럼 보이기 때문입니다. 음식이 들어가고, 음식의 힘으로 사는 듯합니다. 음식을 사는 돈의 힘으로 사는 듯합니다.

양식에 우리의 생명이 있지 않습니다. 우리의 생명은 하나님께 있습니다. 생명이 없는 육체에 아무리 좋은 음식을 주어도 더 이상 먹지 못하며, 입에 들어가도 더 이상 그의 생명에 어떤 도움도 주지 않습니다. 우리가 사는 것은 하나님께로부터 옵니다. 그러나 이 사실을 우리는 너무 자주 잊습니다. 왜? 마귀의 속삭임이 있기 때문입니다. 온통 주위가 떡으로만 사는 듯합니다. 하나님 없이 잘들 사는 것 같습니다. 주위가 온통 하나님이 없이 사는 듯하니 우리도 오염되어, 생명이 하나님께로부터 오는 것을 잊어버리는 겁니다. 그러나 우리 시조가 실패했듯이 우리는 스스로 하나님이 되려 하면 안 됩니다. 하나님의 뜻에 순종하는 것, 그것이 참 생명의 길인 줄 알아야 합니다.

## III. 시험문제의 답

우리는 떡으로 오는 문제의 핵심이 떡 자체가 아니라 하나님의 뜻인가, 나의 뜻인가란 문제가 더 핵심임을 보았습니다. 이제 세 번째로 이 문제에 대한 답에 대해서 생각해야 합니다. 이 문제에 대한 답을 생각하기 전에 먼저 확인할 것은 이것이 떡 자체의 문제는 아니라는 겁니다. 그러니까 떡이 악한 것인가? 그렇지 않습니다. 이미 창조 때에 하나님은 양식을 주셨습니다. 아담과 하와는 많은 먹을 것을 누렸습니다. 타락 후에도 하나님은 땅의 소산을 누리도록 하셨습니다. 창세기 3:15에서 은혜 언약의 약속이 주어졌는데, 비록 아담의 이마에 땀이 흘러야 얻는 것임에도 계속해서 땅의 소산이 있다고 약속하셨습니다. 그러니까 은혜 언약은 땅의 소산, 즉 떡 없이 주어지는 것은 아니었습니다.

다시 노아 언약에도 확인되는데, 거기서 주께서는 사람이 땅의 소산을 얻게 될 것을 말씀하셨습니다. 은혜 언약은 자연을, 곧 떡을 포기하는 방식으로 성취되는 것은 아닙니다. 자연은 은혜 언약을 성취하기까지 계속됩니다. 그러니까 떡은 은혜 언약에 반대되는 것이거나 대치되는 것이 아닙니다. 오히려 은혜 언약의 보조 역할을 하는 겁니다. 그러면 떡은 언제 문제가 되는 걸까요? 이것은 주님의 답변 곧 "사람이 떡으로만 사는 것이 아니라…" 하는 말씀이 주어진 배경인 신명기 8장을 통해서 알 수 있습니다. 거기서 이스라엘이 헤매게 된 이유는 무엇입니까? 하나님의 말씀에 불순종했기 때문입니다. 그래서 하나님께서 어떻게 하셨는가? 하나님의 말씀으로 사는 줄을 알게 하시려고 광야의 삶을 주셨습니다.

이스라엘 민족은 애굽에서 나온 지 얼마 안 되어 가나안에 들어가려고 했습니다. 이스라엘의 정탐꾼들은 하나님께서 인도하시려는 땅이 과연 풍요의 땅임을, 포도송이가 달린 가지가 얼마나 큰지 막대기를 넣어서 둘이서 메었습니다. 그들은 가나안이 젖과 꿀이 흐르는 땅임을 확인했습니다. 이제 그들에게 남은 것은 거기로 들어가서 그 땅을 차지하는 일이었습니다. 그러나 그들은 그 땅에 들어가지 않았습니다.

왜 그랬습니까? 그들의 불신 때문이었습니다. 이스라엘은 처음부터 하나님의 말씀에 대한 신뢰가 없었습니다. 여러 기적들을 보여주고 애굽에서 저희를 꺼내 왔음에도 불구하고 그들은 여전히 하나님의 말씀을 신뢰하지 못했습니다. 홍해를 가르는 기적을 통해서 그들이 구원을 얻고 세계 최강 애굽 군사들이 물에 빠지는 것을 보고도 그때뿐이었습니다. 다시 그들은 하나님의 말씀에 대한 신뢰가 사라졌습니다. 그들이 가나안에 들어가기를 거절했을 때 하나님께서 예비하신 길은 광야에서 40년 동안 방황하게 하신 것입니다. 신명기 8:1-3을 보면, 이스라엘이 알아야 했던 것은, "나를 살게 하는 것은 무엇인가? 하나님의 말씀이다." "가나안에 들어가서 나를 풍요롭게 하는 것은 무엇인가? 하나님의 말씀이다"라는 겁니다.

## IV. 일용할 양식의 문제

"너를 낮추시며 너를 주리게 하시며 또 너도 알지 못하며 네 조상들도 알지 못하던 만나를 네게 먹이신 것은 사람이 떡으로만 사는 것이 아니요 여호와의 입에서 나오는 모든 말씀으로 사는 줄을 네가 알게 하려 하심이니라."

이스라엘은 우리에게 교훈이 됩니다. 우리는 하나님의 말씀이 우리를 살게 하는 참된 근원임을 알아야 하겠습니다. 이스라엘이 광야생활을 통해 깨달아야 했던 것은 여호와의 말씀으로 산다는 그 내용이기 때문입니다. 너를 낮추시며 주리게 하셨다고 합니다. 왜요? 낮아지고 주리는 중에 주께서 주신 만나를 통해서 하나님의 은혜를 맛보고, 아! 사람이 여호와의 입에서 나오는 모든 말씀으로 사는 것이라는 것을 깨닫게 하시기 위함이었습니다.

우리는 시험 문제가 무엇인지, 답이 무엇인지 알았습니다. 그런데 숙제도 있습니다. 우리의 숙제는 이 땅을 사는 동안 하나님의 말씀으로 사는 것입니다. 또 그 연습을 하는 것입니다. 이것이 결코 쉬운 문제는 아닙니다. 그것은 때로 우리의 욕망 같기도 하지만, 때로 우리의 생존문제이기 때문입니다. 그것은 우리 자신의 생존이기도 하지만, 때로 가장으로서 가족의 생존 문제와 함께 할 수 있기 때문입니다. 그러므로 이 문제는 어려운 문제이니, 이 문제로 누구를 쉽게 정죄할 수 없습니다. 그저 나 자신만이라도 잘 하자는 그런 과제를 갖게 되는 것입니다.

떡 자체는 악한 것이 아닙니다. 그것이 만나로 주어졌을 때, 그것은 하나님의 은혜의 표현입니다. 그 목적은 하나님의 영광을 위한 것이 됩니다. 먹든지 마시든지 무엇을 하든지 하나님의 영광을 위하여 하라 하셨으니, 떡의 목적은 하나님의 영광이 됩니다. 그러므로 떡은 한편 하나님의 은혜의 표현이며, 또한 하나님의 영광이란 목적을 갖습니다. 떡을 구하는 게 잘못입니까? 아닙니다. 일용할 양식을 구하라고 하지 않으셨습니까? 일용할 양식을 구함으로 하루하루가 하나님이 주신 힘으로 사는 것임을 고백하며 그 은혜를 구하게 됩니다.

그러나 떡은 또한 마귀의 속삭임과 함께 자기 욕망의 표현이며, 자기 영광이란 목적을 갖게 됩니다. 이 시험은 사람이 어려운 때나 평안한 때나 항상 있습니다. 광야의 때에 한정된 시험이 아닙니다. 이스라엘은 가나안에서도 그 시험 가운데 있었고 실패했습니다. 우리 시대는 어떻습니까? 사람들이 떡으로만 사는 줄 아는 시대인 것 같습니다. 어쩌면 자본 만능 시대를 살아가는 우리에게 이 시험은 정말 힘든 시험일 것입니다. 마귀의 시험에 주님께서는 "기록되었으되 사람이 떡으로만 살 것이 아니요 하나님의 입으로부터 나오는 모든 말씀으로 살 것이라 하였느니라"고 답하심으로써 우리의 본이 되셨습니다.

생명의 근원 되시는 하나님을 무시하는 이 시대에, 말씀을 수종드는 우리 사역자들이 어떤 길을 갈 것입니까? 그리스도께서 사십 일 금식하시고 주리신 중에, 마귀의 시험을 이기시면서 우리에게 본이 되셨습니다. 우리의 대제사장 그리스도를 좇아 하나님의 말씀으로 사는 참된 기쁨을 맛보시길 소원합니다.

# 균형 잡힌 신앙

데살로니가전서 1장 3절

안상혁 (역사신학)

## I. 균형 잡힌 신앙 : 믿음, 사랑, 소망

오늘 설교의 제목은 "균형 잡힌 신앙"입니다. 알려 드리지 않았지만, 부제도 있습니다. "균형 잡힌 신앙"의 부제는 "믿음, 소망, 사랑"입니다. 신앙의 균형은 신자에게 참 중요합니다. 얼마나 이것이 중요한지, 조나단 에드워즈(Jonathan Edwards)는 그의 『신앙 감정 Religion Affec- tions』이란 책에서 "참으로 은혜롭고 거룩한 감정"임을 보여주는 열두 개의 긍정적이고 적극적인 표지를 우리에게 소개합니다. 이 열두 개의 표지를 통해서 '아! 내가 정말 회심했구나. 내가 참 은혜를 받았구나. 나는 참 신자구나.' 하는 것을 확인할 수 있다는 것인데, 바로 이 열두 개의 표지들 가운데 열 번째 표지가 "신앙의 균형"에 해당합니다.

그 일부분을 읽어드리겠습니다.

"성도들이 지닌 참으로 거룩한 감정에는 그들이 전인적으로 성화를 이루어가기 때문에 자연적으로 조화와 균형이 있다. 그들에게는 그리스도의 형상 전체가 각인되었다. 성도 안에 있는 참된 형상 안에는 원형 안에 있는 것과 같은 아름다운 균형과 조화가 있다. 하나님의 작품에는 조화와 아름다움이 있다."

여러분 우리가 참 신자라면 하나님 앞에서 의롭다 함을 받고 성화의 삶을 살기 시작하지 않습니까? 그리고 성화의 삶이라는 것은 그리스도의 형상, 그리스도를 닮아가는 것입니다. 에드워즈는 바로 이 형상이라는 것 자체가 어느 한쪽으로 치우치지 않고 모든 부분에서 고르게 발달한다고 가르칩니다. 특히 그는 자신이 정말 참 신자라고 앞에 나와서 하나님의 은혜를 간증하고 하나님이 나의 삶에서, 나의 직장에서, 나의 학업의 현장에서 역사하신 것을 간증한 사람이라면 결코 사람에게 대해서도 인색할 수 없다고 말합니다. 일례로 이런 사람이 있다고 합니다. 한 교회 장로님이 있습니다. 교회 안에선 참으로 선합니다. 그런데 주중에 사장님으로서는 부하직원들에게 굉장히 인격적인 모독의 발언을 서슴지 않습니다. 사정이 이렇다면 그 사람은 틀림없이 위선자일 가능성이 높다는 것입니다. 에드워즈는 그런 사람은 참 은혜 받은 사람이 아니고, 정말 하나님을 만난 사람이 아닐 가능성이 높다고 진단합니다. 신앙의 균형이란 면에서, 하나님 사랑과 사람 사랑은 균형을 이루어야 하지요. 또한 성령의 아홉 가지 열매에 있어서도, 우리에게 유독 한 열매만 잘 열리고 나머지는 많이 부족하다 한다면, 그것도 자신이 정말 참 은혜를 체험한 것인가 의심해 보아야 하는 점이 된다는 것이 에드워즈의 생각입니다.

보통 "균형 잡힌 신앙", 부제목으로는 "믿음, 소망, 사랑"을 조금 전 말씀드렸는데요, 이것은 제가 정했다기보다 교회사의 전통에서 이야기되어온 것입니다. 교회사 전통에서 볼 때, 보통 신앙의 균형은 믿음, 소망, 사랑 사이의 균형으로 이해되어 왔습니다. 고린도전서 13장 14절에서 "그런즉 믿음, 소망, 사랑 이 세 가지는 항상 있을 것인데" 하신 말씀에 근거한 것이지요. 때문에 이 말씀을 교회사적으로 조망하게 되면 대단히 유익하고, 또 에드워즈가 말한 균형미를 발견할 수 있습니다. 물론 여러분이 오늘 설교를 들으면서 '설교가 너무 조직적이다. 역사신학적이다.' 생각하실 수 있을지도 모르겠습니다. 그러나 말씀을 이 관점에서 저와 함께 묵상한 후에는 큰 유익이 있으리라 저는 확신합니다.

교회사적으로 보면 믿음, 소망, 사랑을 어떻게 이해했냐면, 믿음은 사도신경, 소망은 주기도문, 사랑은 십계명으로 연결 지어 왔습니다. 신자들의 신앙생활을 사도신경과 주기도문과 십계명 사이의 균형과 조화로 본 것입니다. 이것이 우리에게도 의미가 있습니다. 종교개혁 이후로 많은 신앙교육서(Catechism)는 이 뼈대를 그대로 가지고 왔습니다. 칼빈의『기독교 강요』1536년판도 마찬가지입니다. 성도의 삶에는 신앙고백, 곧 바른 신앙고백이 있고 그 다음에는 실천이 있습니다. 사랑의 실천인 하나님 사랑과 이웃 사랑인 십계명의 삶이 있고, 그 다음에는 하나님의 나라에 대한 소망이 기술되어 있습니다. 주기도문은 하나님 나라를 바라보는 소망의 기도입니다. 이것이 개인의 신앙의 삶에서는 물론 교회 공동체의 삶에서도, 어느 한쪽으로 치우치지 않고 균형을 이루어야 한다는 것이 교회사에서는 강조되어 왔던 것입니다. 조금 구체적으로 이야기하면 아우구스티누스의『엔키리디온 Enchiridion』(신앙교육서)의 제목

자체가 "믿음, 소망, 사랑"입니다. 그는 420년 이후 이 작품을 저술했다고 알려져 있습니다. 이후 이것은 오고 오는 세대의 모든 요리문답의 기초가 되었습니다. 아우구스티누스는 여기서 믿음, 소망, 사랑의 구도로 지금 말씀드린 내용을 풀어냅니다. 바로 그런 면에서 오늘 우리가 데살로니가전서 1장 3절을 함께 읽었는데요, 비단 이 구절만 아니라, 데살로니가전서 전체가 우리에게 커다란 유익을 줍니다. 보통 우리는 "믿음, 소망, 사랑"이라고 말할 때, 고린도전서 13장 13절만 연상하기 쉽습니다. 그러나 오히려 데살로니가전서에서 말하는 순서를 연상하는 것이 매우 유익합니다. 왜냐하면 사도 바울 선생님이 믿음, 소망, 사랑 각각에 대해 한 단어씩 설명어를 붙여놓고 있기 때문에 그렇습니다. 그는 이렇게 표현합니다. "믿음의 역사, 사랑의 수고, 소망의 인내", 그런데 소망의 인내는 목적어가 중요합니다. "예수 그리스도에 대한 소망"의 인내입니다. 사도 바울께서 이렇게 한두 단어씩 더 붙여서 우리에게 설명하신 것은 교회사적으로 보면 참으로 다행한 일입니다. 조금 후에 나누겠지만, 이 부분을 잘 구분하지 못하면 심각한 문제가 생기기 때문입니다.

데살로니가전서 1장 3절에서 사도 바울 선생님은 데살로니가 교회를 여러 가지로 칭찬합니다. 특히 세 분야에 있어서 신앙의 균형을 이루면서 성장한 것을 크게 칭찬하십니다. 이런 맥락에서 볼 때, "믿음의 역사와 사랑의 수고와 소망의 인내"라는 관점으로 데살로니가 전서를 읽으면 굉장히 재밌습니다. 가끔 제가 수업시간에 보여드린 것처럼 성경 텍스트를 도표로 만들어 보면 매우 흥미롭습니다. 여러분도 직접 해보십시오. 먼저 데살로니가전서 전체를 장절을 구분하지 말고 하나의 묶음으로 두고, 세 개의 축을 만듭니다. Y축에 믿음의 역사, 사랑의 수고, 소망의 인내라는 이 세 가지를 두는 것이지요. 그리고 1장부터 5장까지 그 기준에 따라 전체분류를 하면, 정말이지 이 모든 요소들이 균형 잡히게 있는 것을 확인하게 됩니다. 대표적으로 몇 가지만을 살펴보겠습니다.

데살로니가전서 1장 4절입니다. 제가 "믿음의 역사"로 분류해 둔 부분입니다. "하나님의 사랑하심을 받은 형제들아 너희를 택하심을 아노라." 여기서 하나님의 예정을 말씀합니다. "이는 우리 복음이 너희에게 말로만 이른 것이 아니라 또한 능력과 성령과 큰 확신으로 된 것이라." 성령의 역사로 말미암아 믿음의 확신을 갖게 되었다는 것이지요. 믿음의 역사입니다. 그 다음은 6절입니다. "또 너희는 많은 환난 가운데서 성령의 기쁨으로 말씀을 받아" 말씀을 받아 믿는 것을 말하는데, 확신 가운데서 성령의 은혜로 말미암아 되었음을 말하는 것입니다. 또한 7절에서는 데살로니가교회의 성도들이 모든 믿는 자의 본이 되었다는 것을 말하며, 계속해서 "너희 믿음의 소문(8절)"과 같은 믿음에 관한 말씀을 하십니다. 9절에서는 "그들이 우리에 대하여 스스로 말하기를 우리가 어떻게 너희 가운데에 들어갔는지와 너희가 어떻게 우상을 버리고 하나님께로 돌아와서 살아 계시고 참되신 하나님을 섬기는 지"라 하여 회심을 이야기합니다. 우상을 버리고 참 하나님께로 회심하여 하나님을 예배하는 것, 이 모든 것을 우리는 믿음의 역사로 분류할 수 있겠습니다.

물론 1장에는 소망, 사랑의 요소들도 함축되어 있습니다. 그러나 사랑이 두드러지게 부각되어 나타나는 것은 2장에서 4장까지입니다. 여기서 "사랑의 수고"가 조금 더 부각되어 나타나는 것 같습니다. 예를 들면 2장 7절입니다. "우리는 그리스도의 사도로서 마땅히 권위를 주장할 수 있으나 도리어 너희 가운데서 유순한 자가 되어 유모가 자기 자녀를 기름과 같이 하였으니." 유모의 수고입니다. 자녀를 향한 어머니의 수고이지요. 그런데 이 수고가 어느 정도인가하면 8절을 보십시오. "우리가 이같이 너희를 사모하여 하나님의 복음뿐 아니라 우리의 목숨까지도 너희에게 주기를 기뻐함은 너희가 우리의 사랑하는 자 됨이라." 목숨 건 사랑입니다. 목숨 건 사랑의 수고라는 것입니다. 그 다음 구절인 "형제들아 우리의 수고와 애쓴 것을 너희가 기억하리니(9절)", 여기에서의 수고가 바로 사랑의 수고에 해당합니다. 바울은 밤낮 일하면서 그들을 섬겼다는 것을 이야기합니다. 그리고 10절과 11절에서는 "우리가 너희 믿는 자들을 향하여 어떻게 거룩하고 옳고 흠 없이 행하였는지에 대하여 너희가 증인이요 하나님도 그러하시도다. 너희도 아는 바와 같이 우리가 너희 각 사람에게 아버지가 자기 자녀에게 하듯 권면하고 위로하고 경계하노니"라고 말씀하심으로, 종전에는 유모의 사랑에 비유했다면, 지금은 아버지의 사랑에 비유합니다. 그러니까 사랑의 수고를 이야기함에 있어서 정말 목숨 건 사랑, 곧 생명 대 생명의 사랑을 이야기하고요, 그 다음에 어머니의 수고를 이야기하며 또 아버지의 수고를 이야기 하는 것입니다. 이것으로 사도는 교회에 대한 사랑의 열심을 비유한 것이지요. 아울러, 데살로니가 교회가 사도를 얼마나 사랑했는지도 이렇게 표현합니다. 3장 6절입니다. "지금은 디모데가 너희에게로부터 와서 너희 믿음과 사랑의 기쁜 소식을 우리에게 전하고 또 너희가 항상 우리를 잘 생각하여 우리가 너희를 간절히 보고자 함과 같이 너희도 우리를 간절히 보고자 한다하니." 그리고 12절과 4장 9절에서는 교인들끼리의 사랑도 강조됩니다. "형제 사랑에 관하여는 너희에게 쓸 것이 없음은 너희들 자신이 하나님의 가르치심을 받아 서로 사랑함이라." 교회 공동체가 서로 사랑하며 섬기는 모습을 보여주는 것입니다. 이렇듯 각 장에서 믿음의 역사와 사랑의 수고가 나타나고, 이제 소망의 인내만 남았습니다.

4장 13절입니다. "형제들아 자는 자들에 관하여는 너희가 알지 못함을 우리가 원하지 아니하노니 이는 소망 없는 다른 이와 같이 슬퍼하지 않게 하려 함이라." 18절까지 계속해서 미래의 소망에 관해 이야기합니다. 아까도 잠시 언급했지만, 예수 그리스도에 대한 소망의 인내를 이야기하기 위해서 그렇지요. 이것은 4장을 넘어 5장 전반부까지 이어집니다. 5장이 마지막 장인데, 그런 의미에서 결론과 서론이 아름답게 대칭된다는 조화의 미가 있습니다. 결론에 해당하는 5장 8절에서는 믿음, 사랑, 소망이 또 이야기됩니다. "우리가 낮에 속하였으니 정신을 차리고 믿음과 사랑의 호심경을 붙이고 구원의 소망의 투구를 쓰자."

여러분은 제가 지금 빨리 읽어서 잘 와 닿지 않을 수 있지만, 저는 성경을 읽고, 공부하고 정리하는 가운데 도표까지 만들어가면서 정말 에드워즈가 말한 조화, 균형의 아름다움을 느꼈습니다. 데살로니가전서에는 믿음의 역사와 사랑의 수고와 소망의 인내가 정말 적절하게 모든 장에서 나타납니다. 그리고 전체 장이 흘러가면서 순서에 따라서도 나타나는 모습을 보는데, 참으로 흥미롭습니다. 성경공부가 주는 즐거움이 크지요. 그리고 이것은 데살로니가후서에서도 그렇습니다. 후서에 가면 교회가 소망의 인내 부분에서 균형을 조금 상실한 것 같습니다. 그래서 그 부분을 보정하고 교정하는 내용들이 주를 이룹니다.

자, 이제 함께 생각해 볼 것이 있습니다. 질문은 "데살로니가 교회가 어떻게 이렇게 균형 잡힌 신앙으로 성장하게 되었는가?"에 관한 것입니다. 데살로니가 교회는 바울이 기도로 목회한 교회로서 잘 알려져 있습니다. 2차 선교 여행 중에 빌립보 교회에 이어서 유럽에서 두 번째로 세워진 교회입니다. 여러분이 사도행전의 역사를 보면 확인할 수 있겠지만, 극심한 박해로 인해서 바울과 그의 일행은 교회를 개척한 직후 얼마 지나지 않아 데살로니가 교회를 떠나게 되었습니다. 기간에 대하여는 학자들마다 견해가 조금씩 다릅니다. 3주 만에 떠났다는 의견도 있고, 가장 길게 잡아도 8개월 정도밖에 되지 않습니다. 어쨌든 전반적으로 보면 바울로부터 가장 짧은 기간 양육을 받은 교회 중 하나라는 것은 분명해 보입니다. 그래서인지, 데살로니가 교회에 대하여는 사도 바울의 애틋한 사랑의 표현들이 그만큼 많이 나오는 것 같습니다. 바울이 실제적으로 많은 시간을 투자하여 충분히 사역하지 못했다고 느끼기 때문인지 그는 더 열심히 기도한 것 같습니다. 그래서 사도 바울의 기도로 말미암아 데살로니가 교회가 성장한 것으로도 보입니다. 하나님 손에 온전히 의탁하는 바울의 기도목회의 결과로 데살로니가 교회는 오히려 이렇게 나 균형 잡힌 신앙으로 성장하게 된 것입니다. 사도 바울 선생님의 마음이 참 기쁘셨겠지요.

저는 예전에 청년부 회장으로 저희 부서를 섬길 때 이런 생각을 한 적이 있었습니다. '내가 이걸 안 하면 우리 청년부는 어떻게 될까?' 얼마 지나지 않아 정말 그런 날이 왔습니다. 제가 교환학생으로 1년 동안 미국에 가게 되었습니다. 유학시절 내내 마음은 우리교회 청년부에 있었지요. 그런데 미국에 도착한 지 한 달이 되지 않아 놀라운 소식을 듣게 되었습니다. 우리 교회 청년부에 전무후무한 부흥의 역사가 일어났다는 것입니다. 저로서는 굉장히 기쁘면서도 섭섭하더라고요. 아무래도 오히려 제가 간섭을 해서 많은 제한요건이 되었던 것 같다는 생각을 했습니다. 그런데 바울 선생님은 –물론 그것에 감히 어떻게 비하겠냐만– 교회를 부흥하게 하시고 성장하게 하시고 성숙시키시는 분은 하나님이시라는 것을 알고 그렇게 고백하셨습니다. 데살로니가 교회를 향한 그의 신앙의 고백들을 보면 그러한 내용들이 많이 담겨 있습니다.

우리는 앞에서 믿음의 역사와 사랑의 수고와 소망의 인내를 구분했습니다. 이제 이것을 하나씩 묵상할 것입니다. 그런데 먼저 눈여겨볼 것이 있습니다. 성경 본문이 이 세 가지를 '구분' 했다는 사실입니다. 이것은 참 감사한 일입니다. 교회사를 공부하면 그 이유를 알게 됩니다. 중세교회가 믿음의 역사와 사랑의 수고를 서로 뒤섞어 버렸을 때, 중세신학의 구원론은 심각한 문제를 경험했습니다. 여러분, 갈라디아서 5장 6절에서 "사랑으로 역사하는 믿음"이라는 표현을 사도 바울 선생님이 사용합니다. 분명히 사랑으로 역사하는 믿음(Faith working Through Love)입니다. 그런데 이 구절로부터 중세신학자들은 다음의 유명한 표현을 만들어 냅니다. "*fides caritate formata*"(faith formed by love 사랑으로 형성된 믿음)입니다. 토머스 아퀴나스가 사용한 표현입니다. 우리나라 말로 번역할 때 "사랑으로 형성된 믿음"이라고 하는데 정확한 번역은 아닙니다. 일단 17세기 이전 텍스트에서 라틴어든 영어로든 "form"이라는 단어가 나오면 세심한 주의를 기울여야 합니다. 이것은 우리가 "형식"의 의미로 손쉽게 번역할 단어가 아닙니다. 혹시 아리스토텔레스가 이야기한 "형상과 질료"에서 "형상"에 해당하는 단어로 쓰였을 가능성이 굉장히 높습니다. 형상이란 말은 쉽게 말해 "사물의 사물 됨을 결정하는 무엇"입니다. 쉽게 설명해 드리겠습니다. 예를 들어, 사람의 사람됨을 결정하는 게 무엇입니까? 사람은 몸(Body)과 영혼(Soul)

으로 구성되어 있다고 알고 있습니다. 그렇다면 사람의 사람됨은 영혼에 있겠습니까? 아니면 몸에 있습니까? 신학자들과 철학자들은 그것이 영혼에 있다고 가르쳤습니다. 이 경우 그들이 보기에 영혼은 사람의 형상입니다. 사람의 사람됨을 결정하는 것이 사람의 영혼이고 그것이 형상이라는 것입니다. 자, 이제 우리의 주제로 돌아와 봅시다. 그렇다면 지금 아퀴나스가 무엇을 이야기한 것입니까? 중세적인 정의로 믿음의 믿음 됨을 결정하는 것은 사랑이라고 말한 것입니다. 그러므로 *"fides caritate formata"*(사랑으로 형성된 믿음)를 이야기할 때 이것은 이렇게 표현될 수 있습니다. 여러분 믿음과 사랑과 소망을 교회사적으로 구분할 때 사랑은 무엇이었습니까? 십계명, 곧 율법을 지키는 행위입니다. 따라서 "의인은 오직 믿음으로 말미암아 구원을 얻으리라." 말할 때 믿음의 믿음 됨은 결국 사랑이니까 어떻게 해석되겠습니까? "의인은 오직 사랑으로 말미암아 구원을 얻으리라." 이렇게 됩니다. 우리는 물론 지금 "아멘" 하지 않지요. 그러나 중세인들은 "아멘" 했습니다. 그들이 마음속에 받아들이는 진리는 무엇입니까? 사랑의 행위, 곧 율법의 행위입니다. 결국 우리가 하나님 앞에 의롭다 함을 받는 것은 "율법의 행위로 말미암아 의롭다 함을 받는다." 자연스럽게 그렇게 결론이 도출됩니다.

여러분 지금 제가 억지 논리를 세우는 것이 아닙니다. 1539년에 사돌레토(Jacopo Sadoleto) 추기경이 제네바에 보낸 편지를 보면 정확히 이런 의미의 내용이 담겨져 있습니다. 아시다시피, 제네바에서 칼빈(John Calvin)이 잠깐 쫓겨난 적이 있습니다. 그 때를 틈 타 제네바 도시가 로마 가톨릭 교회로 돌아올 것을 권하며 사돌레토 추기경이 편지를 보냅니다. 그런데 그 편지에서 사돌레토는 놀랍게도 "오직 믿음"의 구호를 외칩니다. 그는 "나는 종교개혁의 구호인 *Sola Fide*를 믿는다"라고 말했습니다. "오직 믿음으로 말미암아 구원을 얻는다." 이렇게 선포를 한 것입니다. 제네바 시민들이 얼마나 놀랐겠습니까? '이 내용은 종교개혁자들, 칼빈 선생님과 같은 분들이 이야기한 것인 줄 알았는데, 로마 가톨릭의 사돌레토 추기경 같은 분도 똑같이 가르치네?' 생각했을 것입니다. 사돌레토가 긴 글을 대단히 잘 썼습니다. 그런데 이것은 일종의 미끼를 던진 것이었습니다. 그는 말합니다. "우리가 하나님과 예수 그리스도를 믿는 믿음으로만 구원을 얻을 수 있다고 말할 때, 우리는 이 믿음에 있어 사랑이야말로 가장 주요하고 우선적인 구원의 원인이라고 생각한다."

여기서 사돌레토가 말하는 믿음의 본질이 무엇입니까? 그것은 사랑입니다. 그러니까 결국 결론을 이렇게 끌고 갑니다. 구원에 있어서 기초적인 원인, 즉 "구원에 있어서 가장 근거가 되는 것은 무엇이냐? 바로 사랑이다"라고 말합니다. 그러므로 처음엔 '오직 믿음'으로 시작했다가 결국 "사랑으로 형성된(사랑이 형상인이 된) 믿음 *fides caritate formata*"으로 끝난 것입니다. 가장 종교개혁적인 구호를 던지고는 그것을 다 싸잡아서 가장 중세적인 칭의론(구원론)으로 끌고 들어온 것이지요. 도대체 어떻게 이런 사고구조가 작동을 했을까요? 칼빈도 "나는 당신이 도대체 어떻게 이러한 이야기를 했는지조차 내 귀를 의심한다. 믿을 수 없다"고 할 정도였습니다. 너무 교묘한 것입니다. 그런데 이 교묘한 것이 거기서 그치지 않고, 교리화 되었습니다. 1547년 트렌트 공의회 제6차 회기 때 이런 규정이 마련되었습니다. 일찍이 루터는 다음과 같이 말했습니다. "믿음이란 그리스도를 붙잡고 그리스도와 연합하는 것이다." 그런데 이러한 루터의 말을 의식해서인지 트렌트 공의회는 이렇게 말합니다. “소망과 사랑이 덧붙여지지 않은 믿음은 결코 우리를 그리스도와 연합시키지 못한다.” 이것이 바로 트렌트 공의회의 결정이었습니다. 그들은 “오직 믿음”을 말했어도, 믿음, 사랑, 소망을 뒤섞어 버려서 결국 그것이 아무것도 아니게 만들어 버린 것이지요. 따라서 이들은 “오직 의인은 믿음으로 구원 얻는다. 아멘” 이렇게 말해도 이 진술을 어떻게 이해하겠습니까? “결국 우리는 율법의 행위로 의롭다 함을 받는다.” 그들의 신학 안에서는 이러한 결론이 자연스럽게 도출이 될 수도 있는 것입니다. 그러니 만약 사도바울 선생께서 믿음, 소망, 사랑만 이야기하고 끝냈으면 우리가 바른 교리를 찾아갈 때 조금 힘들 뻔했다는 생각이 들 정도입니다. 감사하게도 바울은 믿음과 사랑 그리고 소망 사이에 분명한 경계를 표시해 줍니다. 믿음의 역사, 그리고 사랑은 –그것이 공로적 근거가 되는 것이 아니라 믿음의 역사로 인하여 우리가 구원함을 받았다면—믿음의 역사 이후에 따라오는 모든 사랑의 수고를 일컫는 것입니다. 그리고 그 다음엔 소망이지요. 소망은 예수 그리스도를 향한 소망입니다. 이 소망의 특징은 인내입니다. 이 세 개의 고유 영역을 구분하는 것이 대단히 중요합니다. 구분이 중요합니다. 연결되어 있는 것을 단절시켜도 문제이지만, 구분할 것은 구분하는 것이 중요합니다.

## II. 믿음의 역사

이제 믿음의 역사, 사랑의 수고, 소망의 인내에서 핵심적인 내용을 말씀드리겠습니다. 첫째는 믿음의 역사입니다. 조금 전 말씀드렸다시피 하나님의 예정과 사랑, 복음에 대한 확신, 복음과 함께 임한 성령의 능력, 우상을 버리고 회심함, 이 모든 것의 공통점은 무엇이냐면, 삼위 하나님의 주권적 사역이라는 것입니다. 이것은 인간의 공로적 행위의 결과로 얻어지는 것이 아닙니다. 그래서 우리가 믿음의 역사를 제대로 이해하고, 또 교회에서 가르칠 때도 믿음을 잘 가르치는 것이 중요하겠습니다. 믿음의 역사는 정말 큰 것입니다. 위대한 것인데, 이것이 우리의 어떤 공로적 행위로써 주어지는 것이 아니라, 삼위 하나님의 놀라운 역사라는 것을 우리가 바라보고 믿고 받아들이는 것이 중요합니다.

청교도 대가의 하나인 토마스 굿윈(Thomas Goodwin)은 그의 저서 『믿음의 본질』에서 믿음이 무엇인지 다음과 같이 쉽게 가르칩니다. "믿음은 아무것도 아닌 은사다." 이것이 바로 핵심입니다. 인용입니다. "다른 모든 은사 중에서 믿음은 가장 미천하고 가장 낮으며 가장 가난하고 아무것도 아닌 은사다. 믿음은 사랑이나 다른 은사들과 비교해 볼 때 그 자체로는 가장 가난하고 가장 헐벗은 은사라는 의미다. 사랑은 자랑할 만한 것을 간직하고 있었다. 그러나 믿음은 자랑할 것이 없다. 사랑할 때 우리는 하나님께 무엇인가를 돌려드린다. 하나님께 사랑을 돌려드리기 때문이다. 그러나 믿을 때 우리는 오로지 하나님께 받기만 한다. 바울은 약속이 '믿는 자들에게 주어지는 것(갈 3:22)'이며 믿음에 의해 받는 것이라고 말한다. 하나님은 다른 어떤 은사와는 달리 텅 빈(실제로는 하나님께 채워달라고 입을 벌리는 것 이외에는 아무것도 아닌) 믿음을 택하셨고 믿음에 영광을 덧붙이길 선택하셨다."

그래서 굿윈은 믿음을 사람의 몸에 있는 기관으로 비유하여 가장 비슷한 것은 "눈"이라고 했습니다. 아주 기가 막힌 비유입니다. 여러분 눈은 가장 수동적인 기관입니다. 그러나 또 가장 능동적으로 모든 것을 포용

합니다. 눈으로 바라보면 우주 전체를 담기도 합니다. 그렇지 않습니까? 예컨대 밤하늘을 바라볼 때, 나는 아무것도 하는 일이 없지만 그것을 다 나의 눈 안으로 수용합니다. 수용하는 데 있어서 눈을 따라갈 기관이 없는데, 믿음이 그렇다는 것입니다. 아무것도 아니지만, 하늘 끝과 땅 끝까지 모든 것을 받아들일 수 있는 수용기관이 눈입니다.

굿윈은 이런 말도 했습니다. "믿음은 보편적 수신자다." 만약 오늘날 굿윈 선생님이 오셨으면 분명히 이렇게 비유했을 것이라 생각합니다. "믿음은 와이파이입니다." 여러분 인터넷 와이파이가 되는지 안 되는지의 여부가 여행객들에게는 너무도 중요하지 않습니까? 그런데 잘 생각해 봅시다. 와이파이 수신기가 중요하지만, 그럼에도 수신기 자체에 가치가 있는 것이 아닙니다. 인터넷이 작동된다는 것이 중요한 이유는 그 인터넷을 통해서 내가 무언가를 다운로드 받든지, 혹은 이메일을 체크하든지 하는 그 내용이 중요하다는 것이지요. 바로 믿음이 그렇다는 것입니다. 여러분 믿음이 중요하고 믿음이 소중하며 하나님이 믿음을 크게 사용하신 이유는, 믿음 자체가 어떤 공로적인 그릇이 되기 때문이 아닙니다. 믿음을 통해서 우리가 전달받은 컨텐츠가 중요합니다. 그것이 무엇입니까? 바로 예수 그리스도이십니다. 그래서 굿윈은 이렇게 말했습니다.

"눈은 가장 큰 파지력이 있는 크고 강력한 감각 기관이다. 보다시피 눈은 그 자리에서 하늘까지 올려다볼 수 있고, 동에서 서로 시선을 돌릴 수 있고 단번에 하늘의 절반을 받아들일 수 있다. 믿음도 영혼 속에서 이와 같이 한다. 하나님은 믿음의 은사를 자신이 이 세상에서 인류에게 나눠주신 영광의 계시 전체를 받아들이는, 내 표현대로 하자면 보편적 수

신자로 정해 놓으셨다." 위대한 대가는 이렇게 멋있는 말도 만들어내는 것 같습니다. 과연 믿음은 그와 같습니다. 믿음 자체가 우리에게 공로적 근거가 될 수 없기에 우리는 믿음을 "도구인"(instrumental cause)이라고 합니다.

이 믿음이 인터넷처럼 우리에게 통할 때, 다른 모든 은혜들도 역시 작동됩니다. 그래서 "믿음은 사랑으로 역사한다"는 본문을 굿윈은 이렇게 주해합니다. "믿음이라는 은혜는 다른 모든 은혜들을 작동시킨다. 모든 바퀴를 돌게 만든다. 하나님은 믿음을 이끌어 내서 그리스도를 붙잡도록 하셨을 때, 그리고 나면 믿음은 사랑에 의해 역사한다." 믿음은 하나님께서 받으시는 사랑의 은사를 작동시키는 것입니다. 이것들의 선후관계가 분명해야 합니다. 믿음이 작동돼서 사랑이 작동하는 것입니다. 믿음과 사랑을 구분하고 순서도 참 중요한 것인데, 바로 오늘 성경본문이 이것을 구분하고 순서도 그렇게 가는 것을 보고 있습니다. 참 기가 막힙니다. 바울 선생께서 이러한 오고 오는 세대의 교회사에서 있을 조직신학적인 논쟁들을 마치 내다보시는 것처럼 쓰신 것 같습니다. 적용을 하면 이렇습니다. "여러분, 믿음을 믿음 되게 해야 합니다. 믿음은 속성상 나를 보는 것이 아니라 하나님을 바라보는 것이고, 그리스도를 붙잡는 것입니다. 그래서 전달받는 내용, 곧 그리스도께 집중하게 하는 것이 믿음의 역사입니다."

### III. 사랑의 수고

사랑의 수고에 대해 이런 비판적인 이야기가 있습니다. "개신교는 칭의와 성화를 구분함으로 신자의 삶에서 선행을 약화시켰다." 그러나 천만의 말씀입니다. 칼빈은 삼위일체적으로 이러한 비판에 대응합니다. 먼저 성부 하나님이십니다. 성부께서는 선행을 위해 우리를 예정하셨습니다. 살펴본 바와 같이 오늘 본문에서 믿음의 역사라고 할 때 첫 번째는 하나님의 사랑으로 우리를 선택하신 것입니다. 즉 예정하셨는데, 그 예정의 목적이 무엇이냐면 "우리는 그의 만드신 바라 그리스도 예수 안에서 선한 일을 위하여 지으심을 받은 자니"(엡 2:10). 선행을 위해서라는 것입니다. 그 다음은 성자 예수님, 예수 그리스도를 우리에게 주셨는데요, 칼빈은 이렇게 말합니다. "믿음과 행위의 불가분의 관계를 알려면 그리스도를 보라. 그리스도는 우리를 위해 주어지셨을 때 칭의와 성화를 위해 주신 바 되었다." 그리고 고린도전서 1장 30절은 또 이렇게 말씀하십니다. "그리스도는 우리에게 지혜와 의로움과 거룩함과 구원함이 되셨으니." 칭의와 성화를 위해서 우리에게 주신 바 된 분이 예수 그리스도십니다. "이중 은혜 *Duplex Gratia*!" 곧 칭의와 성화입니다. 예수 그리스도 안에서 이것들은 분리되지 않습니다. 마지막으로 성령입니다. 여러분 우리를 칭의하시는 주체가 성령 하나님이시지요. 사돌레토에 대한 반박문에서 칼빈은 성령을 이야기하는데, 그곳에 나타난 성령의 이름이 "성화의 영 Spirit of sanctification"입니다. 예, "성화의 성령"입니다. 그러니 우리를 칭의하시는 주체가 성령이고, 그 성령의 이름이 성화의 영인데 우리를 내버려두시겠습니까? 성화는 삼위일체적으로 볼 때도 결코 분리될 수가 없습니다.

설교의 서두에서 말씀드린 에드워즈가 이야기한 "균형"이 중요합니다. 하나님 사랑과 사람 사랑의 조화이지요. 심지어 에드워즈는 이렇게 이야기합니다. 에드워즈는 칼빈이 말한 "이중 은혜"를 유기적으로 연결시킵니다. 감이 감나무인 것과 배가 배나무인 것은, 논리적으로 보면 감나무이기 때문에 감이 열린 것이고 배나무이기 때문에 배가 열린 것입니다. 그러나 우리의 일상 언어에서 우리가 "감이 열린 것을 보니까 이건 감나무네. 배가 열린 것을 보니 배나무네." 하는 표현을 쓰지 않습니까? 우리는 얼마든지 이런 표현을 사용합니다. 즉 논리적 선후관계는 존재가 먼저이고 행위가 열매로 열리는 것이지만, 열매를 보고 존재를 알 듯이 표현한 마태복음 25장의 말씀, 최후심판 때 하나님께서 마치 우리의 행위로 우리를 판단하시는 것처럼 묘사된 말씀이 에드워즈에게는 전혀 문제되지 않는 것입니다. 그건 당연히 참 믿음을 전제하는 것이고, 참 믿음이 있다면 당연히 열매를 맺었겠지요. 그러니까 열매를 보고 하나님도 아시고 우리도 알고, 그 사람의 존재가 의인이냐 죄인이냐를 판가름하신다는 것입니다.

그리고 에드워즈는 그런 맥락에서 "최후심판 때 결국 하나님도 열매를 보고 판단하신다." 이렇게 설교했습니다. 때문에 그는 "그렇게 되면 너무 율법주의적으로 설교하는 것 아니냐?" 하는 반론을 들었는데, 이에 대해 에드워즈는 이렇게 대답합니다. "이것은 이신칭의 교리와 절대로 모순이 아니다. 사랑은 믿음의 근거가 아니라 증거이기 때문이다." 정확하지요. 짧은 말이지만 교리적으로 단번에 정리합니다. 사랑의 열매는 믿음(혹은 칭의, 성화)의 근거가 되는 것이 아니라, 그것의 증거가 된다는 것입니다. 그래서 심판 때 하나님은 참 믿음을 가려내기 위해 과연 어떻게 회심했는가를 묻지 않고, 믿음의 열매를 제1증거로 채택하신다는 것이지요. 그렇다면 정말 데살로니가 교회에서도 이러한 믿음과 사랑의 관계가 잘 포착이 될까요? 포착됩니다. 아까 제가 설명한 것처럼 사랑의 수고의 실례로써 사도의 사랑과 성도의 사랑이 나옵니다. 그런데 이것에 있어 사도 바울 선생님은 그 어떤 곳에서도, 이 사랑을 근거로 하여 하나님이 사람을 의롭다 칭하신다고는 말하지 않습니다.

여러분 또 사랑의 수고는 공로주의를 예방합니다. 누군가를 사랑할 때 우리는 압니다. 사랑의 수고는 사랑 자체에서 이미 보상을 받습니다. 예를 들어, 연애를 할 때 서로 집에 데려다 줍니다. 밖으로부터 보면 수고이지요. 그러나 그것은 연애하는 당사자들에게는 특권이고 보상입니다. 사랑이 공로주의를 예방한다고 볼 수 있습니다. 야곱이 라헬을 사랑하기에 7년의 수고를 기쁨으로 받아들인 것과 비슷합니다. "야곱이 라헬을 위하여 칠 년 동안 라반을 섬겼으나 그를 사랑하는 까닭에 칠 년을 수일 같이 여겼더라"(창 29:20). 야곱이 수일처럼 여겼습니다.

## IV. 소망의 인내

마지막으로 소망의 인내를 간단히 살펴보겠습니다. 소망을 말할 때는 강조점을 살펴보는 것이 중요합니다. 소망의 "인내"도 중요하지만 그 이전에 "예수 그리스도에 대한 소망"을 말하는 것이 더욱 중요합니다. 믿음과 사랑과는 달리 유일하게 목적어를 앞에 달아 놓았습니다. 그러니까 소망에 있어서는 예수 그리스도를 지향한다는 것이 굉장히 중요한 것입니다. 한 가지 예화만 말씀 드리겠습니다.

저도 미술작품에 대해서는 잘 모릅니다. 그래도 우리가 보통 피카소(Pablo Picasso) 정도는 들어봐서 아는데요, 혹시 그의 작품 중에서

“황소머리”라는 작품을 아십니까? 1942년 작품입니다. 그 당시에도 피카소는 벌써 유명한 사람이었던 것 같습니다. 어느 날 피카소가 길을 가다 쓰레기 더미에서 버려진 자전거를 봤습니다. 다 녹슨 자전거입니다. 그런데 그가 그 자전거를 보고 가져와 딱 하나만 손을 댑니다. 자전거에서 손잡이를 분해하고 안장을 뒤집어서 다시 그 손잡이에 붙였습니다. 그러고 나서 “황소머리”란 이름으로 작품을 출품했는데, 그 작품의 가격이 우리나라 돈으로 300억 원 정도였다고 합니다. 제 마음에 ‘이건 좀 잘못이겠지. 30억이면 몰라도’ 하는 의심이 나서 정말 많이 찾아봤습니다. 참고로 언급할 것은, 런던 경매소에서 300억에 거래되었다고 기록하는 문헌은 모두 한글자료라는 사실입니다. 영어나 불어 자료는 찾지 못해서 약간 의심할 만하지만, 그럼에도 미술대 교수님들이 쓴 글에서도 발견되는 것을 보면 사실이 맞는 것 같습니다. 참고로 말씀드릴 것도 있습니다. 피카소의 작품을 찾다보니 300억 원이란 액수가 그리 놀랄 만한 숫자도 아니라는 사실입니다. 왜냐하면 피카소의 다른 작품 중에는 1000억대를 호가하는 것도 적지 않기 때문입니다. 물론 300억이란 가격은 여전히 대단한 금액입니다. 여러분 한 번 생각해 보십시오. 만약 제가 그것을 흉내 내어, 피카소는 녹슨 자전거로 만들었지만 심지어 저는 아주 고가의 좋은 자전거로 작품을 만들어 출품했다고 생각해보십시오. 그것이 얼마를 받겠습니까? 아마 돈을 못 받을 것입니다. 그러면 그 황소머리라는 작품의 매력은 도대체 어디에 있는 것입니까? 그것은, 그 가치는 그것을 누가 만들었느냐에 있습니다.

이것이 우리에게 주는 시사점이 큽니다. 여러분 교회는 매력적인 장소가 되어야 합니다. 그렇지요? 전도를 위해서도 그렇습니다. 교회는 매력적이고 가치가 있습니다. 그러나 그 가치와 매력은 우리 안에 있지 않습니다. 우리를 만드신 분이 누구신가에 있는 것입니다. 그래서 우리가 교회를 매력적으로 만들기 위해서 교회 개혁을 한다고 할 때, 우리 안에 때 묻은 것을 닦고 녹슨 것을 지우고 하는 이런 노력 못지않게, 아니 그보다 훨씬 더 중요한 것이 있습니다. 바로 우리를 만드신 예수 그리스도가 누구신가를 설명하는 데 초점을 두어야 한다는 것입니다. 우리가 아무리 열심히 교회를 매력적으로 만들려고 해도 세상의 열심을 따라가지 못합니다. 교회가 아무리 공부방을 운영해도 학원만큼 잘하겠습니까? 교회가 아무리 복지를 한다고 해도 나라에서 예산을 들여 하는 복지정책을 따라갈 수 있습니까? 그 규모나 모든 부분에서 우리는 벼룩의 열심입니다. 반면, 이 세상은 정말 큰 열심이지요. 교회는 그런 부분에서 경쟁하는 것이 아닙니다. 교회의 가장 큰 매력과 가치는 예수 그리스도가 누구시냐는 것을 드러내는 데 있습니다. 예수 그리스도를 설명하는 데 있다는 것입니다.

여러분 데살로니가전서 5장 8절은 "믿음과 사랑의 흉배를 붙이고 구원의 소망의 투구를 쓰자"고 말씀하십니다. 이것은 세상에 대해서 수동적이면서도 그러나 동시에 적극적인 태도의 균형입니다. 오늘날 상황에서 교회사적으로 교리적 적용을 하면 이렇습니다. 먼저, 믿음의 역사와 사랑의 수고를 구분해야 합니다. 칭의와 성화의 복음으로 재무장할 필요가 있습니다. 여기서 흉배를 붙이라는 교리적 함의는 오늘날 우리에게 그렇게 적용이 됩니다. 물론 실천적 적용도 있지요. 우리에게는 세상을 향해 소망을 제시할 책임이 있습니다. 소망에 관한 이유를 묻는 자들에게 교회가 가진 매력은 예수 그리스도께 있다는 것을 분명히 말해 주어야 합니다. 여러분 피카소의 작품이라고 하니까 300억 원이었습니다. 그런 것입니다. 우리 교회의 매력, 복음의 매력은 "예수 그리스도께서 누구신가?" 하는 데 있습니다. 우리는 그분을 설명하는 데 전력을 다해야 합니다.

그러고 나서는 "나" 자신에 대한 적용입니다. 처음에 제가 데살로니가전서를 도표로 만들었다고 말씀드렸습니다. 그런데 그것을 만들며 보게 된 것들 중, 하나 이야기 하지 않은 것이 있습니다. 데살로니가전서에는 또 하나 아주 잘 드러나고 부각되는 세 개의 단어가 있습니다. 바로 "기쁨"과 "기도"와 "감사"입니다. "항상 기뻐하라. 쉬지 말고 기도하라. 범사에 감사하라(5:16-18)" 이것이 1장에서 5장까지 퍼져 있습니다. 이것을 제가 조금은 아전인수 격으로 믿음의 역사와 사랑의 수고와 소망의 인내와 엮어보면 이렇습니다. 기쁨은 믿음하고 관련이 있어 보입니다. 사랑은 사랑의 수고에 대한 감사이고요, 그리고 기도는 소망하고 관련이 있는 것 같이 느껴집니다. 결국 믿음의 역사와 사랑의 수고와 소망의 인내로 무장하여 균형 잡힌 신앙생활로 우리가 잘 성장한다면, 또 우리 교회 공동체가 그렇게 성장을 한다면, 그것에 또 다른 열매로써 또 다른 균형인 항상 기뻐하는 삶, 쉬지 않고 기도하는 삶, 그리고 범사에 감사하는 삶이 우리 안에 맺어진다는 것입니다. 이와 같이, 우리가 균형 잡힌 신앙 속에 성장할 때, 기쁨과 기도와 감사도 우리 안에 열매로 맺어지리라 생각합니다.

# 우리가 서로 사랑하면

요한일서 4장 7절-12절

**한성진** (역사신학)

## I. 사회의 병리현상과 교회

지난 한 달간 우리나라에 여러 가지 일들이 있었습니다. 미국 대사가 테러를 당하기도 하고요. 여러 가지 일들이 있었는데 그 보도보다 전 세계에 우리나라와 관련된 소식들이 몇몇 나라에서 특집으로 다루어졌습니다. 그 사건은 바로 어린이집 사건이에요. 선생님이 어린아이를 때리는 장면이었는데, 영미권에서는 거의 한국인이 왜 이러는가라는 식의 특집으로 방영이 됐어요. 우리 이웃 일본 나라에서는 이 사건의 근원을 전 세계에서 유일하게 한국인만이 가진 화병이라는 병 때문이라고 분석을 했습니다. 그래서 사전을 찾아봤더니 정말 화병(hwabyung)이라고 등재돼 있더군요. 억압된 분노나 스트레스의 결과로 생기는 육체적 정서적 장애, 이렇게 돼 있습니다.

방송에 또 사례 중에 하나가 나왔는데 이 소식은 저희들은 잘 모르는 소식이에요. 저도 BBC에서 처음 봤는데 네 차례에 걸쳐서 묻지마 교통사고가 있었습니다. 평택 중심가에서 세 차례는 안 잡힌 거예요. 네 번째 잡혔습니다. 한 명이 사망했고 네 명이 굉장히 큰 중태에 빠졌습니다. 범인은 42세 남성이었습니다. 그가 차를 몰고 간 이유는 건강하게 웃는 사람을 보면 또는 활기찬 사람을 보면 그냥 차로 치고 싶었다는 것이었어요. 참 슬프게도 대한민국이 이제는 불신 사회를 넘어서 분노의 사회가 되고 있다 이렇게 표현을 했더라고요. 저희들은 너무 익숙해져서 모르고 있는데 외국 사람들 눈에는 굉장히 심각한 북핵이나 테러보다 더 우리나라에 대해서 염려되는 부분인 것 같아요. 왜 이런 일이 생길까요? 사랑이 없기 때문에 생기는 일입니다. 만약 우리 사회에 사랑이 없다면 이런 일들이 생기는 거지요. 그러면 누구 잘못입니까? 사실은 이런 사회의 잘못은 바로 교회의 잘못이고 다른 말로 하면 교회를 섬기는 우리 목회자들 잘못입니다.

12세기의 위대한 성인이었던 버나드(St. Bernard)는 다음처럼 이야기 했습니다. '건전한 교회에 건전한 사회.' 다른 말로 사회가 건전하면 그 이유는 교회가 건전하기 때문입니다. 또 다른 말로 사회에 문제가 있고 병리 현상이 심화되어 있다면 그것은 교회가 그렇기 때문이라는 겁니다. 사회의 문제를 그냥 사회의 문제로 던져둘 때 우리 교회는 어떻게 될까요? 사회보다 더 문제가 생기기도 합니다.

러시아의 대문호 톨스토이가 쓴 단편선 중에 사랑이 있는 곳에 하나님이 있다. 또는 하나님이 있는 곳에, 신이 있는 곳에 사랑이 있다는 단편선이 있습니다. 혹시 읽어보신 분들이 계시면 그 내용을 생각해 보시구요, 아마 많은 예화로 진행됐을 거예요. 혹시 아직까지 안 읽으신 분들은 꼭 읽어보시기 바랍니다. 잘 아는 이야기죠.

구두장이 마르틴이란 분이 계셨는데 지하실 작은 방에 살았습니다. 아주 착하고 성실한 사람이에요. 그런데 아내도 죽었고 아이들도 다 죽었어요. 그리고 마지막 남았던 가장 사랑하던 막내아들까지 사망했습니다. 하나님을 원망했지요. 어떻게 사랑의 하나님이 이런 고통을 나에게 주는가? 마음에 상처를 입었습니다. 고통을 헤아릴 수가 없었어요. 교회를 떠났습니다. 하나님도 믿지 않게 됐죠. 그런데 같은 고향에서 오신 할아버지 한 분이 성경을 읽어보라고 권유합니다. 너무 외로운 마음속에서 조금씩 조금씩 성경을 읽게 되었습니다. 마음도 가벼워지고 많은 깨달음도 있었죠. 그런데 성경을 읽던 어느 날 목소리 비슷한 게 들립니다. '마르틴아 내일 밖을 쳐다보아라. 내가 그쪽을 지나갈 거다.' 예수님의 말씀이셨어요. 그래서 은근히 기대하면서 그 다음날부터 구두 수선하면서 창 너머의 길을 내다보면서 일을 합니다. 그런데 예수님은 오지 않고 어떤 늙은 분이 추위에 벌벌 떨며 서 계신 거예요. 러시아의 겨울이 굉장히 춥죠. 그분을 들어오라고 해서 따뜻한 차를 마시게 하고 몸을 녹이게 하고 보냈습니다. 그 다음날도 틈틈이 밖을 보면서 일을 하는데 한 여인이 한겨울에 얇은 옷을 입고 아이를 안고 있습니다. 들어오라고 해서 몸도 녹이게 하고 빵과 수프를 먹였습니다. 딱한 사정을 들었습니다. 자기가 가진 낡은 외투를 주게 되고 돈까지 주게 됩니다. 여인은 떠났습니다. 다시 창 밖을 내다보던 마르틴은 사과를 훔치던 아이가 할머니에게 잡힌 것을 보고 경찰서에 가게 하는 대신 사과 값을 계산합니다.

자 그날 밤 누군가 마르틴에게 이야기합니다. '마르틴 내가 너를 찾아갔었는데 나를 알아보았니?' 마르틴이 대답합니다. '예수님께서 언제 찾아오셨습니까?' 그러자 도움을 받은 노인이 되고 여인이 되고 아이로 예수님의 모습이 변합니다. 누군가의 목소리로 말합니다. 그건 바로 나였다. 톨스토이의 이야기를 잘 알지요? 정말 아름다운 이야기입니다. 그러나 이 아름다운 이야기 속에 너무나 큰 비극이 있습니다.

신학생이었던 스탈린도 이 이야기를 굉장히 좋아했습니다. 우리 크리스천, 그리고 교회가 이렇게 살았으면 좋겠다는 톨스토이의 그야말로 조국을 향한, 교회를 향한 절실한 외침이고 부르짖음이었습니다. 그러나 러시아 교회는 이 목소리를 외면했습니다. 하나님에 대한 사랑은 출중했습니다. 시골에서부터 도시까지 그야말로 러시아 혁명 전야의 러시아는 교회가 미어터졌습니다. 기도 열심히 했고 말씀 선포되었고요. 신학교마다 학생들이 넘쳤어요. 그런데 백성들은 교회를 통해서 하나님의 영광은 보았지만 사랑은 발견할 수 없었습니다. 그 기대가 나르도니키(Narodniki)라는 인민혁명당 사람들에게 전이되고, 또 사회혁명당 사람들에게 전이되고 마침내 신학생이던 스탈린과 그 동료들로 하여금 신앙을 버리고 혁명의 길로 나서게 만든 겁니다. 그 사람들은 속으로 맹세했죠. 교회가 못한다면 우리가 하겠다. 한편으로 사랑의 또 다른 모습을 보여줍니다. 이분들이 초창기의 러시아 혁명을 이끈 분들로서 민중에 대한 사랑이 절실했다고 저는 인정을 합니다. 그런데 왜 이천 만이 넘는 사람을 학살하는 그런 일까지 이르렀을까요? 하나님에 대한 사랑이 없어졌기 때문입니다.

## II. 초대교회의 힘

제가 설교를 준비하면서 사실은 굉장히 고민을 많이 했습니다. 가뜩이나 어려운 한국 교회에 위로를 하고 권면을 하고 희망을 줘야 하는 것인가? 아니면 우리 한국 교회의 모습을 나부터 시작해서 우리 가정부터 우리 모두가 정확하게 쳐다봐야 하는 것인가? 만약에 지금 우리 교회가 이웃에 대한 사랑을 회복하지 못한다면 러시아와 같은 일들이 일어날 겁니다. 그 모습은 다른 여러 가지 양태로 나타날 수 있겠죠. 성적 타락일 수도 있고, 부에 대한 지나친 각축일 수도 있고, 어린이집 사건과 같은 인간성 파괴일 수도 있습니다. 사건이 일어날 때마다 조마조마 해요. 혹시나 저 친구가 크리스천은 아닐까? 그런데 다행히 그게 안 밝혀지면 안도의 숨을 내쉬게 됩니다.

사실은 오늘 성경 말씀은 하나님 사랑과 이웃 사랑이라고 하는 교회의 두 기둥에 대해서 이야기하고 있습니다. 그야말로 한국 교회는 하나님에 대한 사랑은 특심했습니다. 전 세계에서 유래를 찾아볼 수 없을 정도로 열성적이고 진지하고 진실합니다. 이 사랑이 잘못됐다고는 말하지는 않겠습니다. 그러나 사랑이 온전하게 완전한 사랑, 하나님을 사랑한다는 것을 어떻게 증명할 수 있는가, 라고 할 때 이웃을 얼마나 사랑하는가 이렇게 묻게 되는 겁니다.

그러면 우리가 서로 사랑하면 어떤 일이 일어날 것인가? 제가 사역하고 있는 곳의 이야기를 좀 하고자 합니다. 내년이면 벌써 십 년이 되는데요. 십 년이면 강산도 변한다고 하는데 참으로 많은 하나님의 은혜가 있었습니다. 그 때 수업 시간이었는데요, 저희가 터툴리안의 글을 초대 교회사 수업 시간에 읽었던 것 같습니다. 다시 읽어드리겠습니다.

"연보를 연회를 여는데 쓴다든지 마시고 먹는 일에 소비하지 않고 불쌍한 사람들을 도와주고 장례를 치러주는 일에 사용하며 부모를 잃고 살아갈 방책이 없는 소년 소녀들의 쓸 것을 공급해주며 집에 갇혀 있는 노인들을 보살피고 파산당한 이와 같이 어려움에 처한 이들을 돕는데 사용했다. 그것은 너무나 고상한 사랑의 행위였기 때문에 사람들이 우리를 일컬어 이렇게 말했다. 보라 그들이 얼마나 서로 사랑하는지를".

이 변증서를 쓸 무렵에 이 이야기를 한 사람들은 동료 크리스천들이 아닙니다. 크리스천들을 잡아서 죽이고 박해하던 로마 사람들이 기독교라는 이단에 대해서 한 이야기에요. 저 이단들을 보라. 저들이 얼마나 서로 사랑하는지를. 초대 교회의 힘은 바로 여기에 있었던 것입니다. 그래서 이렇게 수업을 했는데 제자 세 분 정도가 – 지금은 다 목사님이 되셨죠 – 이야기를 하더라구요. 그런데 왜 우리는 초대교회의 힘을 잃고 있나? 우리도 뭔가 한번 해봅시다. 그래서 뭔가 시작을 하게 됐어요. 그냥 다른 때 같으면 우리 교회를 위해서 기도하고 불쌍한 이웃을 위해서 기도하고 열심히 기도하자고 했으면 그냥 그렇게 지나가는 일이 되어 버렸겠죠. 그런데 그날 저와 세 분의 전도사님들의 마음에 굉장한 깊은 울림이 왔습니다. 지금 뭔가를 하지 않으면 우리 자신도 떳떳하지 못하고 어쩌면 우리 하나님의 교회도 어려움에 처할 수도 있겠구나, 이런 울림을 받았습니다. 그래서 10년 전에 물댄동산이라고 하는 지역아동센터를 시작하게 됐어요 물론 가진 것은 아무 것도 없었습니다. 저희의 의지와 기도가 있었지요. 그렇게 물댄동산이라는 지역아동센터를 제자 셋과 시작하게 됐고 많은 사람을 살리고 있습니다. 주로 아이들이지요.

10년이 됐는데 왜 이 이야기를 하는가 하면 대학생들이 나오기 시작한 거예요. 초등학교 때 온 친구들이 벌써 대학을 가게 됐습니다. 이쁜 여학생들이죠. 사실은 제가 물댄동산 사역을 하면서 로망이 있었어요. 우리 물댄동산을 나온 친구들이 대학을 가서 시키지도 않았는데 자발적으로 와서 봉사활동을 하는 것, 이것이 저의 숨겨진 희망 중에 하나였는데 작년 여름에 전화가 왔어요. 우리 애들 두 명이 봉사하러 왔다고. 얼마나 기쁘고 감격했는지 제가 반바지 입고 그냥 튀어나갔어요. 그래서 같이 찍은 사진이 있는데 공개 못하겠습니다. 들어가는 순간 제가 비명을 악 하고 질러 버렸습니다. 보시면 아시겠지만 빨갛고 보라색에 다른 한 애는 또 금발이에요. 털썩 주저앉고 싶더라고요. 아 애들을 잘못 키웠구나. 그야말로 참 충격이었죠. 문화적 충격! 그런데 이 애들이 이야기하기를 목사님 놀라시지 말라고 하며 설명합니다. 자기들이 명동에서 아르바이트 하고 있는데 외국인 관광객들이 하도 많이 와서 샘플로 염색한 것이라고. 교회도 열심히 다니고 있고, 아르바이트도 열심히 하고 있고, 학교 공부도 열심히 하고 있었습니다. 너무너무 행복하더라고요. 그래서 혹시 너희들 얼굴이랑 이름을 말해도 되고 사정을 이야기해도 되냐고 하니 그래도 좋다고 하더라고요.

사실은 지역아동센터에 있었다는 것이 부끄러워서 아이들이 학교 다닐 때는 센터라고 안 하고 학원 다닌다고 이야기해요. 그런데 그 애들이 '저희 얘기가 나와서 우리 후배들에게 도움이 된다면 언제든지 사용하세요'라고 하는 것입니다. 너무너무 감사하더라고요. 여기 왼쪽에 빨간 옷 입고 있는 아이가 민지라는 아이입니다. 중학교 2학년 때인가 겨울이었어요. 저랑 지금은 목사님이신 주재영 전도사님이랑 둘이 밤에 쌀을 신고 이 친구 집에 갔었어요. 여러 친구들에게 쌀을 나누어 주는 일을 했었는데 집이 여섯 평 정도 되더라고요. 네 평이 안방이고 두 평이 부엌인데 그걸로 끝이에요. 이혼한 어머니와 언니랑 살고 있었어요. 8시쯤 갔는데 두 평짜리 부엌은 난방도 되지 않았습니다. 거기 부엌에서 불 켜놓고 오들오들 떨면서 공부하고 있는 거예요. '민지야 이렇게 추운데 안방에서 공부하지 왜 여기서 이렇게 벌벌 떨고 있냐?' 어머니랑 언니가 일을 마치고 들어와서 밥 먹고 자고 있는데 힘들까봐 불을 못 켜겠다고 했습니다. 공부방이 없는 거죠. 그래서 민지를 위해서 여러 사람들에게 기도를 부탁하며 사정 이야기를 했습니다. 당시 지역아동센터는 대부분 초등학생들을 위한 시설이었지요. 그래서 중고등학생들을 위한 전용 지역센타를 만들었어요. 그리고 독서실 형태로 의자와 책상을 마련했습니다. 집에 자기 방뿐만 아니라 책상 없는 애들이 너무너무 좋아해요. 그 결과로 민지가 대학생이 돼서 봉사활동도 할 수 있게 되었습니다.

오른쪽에 이 친구가 희주라는 친구입니다. 초등학교 5학년 때 동생과 함께 어머니 아버지가 시골에서 상경하셨어요. 무작정 상경하셔서 여기로 애들을 두 명 보냈습니다. 부부가 굉장히 성실하고 훌륭한 부부였죠. 야채 같은 거 파셨는데, 그렇게 하시는 분들이 보통 몇 시간 일하시는지 모르시죠? 보통 서너 시간 주무십니다. 새벽 1시쯤에 들어와서 새벽 4시쯤에 보통 나가세요. 두 부부가 그렇게 성실하게 일하는데 버는 돈이 부부 합산으로 150만원, 너무너무 힘든 거예요. 그런데 3년이 되고 4년이 되어도 그렇게 힘든 과정 중에 새벽 기도를 한 번도 안 빠지면서 교회를 다니는 겁니다. 저는 하나님께서 언제든지 축복해 주신다고 이야기는 했지만 그 축복이 언제가 될지 알 수 없었습니다. 희주가 고3이 됐습니다. 초등학교 5학년 때부터 고3이 될 때까지 얼마나 힘들겠어요. 그 삶이 나아질 기색이 없더라고요. 그럼에도 불구하고 불평불만 없이 교회를 섬기고 헌금하고 그 와중에도 십일조는 꼬박꼬박 하시더군요. 이런 성도들의 정성과 피땀으로 한국 교회가 유지되고 있는 겁니다.

이 친구에게 꿈이 있었어요. 체육 선생님이 돼서 애들을 정말 행복하게 가르치는 것, 아니면 경영학과를 가서 경영에 대한 꿈을 펼쳐보는 것이었습니다. 아빠 엄마의 야채상을 훌륭한 가게로 만들어 보는 꿈이 있었습니다. 그런데 시험을 세 달 앞두고 인대가 끊어졌어요. 체대 가기 위해서 모든 걸 투여했던 친구인데 인대가 끊어지고 말았습니다. 어머니에게 할 말이 없더라고요. 위로도 못해주겠더군요. 제가 하나님한테 뭐라고 이야기를 했어요. 이렇게 성실하고 진실한 사람들에게 어떻게 이럴 수가 있습니까? 인대가 끊어지고 몇 달이 지났습니다. 희주네가 서울에서 장사하다가 인천으로까지 옮겨갔어요. 너무너무 안 돼서 실패하고 간 거죠. 인천으로 옮겼는데 하나님께서 놀라운 복을 주셨습니다. 두 배, 세 배, 네 배. 그야말로 희망이 찾아온 거죠. 딸아이에게는 불행이 왔는데도 20만원을 들고 왔더라고요. 그래서 제가 이 헌금 못 받겠습니다, 라고 얘기했더니 하나님께서 이러이런 은혜를 주셨다는 것이었습니다. '저희가 다른 건 못해도 교회의 십일조와 물댄동산을 위해 드리는 20만원은 앞으로 계속 후원할 것입니다.' 오히려 제가 위로를 받게 되더라고요. 딸이 그런 어려운 일을 겪었지만 세 달 동안 죽자 사자 공부해서 시험을 봤어요. 지방의 대학 두 군데와 서울 한군데에 서류를 집어넣었습니다. 지방의 대학에 떨어졌다고 통보가 왔더라고요. 그런데 놀랍게도 서울의 광운대 경영학과에 합격했더군요. 그야말로 불가능한 일이 일어났고 본인이 바라던 소원을 하나님께서 들어주셨다고 저는 믿습니다.

## III. 이웃을 섬기는 교회

정말로 너무 감사한 것들은 이 아이들이 아름답게 신앙을 유지하고 있다는 겁니다. 교회 활동 열심히 하고 공부 열심히 하고 아르바이트 열심히 하고… 또 저한테 그러더라고요. 제가 옛날에 하도 남자는 늑대다 남자를 믿지 마라 그랬더니 대학교 3학년 때까지는 손만 잡겠다고요. 요즘에 이렇게 예쁜 애들이 어디 있어요? 하나님 은혜로 여러분들과 만든 물댄동산이 아름답게 아이들의 꿈을 이뤄주는 도구로 사용될 수 있었습니다. 서울에 세 개가 있는데요. 제일 가난한 지역인 난곡 지역에 있고, 그 애들 졸업한 뒤 이용할 청소년 센터가 있고, 목동에 탈북자 자녀들을 위한 센터가 또 있습니다. 이렇게 하고 있었는데 졸업한 제자들 몇 분이 찾아왔어요. 왜 서울에서만 하냐? 지방에서도 좀 하자. 사실 이 단체는 직원이 저밖에 없어요. 사무실도 없고요. 중간 단체가 커지는 걸 피하기 위해서 그렇게 했는데, 대한민국에서 제일 투명하고 깨끗한 단체입니다. 후원금이 오면 밑으로 가기 때문입니다.

나도 힘들어 죽겠는데 무슨 전국 모임이냐고 했지요. 그런데 제가 보건복지부의 감사(監査)를 받았습니다. 교수님 두 분이 오셨어요. 한 분은 백석대 사회복지학과 교수님이시더군요. 두 분이 감사를 하시고 나서 펑펑 우시는 거예요. '목사님 너무 감사합니다.' 지금 우리가 누구를 돕고 있다는 것을 자랑하기 위해서 하는 이야기가 아닙니다. 감사하시는 분들이 앞서 일곱 군데를 미리 하고 오셨답니다. 그런데 신기하게도

7군데가 다 교회에서 하거나 기독교 단체가 하고 있는 곳이었어요. 사실은 법으로 복지 단체에서 복음을 가르치는 게 금지되어 있거든요. 그런데 아주 열심히 그 활동들을 하는 거예요.

어쨌든 우리가 물댄동산을 세우며 10년 전에 원칙을 정했습니다. 기독교 선교를 절대로 하지 말자. 심지어 밥 줄 때 요절 외우게 해서 외울 때까지 밥 안 주는 센터들도 있습니다. 저희는 그런 것들 절대로 하지 말자고 했어요. 항상 간접적으로 했어요. 그런데 부모님들이 아시더라고요. 삼사 년 정도 지나면 찾아오시더군요. 교회 다니려고 그러는데 어느 교회에 다녀야 할까요? 아이들이 선생님이 자신들을 사랑하는 걸 알고 그 이유가 크리스천이기 때문에 사랑한다는 걸 안다는 거예요. 우리들도 양심이 있으니 교회 다니겠다고 하십니다. 4-5년 정도 지났을 때 놀랍게도 97-98 퍼센트가 다 교회를 다니고, 아이들도 그리스도를 믿는 모습을 봤습니다.

한편 저희랑 신앙의 문제를 두고 대척점에 서 있던 곳이 있었어요. 그런데 그분들 심정도 이해합니다. 왜냐하면 아이들의 삶이 앞으로도 나아질 가망성이 별로 없기 때문에 신앙이라도 들어가야 이 아이들에게 생명을 주는 것이 아닌가 하는 마음이 들기 때문이죠. 그런데 거기를 나온 친구들이 1-2년 내로 교회를 다 떠나더라고요. 그래서 한 아이를 붙잡고 물어봤습니다. 왜 그러냐? 그랬더니 여학생이었는데, 껌을 씹으면서 거칠게 '가난하다고 무시하는 것도 분수가 있지' 하더라 말입니다. 하나님의 말씀과 복음이 가난함과 어려움 속에 있는 아이들에게는 모욕 행위가 됐던 겁니다. 교회 다니던 아이들마저 안 다니게 되더라고요. 그래서 5-6년 후에 거기 센터도 노선을 바꿨어요. 그냥 돕고 이웃을 사랑하는 형태로 변경했습니다. 거저 주는 것으로 바뀌었을 때 거기에도 놀라운 변화가 있었습니다. 단 선생님들이 크리스천이기 때문에 너희들을 이렇게 사랑한단다, 하는 이유는 말해 주었어요.

우리 한국 교회가 하나님 사랑에 특심합니다. 그런데 과연 하나님 사랑만큼 이웃을 전도의 목적이 아니라 정말 사랑해서 불쌍하고 어려운 처지의 이웃을 돕는 정신이 있나요? 이 정신과 이 실천을 회복한다면 우리 한국 교회가 참으로 이 시대의 어둠과 민족의 어둠을 깨고 우리나라를 일으켜 세운 것처럼 다시금 정말 세계에 하나님의 영광과 사람들에게 희망과 기쁨을 주는 교회로 변할 수 있다고 믿습니다.

우리 중에 가장 보잘것없는 자들, 그들에게 해준 것이 바로 예수 그리스도에게 한 것이기 때문입니다. 이제는 더 이상 하나님 믿고 하나님께 순종하고 하나님께 영광 돌린다고 하면서 교회의 영광과 목회자의 영광과 자신들의 부귀 안위만을 구하는 그런 교회를 넘어서기를, 세상을 이기는 교회가 되기를 바랍니다.

이제 여러 이웃을 섬기는 교회들도 많습니다. 그런데 이런 쪽에서 수고를 많이 하는 분들도 상처가 많더라고요. 20-30년 헌신했는데 그 과정 속에서 너무 가난과 부딪치고 어려움을 당하니까 모습은 예수님의 모습 같지만 신앙을 잃으신 분들이 많더군요. 이분들의 희생과 봉사가 그리스도를 위한 희생과 봉사였음을 알고 회복되었으면 싶습니다. 사랑의 기원은 우리 자신이 아니라 하나님이었음을 서로서로 깨닫기를 바랍니다. 그래서 우리 보수 교회에 약한 이웃 사랑을 이분들이 일깨워 주고, 또 그들이 이웃을 섬기기 위해 애쓰다가 상처 받은 마음을 우리가 위로하며 함께 어깨 걸고 나아갈 때 한국 교회가 다시 소생할 힘을 얻을 것이라고 믿습니다.

# 다메섹에서 도망

**고린도후서 11장 30절-33절**

**박상봉** (역사신학)

고린도후서 11장을 읽을 때 우리는 바울에 대한 깊은 연민뿐만 아니라, "그가 왜 이렇게 살아야만 했을까?"에 대한 깊은 생각에 사로잡힙니다. 먼저, 바울은 목숨을 건 헌신적 복음사역을 감당했음에도 불구하고, 그는 거짓 사도들(고후 11:13)의 이간질 때문에 고린도 교회의 신자들로부터 자신의 사도성을 의심 받았습니다. 이 때문에 바울은 고린도 교회의 신자들을 향해 자신의 사도성을 변호해야 했습니다. "나는 지극히 크다는 사도들보다 부족한 것이 조금도 없는 줄로 생각하노라."(5절) 바울이 그토록 희생적인 사역을 감당했음에도 불구하고, 자신의 사도성과 자신이 전한 복음이 의심을 받았을 때, 바울의 마음은 어떠했을까요?

바울은 거짓 사도들을 비판하면서(고후 11:12-15) 자신이 사도의 직분을 수행하며 당했던 고난의 내용들을 자세하게 알려주고 있습니다.

"그들이 그리스도의 일꾼이냐. 정신없는 말을 하거니와 나는 더욱 그러하다. 내가 수고를 넘치도록 하고, 옥에 갇히기도 더 많이 하고, 매도 수 없이 맞고, 여러 번 죽을 뻔하였으니 유대인들에게 사십에서 하나 감한 매를 다섯 번 맞았으며 세 번 태장으로 맞고, 한 번 돌로 맞고, 세 번 파선하고, 일주야를 깊은 바다에서 지냈으며 여러 번 여행하면서 강의 위험과 강도의 위험과 동족의 위험과 이방인의 위험과 시내의 위험과 광야의 위험과 바다의 위험과 거짓 형제 중의 위험을 당하고 또 수고하며 애쓰고 여러 번 자지 못하고 주리며 목마르고 여러 번 굶고 춥고 헐벗었노라"(고후 11:23-27). 복음이 무엇이기에 바울은 이렇게까지 험난한 삶을 살아야 했을까, 라는 심각한 의문을 갖게 합니다. 이러한 고난을 겪을 때마다 바울의 마음은 어떠했을까요?

이뿐만 아니라, 바울이 일상 속에서도 얼마나 많은 염려와 고뇌 속에서 살았는가도 확인할 수 있습니다. "이 외의 일은 고사하고 아직도 날마다 내 속에 눌리는 일이 있으니 곧 모든 교회를 위하여 염려하는 것이라 누가 약하면 내가 약하지 아니하며, 누가 실족하게 되면 내가 애타지 아니하더냐"(고후 11:28-29). 바울은 자신의 시대 속에서 교회들이 바로 서 갈 수 있도록 얼마나 애타는 심정으로 교회들을 살폈는가를 알 수 있습니다. 그리고 교회 안에서 어떤 신자가 시험에 들거나 신앙에서 실족하게 되었을 때, 바울이 얼마나 아파하고 근심했는가도 알 수 있습니다. 바울도 자신의 사역 현실에 대해 매일 고민하며 살아갔다는 것을 말해 줍니다. 이렇게 볼 때, 바울도 때로는 자신의 사역에 대해서 의심과 회의를 갖지는 않았을까요? 지금 내가 뭘 하고 있나, 라는 한숨을 쉬지는 않았을까요?

우리는 쉽게 생각할 수도 있습니다. 바울처럼 열정적이고, 병든 자를 고치거나 죽은 자도 살려낼 수 있는(행 20:7-12) 하나님의 능력을 가진 사도쯤 되면, 뭘 염려하고 뭘 고민하겠느냐고요? 하지만 바울은 자신을 영웅의 모습으로 드러내고 있지 않습니다. 아파하며, 고민하며, 염려하는 연약한 모습으로 자신을 드러내고 있습니다. 이 연약한 인생을 하나님이 불러내서 쓰시고 있다는 것을, 바울은 우리에게 자신의 고난과 마음의 염려로 증언하고 있는 것입니다. 바울이 사도직을 감당할 때, 하나님이 '새롭게 개조된 완벽한 인간'으로 감당하게 하신 것이 아니라, 인간적 연약함과 부족함을 그대로 두신 채 감당하게 하셨다는 것을 말해주고 있습니다. 역설적이게도, 이 사실은 우리에게 위로가 됩니다. 연약한 우리 역시도 복음을 위해 헌신하는 삶을 사는데 문제가 없음을 말해 주기 때문입니다. 강철 같은 영웅이 아니라, 질그릇 같이 연약한 인생을 하나님이 불러내어 복음과 교회를 섬기는 종으로 쓰신다는 것을 알려주고 있습니다.

왜 하나님은 이렇게 하실까요? 인간으로 자랑할 것이 없도록 하시는 것입니다. 구원의 역사가 인간에 의해서 주도되고 있는 것이 아니라, 오직 하나님에 의해서 주도되고 있음을 우리로 확인시켜 주는 것입니다. 바울은 자신의 고난으로, 그리고 고생스러운 사역을 통해서 이 사실을 증언하고 있는 것입니다.

사도행전 9장 1-25절을 배경으로 하고 있는 오늘 본문 역시도 바울이 첫 복음 사역을 감당하는 중에 당했던 고난을 상고한 내용입니다. 바울은 다메섹에 있는 기독교인들을 핍박하기 위해 가는 도중에 주님을 만나서 소명을 받습니다. 그리고 그 증거로 눈이 멀게 된 바울은 주님이 보내신 아나니아를 통해서 회복이 됩니다. 그리고 다메섹에서 첫 복음 사역을 감당합니다. 기독교인을 핍박했던 바울이 복음을 전하게 되었을 때, 유대인들은 바울을 미워하여 죽이려고 했습니다. 이 때문에 바울은 한밤중에 아무도 모르게 광주리를 타고 성벽을 내려와서 도망을 친 것입니다. 사실, 오늘 읽은 본문은 바울에게 자신의 인생에 있어서 가장 수치스러운 사건이었습니다. 이 본문 역시도 우리에게 복음 증거와 교회 섬김을 위해서 이렇게까지 자존심 상하는 고달픈 삶을 살아야 하는가에 진지한 의문을 갖게 합니다. 그럼 이러한 고달픈 바울의 사역을 통해서 하나님이 우리에게 말씀하시는 것은 무엇일까요? 오늘 설교의 관심입니다.

### I. 바울의 신앙적 싸움

사도 바울의 복음 사역과 관련된 고달픈 삶을 통해서 우리는 두 가지 면을 동시적으로 볼 수 있어야 합니다. 한편으로, 바울의 고달픈 삶의 모습은 복음 증거와 주님의 교회를 향한 하나님의 뜻을 이루어가는 삶의 자연스러운 풍경이라는 것입니다. 타락한 세상 속에 천상의 가치를 심는 일은 쉽게 이루어지지 않습니다. 악하고 부조리한 세상 속에서 믿음의 사람으로서 우리가 하나님의 뜻을 알고, 그 뜻을 수종드는 재창조의 삶을 살아가는 것은, 당연히 고통스러운 것임을 바울은 자신의 삶으로 말해주고 있는 것입니다. 우리는 바울의 사역이 고난과 함께 펼쳐지고 있기 때문에 매우 부자연스러운 것으로 생각하지만, 그러나 바울은 이 고난을 자연스러운 것으로 여기고 있는 것입니다. 이 때문에 가장 수치스러운 것을 자랑하고 있는 것입니다.

다른 한편으로, 바울 역시도 아직 남아있는 구원, 즉 천상에 이르러 완성될 구원을 위한 신앙의 싸움을 싸우며 살아가고 있는 것입니다. 바울은 자신이 증거한 복음의 약속을 믿고 기대하는 한 성도로 주어진 인생을 살고 있는 것입니다. 복음을 증거한 것에만 사역의 가치를 둔 것이 아닙니다. 자신이 증거한 복음의 약속이 분명한 실체와 사실로 역사 속에서 드러날 것이라는 신뢰도 가지고 있었다는 것입니다.

이 사실은 매우 중요한 문제입니다. 바울은 자신이 전한 복음을 인간의 사고를 통해서 생성된 관념이나 지식의 문제로 이해하지 않았다는 것을 말해주기 때문입니다. 바울은 자신의 신앙을 관념과 지식의 문제로 여기지 않았고, 역사적 실체와 사실의 문제로 인식했다는 것입니다. 아마도, 이것이 바울 삶의 성실성과 진실성의 뿌리라고 할 수 있을 것입니다.

## II. 사실과 역사로 증명되는 신앙이 의미하는 것

좀 더 구체적으로 들어가보지요. 그럼 신앙이 관념과 지식의 문제가 아니라, 역사적 실체와 사실의 문제라는 것은 무엇을 의미할까요? 여러 가지를 생각할 수 있겠으나, 여기에서 집중적으로 한 가지만 이야기하고 싶습니다. 우리에게 믿음이 무엇인가를 분명히 말해 준다는 것입니다. 믿음이란, 하나님과 그분의 약속하심을 믿고, 하나님이 요구하시는 삶을 신실히 살아가는 것임을 알게 해줍니다. 삶의 환경과 조건을 넘어서, 하나님의 존재와 그분의 약속이 어느 때가 되면 역사적인 실체와 사실로 드러난다는 것을 아무런 의심 없이 받아들이고, 그 사실을 삶으로 증명하며 산다는 것을 의미합니다.

즉 이 믿음이 하나님의 역사와 성령의 깊은 원인 너머의, 인간의 실존적인 측면에서 바울이 고통을 기꺼이 견디어 낸 인식적 동기라고 할 수 있습니다. 어떤 고난도 이겨낼 수 있었던 의지적 동인이라고도 할 수 있을 것입니다. 하나님이 존재하지 않고, 예수 그리스도의 구원이 사실이 아니고 천상의 유업으로 주어지지 않는다면, 우리의 모든 신앙적 수고가 의미 없다는 것을 바울은 잘 알고 있었던 것입니다. 바울은 우리 안에서 구원을 이루시는 하나님이 복음의 약속대로 마지막 심판과 구원의 완성을 이루실 것이라는 분명한 확신을 가지고 있었던 것입니다.

하지만 오늘날 신앙의 모습은 점점 인간의 숙고에 근거한 관념과 지식의 문제로 전락되고 있는 것처럼 보입니다. 우리에게서 복음과 교회를 향한 진실성이 사라지고, 무엇보다도 교회를 인간이 경영하는 장으로 여기는 풍토나 신앙의 내용에 자꾸 오락적(entertainment) 요소를 삽입시키려고 하는 분위기가 이 사실을 크게 대변해 주고 있습니다. 더욱이, 마음의 안정을 찾는 심리학적 요소가 설교의 주류를 이루고, 성경이 말하는 대의적 명제보다는 개인적 관심사에 몰두하는 현상 역시도 더 이상 기독교를 역사적 실체와 사실의 종교가 아닌, 관념과 지식의 종교로만 이해하려고 하는 증거로 볼 수 있습니다. 이러한 분위기 속에서 설교와 성경공부 안에서 인간의 심각한 죄성, 구원의 필요성, 하나님의 뜻, 성숙한 삶, 대의를 위한 헌신 등에 대한 논의들은 사라지고, 오히려 심리적 안정, 즉각적 문제해결, 값싼 위로와 웃음, 참된 존중 없는 가벼운 교제, 삶의 현실적 만족 등이 우리 신앙의 내용으로 채워져 가고 있습니다.

이제는 바울이 신앙을 관념과 지식의 문제가 아니라, 역사적 실체와 사실의 문제로 인식했다는 것을 한 실례를 통해서 확인해 보겠습니다. 디모데전서 6장 11-19절입니다. 주님의 복음과 교회를 수종드는 사역자인 디모데에게 당부하고 있는 성숙한 신앙생활의 모습입니다. 그리고 부자들에게 어떻게 살아야 하는가를 권면하는 내용도 담고 있습니다. 먼저, 11-14절에서 바울은 디모데에게 말씀의 봉사자로서 온전하고 책망할 것이 없는 삶을 살도록 권면하고 있습니다. 그리고 그 권면 다음에 15-16절에서 바울이 언급하고 있는 내용은 예수 그리스도의 나타나심에 관한 것입니다. 다음으로, 17-19절에서 바울은 부자들에게 덧없는 재물에 소망을 두지 말 것과 선한 일을 행함으로 장래의 좋은 터를 쌓아 참생명을 취할 것을 가르치라고 기록하고 있습니다. 즉 바울이 현재의 삶과 미래의 천상 세계를 깊게 연결시키고 있음을 알 수 있습니다.

결국 바울은 디모데와 부자들을 향해 신앙의 싸움이나 기독교의 헌신적 삶이 의미 없는 것이 아님을 무엇으로 확신시켜 주고 있느냐면, 예수 그리스도가 다시 오시는 일, 모든 성도들이 천상에 이른다는 사실을 통해서 확신시키고 있다는 것입니다. "주님이 다시 오시기 때문에 그리고 천상의 삶을 누리기 때문에, 헌신적 기독교 삶을 살아야 한다"고 말하는 것처럼 이해됩니다.

물론, 이때 다음과 같은 오해를 가져서는 안 될 것입니다. "천상에 가기 위해서나 천상에서 상급을 받기 위해서 삶의 현실 속에서 온전한 기독교 삶을 추구하고, 헌신적 삶을 산다." 절대로 그렇지 않습니다. 성도의 현실적 삶과 천상의 삶은 단순한 인과론적 관계가 아닙니다. 천국 가기 위해서 혹은 천국에서 상급을 받기 위해서 선한 일을 한다가 아니라는 것이지요. 오히려, 예수 그리스도를 통해서 허락된 구원이 우리로 현실의 삶 속에서 칭의와 성화의 열매로써 온전한 기독교적 삶과 헌신을 만들어 내고, 천상과 천상에서의 상급은 그 삶과 헌신에 대한 가치를 인정해 주는 것이요, 그렇게 살아간 우리의 삶이 옳았다는 것에 대한 합법적인 위로라는 것입니다.

세상을 사는 동안 우리 속에서 이루어진 구원이 우리의 마음을 움직이고 의지를 새롭게 하여, 우리로 하나님의 사람으로 온전한 기독교적 삶을 추구하고 헌신적 삶을 살아가도록 하는 것입니다. 물론 이러한 삶과 헌신에 대한 온전한 가치가 이 세상에서는 확인되지 않지만, 그러나 우리가 주님 앞에 서는 그 순간에 곧바로 확인될 것입니다. 주님이 연약한 우리를 이끄셔서 우리로 고민하고 갈등하게 하면서도 결과적으로 하나님의 뜻을 찾고 행하게 하시고, 왜 우리가 이렇게 살아야 하는가에 대한 고뇌를 수없이 하게 하면서도 우리로 신앙의 싸움을 싸우며 치열하게 살도록 하신, 그 신앙적 삶의 영광과 가치를 온전히 알게 해주신다는 것입니다. 이러한 면에서 볼 때, 성도의 현실적 삶과 천상의 영광은 절대로 분리되어 있지 않다고 하겠습니다.

이렇게 볼 때 주님의 복음과 교회를 위해 아무런 수고를 하지 않으면서 천상을 기대하는 것은 바른 신앙이 아닙니다. 참된 구원의 신앙은 우리로 그렇게 느슨한 삶을 살도록 하지 않습니다. 주님의 복음과 교회를 위해 수고하게 하고, 주님의 영광을 위해 헌신하게 합니다. 그리고 이렇게 살아간 성도들에게 천상은 진정한 위로와 복락의 장소가 되는 것입니다.

## III. 다메섹 도망이 교훈하는 것

이러한 이해 속에서, 바울이 다메섹에서 도망친 사건을 자랑의 내용으로 드러낸 것은 매우 의미가 있는 것입니다. 그럼 바울은 말하지 않아도 될 부끄러운 사건을 왜 굳이 언급했을까요? 아마도, 어떤 해명이 필요했던 것으로 보입니다. 즉 다메섹에서 유대인들의 사주로 자신을 쫓은 왕의 고관이 무서워서 도망치는 바울을 보고, 어떤 사람들이 바울을 비난했을 수 있다는 것을 추측하게 합니다. 어떻게 사도라고 하는 자가 사람이 무서워서 도망칠 수 있는가라고 비난했을 수 있다는 것입니다. 바울에게 '네가 정말 사도가 맞냐?'라고 비아냥거리는 것과 같습니다.

이 추측이 가능한 것이라면, 바울은 이 사건에 대해서 해명하고자 한 것입니다. 어떤 해명일까요? '너희들은 내가 도망간 것을 비난하지만, 나는 복음과 교회를 위해서 이미 자존심도 버린 사람이다. 나는 복음과 교회를 위해서 몇 번이고 도망갈 수도 있다'라는 것을 해명하고자 한 것입니다. 즉 바울은 자신이 어떻게 되든지, 자신의 자존심과 상관없이 오직 자신 때문에 주님의 복음과 교회가 손해 보지 않도록 하기 위해서 어떤 비난도 무릅쓰고 도망갔다는 것을 증명하고 있는 것입니다. 나의 명예나 나의 자존심보다도, 주님의 복음과 교회가 더 중요하다는 것을 이 다메섹 도망 사건을 통해서 해명하고자 한 것입니다. 이 때문에 바울은 부끄러워서 숨기고 싶은 것도 자랑한 것입니다. 바울이 가진 믿음의 깊이입니다.

우리에게는 이러한 믿음이 있을까요? 주님의 복음과 교회를 위해 자신을 낮추고, 자존심도 버릴 수 있는 믿음이 있는지 묻고 싶습니다. 그러면서도 다시 일어서서 그 수치와 고통스런 현실을 견디며, 하나님의 뜻을 이루어가는 믿음이 우리에게는 있는지요? 이 본문을 묵상하면서 저도 제 자신에게 물어봤습니다. 주님의 복음과 교회를 위해 마음을 낮추고, 세상의 어떤 비난에도 굴하지 않고 자존심을 버릴 수 있는 믿음이 있는가?

저를 오래 동안 고민하게 하고, 제가 지금까지도 여전히 고민하고 있는 것은 '우리가 믿는 바가 역사적 실체와 사실의 내용으로 증명되는 것이라면, 내게 주어진 현실을 어떻게 진실하게 감당하고, 또 어떻게 진정성을 가지고 살아가야 할까?'라는 질문입니다. 한 성도요 목사이자 교수로 진실되게 산다는 것이 이렇게 어려운 줄을 나이가 들어가면서 더 현실적으로 느끼고 있기 때문입니다. 목사로 혹은 교수로 선포하고 가르친 대로 현실을 살아가는 것이 이렇게나 무거운 삶의 짐인 것을 날마다 더 깊이 알아가고 있기 때문입니다. 40대, 50대, 60대, 70대를 넘기면서도 진실된 신앙의 삶을 살 수 있을까, 하는 것에 대한 의문이 자꾸 들기 때문입니다. 바울 앞에서 너무도 초라한 제 자신을 봅니다. 바울의 삶 앞에서 할 말이 없습니다.

그럼에도 불구하고 제가 확신할 수 있는 점은, 저 역시도 주님의 복음을 관념과 지식이 아니라, 역사적인 실체와 사실로 증명되는 내용으로 믿고 있기 때문에, 제게 주어진 신앙의 싸움을 결코 포기하지는 않을 것이라는 사실입니다. 바울을 구원하신 하나님이 저를 구원하셨기 때문입니다. 주의 성령께서 저로 그 신앙을 포기하지 않도록 하신다는 것을 믿기 때문입니다.

분명히, 바울이 다메섹에서 광주리를 타고 도망치는 풍경은 늘 연약함 속에서 전전긍긍하며 살아가고 있는 우리 삶의 모습과 거의 흡사합니다. 하지만 우리가 바울의 기록을 통해서 확인해야 할 것은, 바울이 자신의 사명을 다하기까지 주님의 복음과 교회를 위해 다메섹에서 광주리를 타고 도망치면서까지 신앙의 싸움을 싸운 것처럼, 우리 역시도 각자에게 허락된 '우리의 사역과 아직 남아 있는 구원의 완성'을 위해 우리에게 허락된 삶의 자리에서 치열한 신앙의 싸움을 싸워가야 한다는 것입니다. 이 신앙의 싸움을 싸워갈 때, 때로 마음을 낮추고 때로 자존심도 버릴 수 있어야 함을 말해 주고 있는 것입니다. 신앙의 싸움을 해 나갈 때 우리는 갈등할 것입니다. 하나님의 사역을 위해 수고할 때 우리는 자존심도 상할 것입니다. 때로 수치도 당할 것입니다. 모든 것을 포기하고 싶은 생각도 들 것입니다. 그리고 나는 지금 무엇하고 있는가, 라는 깊은 한숨과 자괴감도 가질 것입니다. 이 사실을 인정하며 복음과 교회를 위해서 헌신하라는 것입니다.

하지만 이때 하나님이 우리를 포기하시지 않고, 우리를 더욱 견고하게 붙드실 것입니다. 바울이 다메섹에서 도망친 이후에도 사도로서 사역을 계속 감당하게 하신 것처럼, 하나님은 연약한 우리를 다시 세우고 다시 이끌어서 남아 있는 구원을 완성하고, 복음과 교회를 위해 수고하는 삶을 살게 하실 것입니다. 바울의 삶은 매 맞고 다메섹에서 도망친 것으로만 끝나지 않았습니다. 바울의 도망이 있었기에 이후에 고린도 교회가 있었고, 다른 수많은 교회들이 있게 되었다는 것을 알아야 합니다. 지금 우리를 이 자리에 있게 한 먼 원인 중에 하나입니다.

하나님이 우리 역시도 이렇게 이끌어 갈 것입니다. 지금 앞이 보이지 않고, 모든 것이 답답하고 혼란스럽게 느껴지지만, 하나님이 남아 있는 구원을 완성하고, 복음과 교회를 위한 더 복된 삶으로 이끌어 갈 것입니다. 오늘 우리가 염려하고 있다고 해도, 하나님은 그 염려를 넘어서 우리를 더 온전한 길로 인도하실 것입니다. 이러한 하나님을 진심으로 신뢰하셔서 평생을 두고 믿음의 사람으로 복된 삶을 살아가시기를 기원합니다.

# 순종

신명기 6장 14절-25절

**박영선** (설교학)

## I. 하나님 없는 가치추구의 결과

오늘 본문에 보는 바와 같이 하나님께서 모세를 통하여 이스라엘 백성에게 "너희는 여호와를 시험하지 말라. 너희는 오직 그의 명령을 순종하라" 하는 말씀입니다. 이 말씀의 중요성은 예수님이 공생애를 시작하시기 직전에 경험하신 사단의 세 가지 시험 중에 이것이 등장하기 때문에 중요합니다. 예수님을 성전 꼭대기에 데리고 가서, 뛰어내리면 천사들이 그를 붙들어 상치 않게 하리라 한 사단의 시험에 대하여 예수께서 이렇게 대답하십니다. "주 너의 하나님을 시험치 말라." 그게 여기 등장하지요.

그러나 신명기 8장에 가면 하나님께서는 우리를 시험하십니다. "내가 오늘 명하는 모든 명령을 너희는 지켜 행하라. 그리하면 너희가 살고 번성하고 여호와께서 너희의 조상들에게 맹세하신 땅에 들어가서 그것을 차지하리라. 네 하나님 여호와께서 이 사십 년 동안에 네게 광야 길을 걷게 하신 것을 기억하라. 이는 너를 낮추시며 너를 시험하사 네 마음이 어떠한지 그 명령을 지키는지 지키지 않는지 알려 하심이라 너를 낮추시며 너를 주리게 하시며 또 너도 알지 못하며 네 조상들도 알지 못하던 만나를 네게 먹이신 것은 사람이 떡으로만 사는 것이 아니요 여호와의 입에서 나오는 모든 말씀으로 사는 줄을 네가 알게 하려 하심이니라" 이렇게 되어 있습니다.

하나님은 이스라엘을 시험하시고 인류를 시험하시며 우리 자신들을 시험하십니다. 이 시험은 우리가 생각하는 것 같이 믿을까 말까라는 시험이 아니고, 하나님의 시험은 뒤에 16절에 나오듯이 "네 조상들도 알지 못하던 만나를 광야에서 네게 먹이셨나니 이는 다 너를 낮추시며 너를 시험하사 마침내 네게 복을 주려 하심이었느니라"로 결론이 되어, 이것은 성경 전체적인 설명 개념에서 보면 징계, 히브리서 12장에 나오는 징계와 자신을 교훈하고 가르치는 것과 훨씬 가깝습니다.

그러면 우리에게는 하나님을 시험하지 말라 하고 하나님은 우리를 시험하는, 말하자면 기독교 신앙이 가장 크게 요구하는 가장 중요한 명령이 순종인 것과 어떻게 연결되는가 하는 거지요. 하나님은 시험의 대상이지 않고 순종의 대상인 지위에 계시고 우리는 그의 명령을 따르고 그를 시험할 것이 아니라 순종해야 하는 자리에 있으므로 우월하고 열등한 관계를 설명하려는 것이 아니고, 성경에서 설명되는 원창조 세계와 하나님이 하나님의 계심과 하나님의 일하심과 창조 세계에 대한 하나님의 목적과 특별히 그의 형상으로 만든 인간에게 주신 하나님의 복을 중요한 목적으로 가르칩니다.

사람이 하나님께 순종해야 한다는 것을 특별히 문제로 삼아야 하는 이유는 순종이 가지는 성경에서의 설명이 순종이라는 덕목으로 자꾸 제한되어서 오늘 특별히 이 말씀을 증거하려고 하는 것입니다. 순종은 그 자체로 미덕이 되어 있기 때문에 우리 예전에 금식이면 모든 것이 됐던, 기도면 모든 것이 면제됐던 어떤 한 가지 종교적 행사 또는 그걸 다 뭉뚱그려서 이런 추상 명사로 끌고 가는 것을 경계하자는 것입니다. 신실, 열심, 헌신, 이런 추상명사들이 인격과 무관한, 특별히 하나님과 무관하게 스스로 독립된 가치를 가진 것을 극복하고 넘어가 그것이 하나님에 의해서 하나님의 명령과 관계해서 주어지는 개념이라는 걸 이해하지 못하면 끊임없이 하나님 없는 가치를 추구하다가 낭패를 당합니다.

## II. 신자의 정체성의 근거

가장 대표적인 것이 율법인데 율법은 그 자체로는 어느 것이 옳고 어느 것은 하지 않아야 하느냐 하는 규칙이요 잣대요 그 명분이지만 율법 자체는 의식도 없고 의지도 없고 당연히 능력도 없습니다. 그것은 마치 지도 같아서 여러분이 지도를 보면 여러분에게 도움이 되지만 지도 자체가 여러분을 싣고 가거나 여러분에게 힘을 주거나 지도가 여러분에게 에너지가 되거나 방향이 되거나 하지 않습니다. 보는 자가 지도를 읽을 수 있어야 하는 것입니다. 그 자체가 생산력을, 창조력을, 의지를 가지지 않습니다. 이것이 혼동되듯이 기독교인들에게 신앙적인 명령들은 그 자체로 독립된 가치와 의미가 되어 우리를 그것으로 사로잡아 버립니다.

대표적인 예로 예전에 강의 시간에 어떤 학생이 설교 연습에 이런 설교를 했죠. 간증을 하되 어떤 일을 놓고 정말 간절히 기도했더니 하나님이 들어주셨다, 간절히 기도하면 응답을 받는다는 설교를 하고 그 설교한 내용의 증거로 자신의 경험을 얘기했습니다. 제가 이렇게 물었습니다. 여태껏 한 모든 기도의 응답을 받았는가? 나를 째려보려고 할 거 하나도 없어요. 여러분 스스로 답을 알지요. 아무도 모든 기도의 응답을 받는 자는 없습니다. 예수님도 못 받았는데요. 여기서 강조를 얼마나 잘못 쓰고 있냐면 간절히 하면 하나님이 무조건 들어줘야 되는 조작법이 되고 말았죠. '간절히 하면 응답을 받는다'에서 '간절'이 나오면 하나님이 우리의 간절함을 측은히 여겨 하나님이 허락하신다? 그것이 혹시 허락일지라도 결정권이 하나님에게 있지 하나님이 결정권을 가지지 않고 우리가 하면 무조건 답해야 하는 그런 규칙이 우리에게 따로 있지 않습니다. 이 문제는 대단히 중요합니다.

여러분들의 원망은 대부분 내가 신학을 하기로 하고, 그리고 합신에 오고, 이제 열심히 사는데도 보상이 없다는 겁니다. 다른 보상이 아니고 여러분 스스로가 여기까지 왔는데도 앞이 캄캄하다는 겁니다. 어떻게 아냐고요? 저도 그랬으니까 알지요. 하나님이 희한하게 내일 일을 보여주시지 않습니다. 오늘만 있습니다. 오늘을 성경이 요구하는 대로 믿고 갈 수밖에 없는데 믿고 간다는 것은 하나님의 자비하심과 은혜로우심을 믿는 것이지 해결을 믿는 것이 아닙니다. 그러니 당연히 오늘은 언제나 막막합니다. 오늘은 언제나 불안합니다. 그러나 그 불안과 막막함을 해결하는 순간 여러분은 막다른 골목에 와 있는 겁니다. 확실해지는 순간 끝장인 것입니다. 확실한 날은 없습니다. 뭐만 확실해지느냐? 믿음의 주인에 대한 이해가 확실해지는 겁니다.

하나님은 과연 성실하시구나. 은혜로우시구나. 자비로우시구나! 성경에 증언된 하나님은 오늘도 살아 계시고 일하고 계시고 내 기도를 들으시고 내 인생을 주장하고 계시구나, 여기까지밖에는 확실한 것이 없습니다. 그래도 결과는 이상하게 나옵니다. 그걸 믿음으로 감수하셔야 합니다. 그것은 인내도 충성도 아닙니다. 그런 단어들로 묶어서 넘어가지 마세요. 이 가치를 그런 단어 속에 제한시키는 순간 여러분은 하나님의 위대하심과 인생에게 허락한, 하나님이 우리를 확인시켜 나가는 길들의 의미를 놓칩니다.

매일 매일을 인내해야 하는데, 믿음이 추상명사로 작용하고 있는 것이 아니라 하루하루 하나님이 우리의 한계와 하나님이 우리에게 가지신 목적의 괴리를 보여줍니다. 그 간격을 보여줍니다. 우리가 소원하는 손쉬운 해답을 하나님이 거부하시는 현실, 그래서 고통스러운 현실을 걷게 하사 우리를 시험하십니다. 우리에게 주신 하나님의 목적이 우리 속에서 더 큰 것을 갈망하고 있으나 이루어 낼 수 없다는 것입니다. 그리고 가장 사소한 것으로도 몸서리치는 자신의 연약함과 현실을 비교하여 신명기 8장에 나오는 이 시험 앞에 서게 합니다. 그리고 마침내 복을 주시는데 어떻게죠? '하나님께 모든 것을 의존해야 한다.' 그건 부정적이고 소극적으로 이해될 말이 아니라, 하나님의 능력과 하나님의 의지가 담긴 작품이 된 위대한 존재라는 걸 알게 되는 자리를 말하는 것입니다. 그래서 전에 세상이 얘기하는 유능함, 성취, 업적 이런 것들로 타협하거나 중단되지 않도록 우리를 하나님이 목적하신 데까지 밀고 가는 것이 현실입니다.

나는 왜 저런 것들, 내 옆 사람이 가진 보상과 관심을 안 주시는가? 그러나 넌 더 가야 한다, 그게 현실입니다. 왜 지금 우리는 보상을 받지 못하는가? 아직 멀었다. 마라톤 선수들이 그리하듯이 물병 하나 들고 뛰면서 마셔라. 더 가라. 네 발바닥으로 밟는 모든 것을 네게 주겠다. 네 인생은 네가 생각하는 것보다 크다. 성경이 순종을 요구하는 것입니다.

이 순종의 가치는 마치 우리가 차를 아무리 좋은 걸 가지고 있어도 기름이 떨어지면 그만인 것과 같습니다. 급유를 해야 자동차가 굴러가는 것 같이 우리의 존재는 하나님께 접속되어야 합니다. 성경적인 용어로 순종하여 하나님으로부터만 생명의 내용을 얻어야 합니다. 그렇게 생명이 가지는 무성함, 생명의 영광을 공급받을 수 있다고 얘기하는 것입니다. 이것이 순종이요 이 시험입니다. 길 가다 기름 떨어져서 다른 것으로 얼렁뚱땅 채운다고 우물에서 물 길어 넣었더니 자동차가 가더라? 이건 안 된다는 겁니다. 신문지 오려 붙여서 타고 기도 열심히 했더니 그게 자동차로 변하더라? 안 됩니다. 그것은 하나님이 우리에게 요구하는 시험이며 명령인 것입니다. '너희는 다르다. 너희는 내 자식이다. 너희는 내 기쁨과 영광과 능력의 산물이요 목적이요 대상이다.'

그러니 사실 기독교 신앙에서 순종을 요구하고 우리를 시험하고 하나님이 명령을 내리는 것은 하나님에게 제한된 것들이 아닙니다. 굉장히 위대한 것입니다. 예수를 믿다가 누구나 예수를 믿는 문제에서 꼭 한 번은 인간이란 무엇인가, 나는 누구인가, 하는 정체성의 문제 존재론적 정체성을 물을 수밖에 없게 됩니다. 나는 뭐냐? 나는 왜 합신에 왔을까? 한 번씩 물어야 합니다. 우리 교회 앞에는 아주 중요한 경쟁자가 있습니다.

봉은사죠. 서로가 도움이 됩니다. 자기네는 우리와 비교해서 자신의 우월함을 이용할 수 있고, 저도 물론 봉은사를 통해서 우리 교인들을 얼마든지 격려하고 위협합니다. 서로 그렇게 명예를 유지하고 있습니다. 주지 스님을 한번 만나봐야 될 텐데 말이 통하기를 바랍니다.

다른 방식으로 돌려 보면, 내가 가족으로서 유용한가? 내가 하는 공부와 열심이 유용한가? 내 스스로가 나에 대해서 만족하는 것들이 있는가? 이런 것들이 우리가 스스로의 정체성을 확인하는 질문들이고 확인하는 주제들입니다. 그런데 막상 그리해 보면, 또 세상 사람들이 사는 걸 보면 무엇으로도 인간은 만족할 만한 자신의 정체성을 확인할 근거가 없다는 것을 발견하게 됩니다. 인생은 짧고 죽음으로 끝납니다. 성공한 자도 실패한 자도 차이가 없는 비극과 운명을 가지고 있지요. 게다가 그 짧은 인생 속에서도 변변한 만족이 없기 때문에, 자랑과 명예가 없기 때문에 모두가 사실은 불안하고 의심하고 비관할 수밖에 없습니다. 기독교인들에게 있어서 이것은 동일하게 한 개인의 정체성을 묻는 질문이어야 하고 그런 시험이 있어야 당연합니다. 그리고 그것을 기독 신앙이라는 조건 속에서, 더 큰 요구 속에서 자신의 신앙과 자신이 믿는 대상과 믿음의 내용을 가지고 믿는 자로서 그 광범위한 질문에 답할 수 있어야 합니다.

성경은 이 문제를 성경 전체에 걸쳐서 이렇게 크게 답하고 있지만, 뜻밖에도 이해들이 현실적으로 부족합니다. 성경이 말하는 기독교 신앙인의 정체성의 근거는 하나님입니다. 정체성의 근거가 하나님이라는 것은 창조주 하나님, 예수를 보낸 구원자 하나님, 인류와 역사를 심판하실 하나님이라는 존재와 지위, 바로 그분이 사랑하는 자라는 것이 정체성의 근거입니다. 인간이라는 존재가 가지는 정체성의 근거는 전혀 자신에게 없고 우리를 만든 하나님께 있습니다. 이게 성경이 말하는 하나님입니다. 하나님이 나를 사랑하시고 나를 그의 기쁨과 영광의 목적물로 삼았다는 것이 신자들, 아니 모든 인류가 가진 사실상 정체성의 근거입니다. 하나님이 누구신가가 확신되지 않으면 나는 근거 자체를 못 가지는 것입니다.

## III. 순종의 시험은 신자의 영광

우리는 이 근거를 언제나 자신에게서 먼저 찾습니다. 신자가 된 이후에도 우리를 가장 괴롭히는 것은 하나님의 자비하심과 신실하심이 아니라 하나님을 믿는 나의 신앙과 열심에 근거하기 때문에 늘 불안합니다. 헛된 확신과 늘 변덕스러운 공포에 휩싸이게 됩니다. 왜냐하면 내가 변덕을 부리니까요. 내가 확신에 찼다 불안에 찼다 한다 말입니다. 내 자랑이 하루아침에 물거품이 되니까요. 하나님에게 근거가 있지 않고, 하나님을 하나의 상징적 대상으로 삼아서 신앙 행위를 하는 자의 심리와 자세가 그의 안에 근거로 있으니까 왔다 갔다 할 수밖에요. 이 사실이 중요한 거지요.

그러나 우리의 정체성과 존재론에 관한 이해에서 우리가 찾아야 할 내용, 그 본질은 오직 그로부터만 공급받는다는 사실을 알게 됩니다. 생명과 진리와 가치와 운명과 모든 자랑이 오직 그로부터 나옵니다. 그러니 예수는 길이고 진리고 생명이 되는 것입니다. 우리가 진리와 생명을 주를 위해 바치는 것이 아니라 진리와 생명이 그로부터만 창조되고 생산되어 공급되는 것입니다. 순종은 제한하고 양보하는 것이 아니라 달려들어 붙잡고 물고 먹어야 하는 것이지요.

바보 같은 얼굴들을 하고 있는 이유는 무엇입니까? 바로 그것이 영광이고 복된 특권이 되는 것이지요. 생각해 보십시오. 사무엘상 15장에서 사울이 아각을 쳐서 아말렉을 진멸하라는 하나님의 명령을 어기고 좋은 것들이라고 남겨옵니다. 사무엘이 가서 당신 왜 여호와의 명령을 불순종하셨습니까, 하자 내가 여호와의 명령을 순종치 않은 것이 아니라 노략물 중에 가장 좋으 것을 남겨 하나님께 제사하려고 그랬습니다, 하고 변명했습니다. 그래서 하나님으로부터 무서운 질타가 떨어지죠. 순종이 제사보다 낫다. 불순종은 사신 우상을 섬기는 것과 같다. 왜 그 말이 나오지요? 스스로가 신이 되고 하나님 아닌 것으로 정체성과 내용을 삼는 것은 하나님의 창조와 인간을 향한 하나님의 목적과 위배됩니다. 법의 문제나 의리의 문제가 아니라 하나님이 가진 궁극적인 영광의 운명을 인간이 가질 수가 없습니다. 하나님만이 그걸 공급할 수 있고 만드실 수 있고 주실 수 있는 유일한 공급원입니다. 이것이 성경이 이야기하는 순종입니다.

여러분의 생애 속에서 여러분이 당하는 시험, 곧 내가 누구인가의 문제 앞에서 내가 하나님 외에 무엇으로도 나를 만족시킬 수 없고 내가 하나님의 목적과 하나님의 의지에 앞에서 세상이 약속하는 것보다 훨씬 큰 운명과 목적의 대상이라는 성경적인 가르침에 대한 확인이 반드시 있어야 합니다. 그것이 없으면 성경이 요구하는 모든 신앙적인 요구들, 너희는 내 명령을 지켜라 너희는 거룩하라 너희는 인내하고 양보해라 너희는 예수를 본받아라 하는 것들이 다 지켜야 하는 규칙이 돼서 짐이 되는 것입니다. 억지가 되고 불평이 되는 것이지요.

너는 와서 언제든지 값없이 물을 얻고 양식을 사라! 이런 영광된 특권과 베풀어진 은혜와 대접받는 지위를 놓치게 됩니다. 예수를 믿는 지위, 안식일을 지키는 자리, 예배로 모이는 영광을 놓치고 그것이 다 무슨 신앙이라는 이름으로 행하는 종교적 절제 행위가 되고 맙니다. 그래서 모든 사람들이 방탕과 자기 욕심을 따라갈 때 그것을 양보한 희생 같은 것으로 쥐어짜듯이 참 된 가치를 대체하게 됩니다. 그러나 그것은 엄청난 실수입니다. 공부하는 특권, 공부 시간에 조는 특권, 신학을 하는 명예, 과락 받고 재수강하는 기적… 우리에게 일어나는 모든 일들이 하나님이 우리에게 가지신 신비한 일들의 내용인 것입니다. 우리가 상상하는 것보다 훨씬 큰 목적을 위하여 허락한 시간 속의 일들입니다. 우리로 깨우치시는 시간이지요. "이 사십 년 동안 너희로 광야생활을 하게 한 것을 기억하라 이는 너희를 낮추시고 시험하사 사람이 떡으로만 살지 않고 여호와의 입의 말씀으로 사는 줄 알게 하려 하심이라." 인격적 대상의 지위에 걸맞은 인격을 채우사 그의 영광이 찬송이 되게 하시겠다는 하나님의 뜻을 이루시는 것입니다. 세상의 가치 없는 것들로 대체할 수 없는 이 시험들을 통과시키는 것입니다.

하나님의 시험의 이유이지요. 우리로 진정한 복과 진정한 명예를 알게 하는 시간입니다. 우리는 그것을 빨리 줄여 달라고 합니다. 그러나 고통을 면하는 것 외에, 한 걸음 더 가면 안심하는 것 외에 우리의 종교심은 다른 긍정적인 내용을 가지지 못합니다. 거기에 머물 수 없고 그래서는 안 됩니다. 하나님은 위대하십니다. 하나님은 복되십니다. 하나님은 찬송의 대상이십니다. 강요되지 않습니다. "옳소이다 아버지여 이렇게 하시는 것이 아버지의 뜻입니다" 하고 놀라는 것입니다. 그것은 위대한 것입니다. 누가 여러분에게 골치 아프게 기독교 신앙을 꼬치꼬치 괴이한 방법으로 묻거든 여러분은 이렇게 대답하십시오. 다 설명하여 설득하려 하지 마세요. 수준도 없이 꼬인 말들, 말이 안 되는 질문을 하거든 웃으면서 넘기세요. 당신은 몰라도 된다고… 여러분이 믿고서 이 길을 가고 주일날 강단에 서서 그 말씀을 선포하는 것으로 충분합니다. 모든 불평을 잠재우고 모든 사람을 나와 같은 마음을 갖게 하는 일은 우리의 소임이 아닙니다. 여러분이 자신의 생애와 여러분의 고백에 대하여 하나님 앞에 온전히 항복하며 믿으며 기다리며 순종함으로써 명예를 지키는 것이면 여러분이 할 도리를 다하는 겁니다. 그 길을 걸으시면 그 다음은 하나님이 다 하십니다.

# 이신성화

## 사무엘하 22장 21절-28절

**이승진** (설교학)

## I. 성화의 과정과 주체

저와 여러분은 개혁주의 신학과 신앙고백을 사랑하고 또 이를 공부하는 것을 늘 자랑스럽게 생각합니다. 우리가 개혁주의를 사랑하는 이유는 이 신학이 학문적인 깊이가 있다거나 또는 우리 신앙의 선배들이 다른 전통의 사람들에 비하여 인간적으로 더 멋있어서가 아니라, 우리 신앙생활의 핵심을 가장 깨끗하고도 선명하게 정리해주기 때문입니다. 고린도전서 15장 10절의 말씀, "그러나 내가 나 된 것은 하나님의 은혜로 된 것이니 내게 주신 그의 은혜가 헛되지 아니하여 내가 모든 사도보다 더 많이 수고하였으나 내가 한 것이 아니요 오직 나와 함께 하신 하나님의 은혜로라."

여기에서 "나의 나 된 것"은 구원받은 신앙생활을 말합니다. 저와 여러분의 신앙생활 전체는 칭의와 성화의 두 단계로 구분됩니다. 칭의란 죄인이었던 내가 하나님으로부터 의롭다고 인정받는 것입니다. 어떻게 가능한가? 이신칭의입니다. 내가 하나님의 은혜로 성령 하나님이 내 안으로 들어오셔서 복음의 말씀을 듣고 그 복음의 내용이 믿어짐으로 칭의가 뒤따릅니다. 그런데 이 칭의 다음에 무엇이 이어지는가 하면, 저와 여러분이 하나님의 거룩하심을 닮아가는 성화가 뒤따릅니다. 단순히 신분의 변화만이 아니라 실제적으로 하나님이 보시기에 또 사람들이 보기에 의롭고 깨끗하고 거룩하다고 인정할만한 도덕적이고 윤리적인 수준의 변화도 뒤따릅니다.

그러면 하나님은 우리를 어떻게 하나님과 같이 거룩한 존재로 변화시키시는가? 교리적으로 설명한다면 삼위 하나님께서 그리스도와 신자의 연합에 근거하여 하나님의 말씀과 성령의 조명을 통해서 자기 백성을 거룩하게 변화시킵니다. 성화의 주체는 성부와 성자와 성령 하나님께서 말씀과 함께(*Cum Verbo*) 저와 여러분을 성화하십니다. 성화의 과정에서는 우리가 하는 것이 없기 때문에 우리는 사도 바울과 함께 "나의 나 된 것은 오직 하나님의 은혜"라고 고백할 수 있습니다. 신학적인 용어로 표현한다면 이신성화입니다.

그런데 문제는 "내가 거룩하게 변화한 것은 오직 하나님의 은혜"라고 고백하는 데는 일정한 시간이 걸린다는 사실입니다. 구원의 서정의 관점으로 보자면 신자를 끝까지 견인하시는 이는 하나님이시지만 그러나 신자는 그 견인의 과정에서 수많은 고난과 어려움에 직면합니다. 교리적으로는 성령 하나님이 말씀과 함께 역사하심으로 우리를 변화시킨다고 하지만, 실제 생활 속에서는 늘 내 모습은 예전과 별로 달라진 것이 하나도 없는 것 같습니다. 변화는 없고 오히려 계속해서 사탄 마귀의 유혹을 받되 그 유혹 앞에 쉽게 넘어짐으로 죄책감을 느낍니다. 그런 내 모습은 예나 지금이나 별로 달라진 것이 없어 보입니다. 그런데도 "나의 나 된 것이 모두 다 하나님의 은혜"라고 고백하라고 한다면 결국 위선적인 모습을 선택할 수밖에 없는 것이 내 모습이 아닐까 그런 고민을 합니다.

하지만 이런 고민이 생기는 이유가 있습니다. 그것은 이신칭의 다음이 이신성화가 필연적으로 뒤따른다는 구원의 서정을 조직적이고 체계적으로 정리하는 조직신학의 관심이, 실천신학의 관심과 약간 다르기 때문입니다. 조직신학은 이신성화를 좀 더 논리적인 필연성의 인과관계 안에서 체계적으로 다루지만, 우리의 실제 생활이 그렇게 논리적인 필연성의 인과관계로 진행되지 않습니다. 성경신학이나 실천신학은 조직신학과 달리 이신성화의 과정에서 반드시 직면하는 의심과 회의, 번민과 절망, 좌절의 문제를 좀 더 실존적으로 해명하는 데 관심을 둡니다. 그래서 이신성화를 마치 외국영화를 보는 것에 비유한다면 조직신학이나 신약의 서신서는 자막에 해당된다면, 구약이나 신약의 내러티브 본문은 영화 화면에 비유될 수 있습니다. "하나님이 자신의 진리로 자기 백성을 거룩하게 변화시키신다"는 문장이 일종의 자막이라면, 내러티브 본문은 구체적으로 하나님이 어떤 방식으로 말씀을 통해서 또 성령의 조명을 통해서 실제로 자기 백성을 거룩하게 변화시키시는지 그 과정을 실감나게 소개합니다.

사무엘하 22장 1절 이하도 하나님께서 다윗을 거룩하게 변화시키신 마지막 정상에서 지나온 성화의 과정을 회고하고 정리하는 자막에 해당

되는 말씀입니다. 1절에 보면 "다윗이 모든 원수의 손과 사울의 손에서 구원을 받은 다음에" 말하자면 인생 70을 거의 다 살아보고 나서 하나님이 자신을 최종적으로 어느 상태로 바꾸어 놓으셨는지를 고백합니다. 그 고백의 내용은 2절 이하에 등장합니다. "여호와는 나의 반석이시요 나의 요새시요 나를 위하여 나를 건지시는 자시요."

그런데 문제는, 다윗이 하나님을 자신의 구원자로 신앙고백 하면서 하나님께 정말 생명 바쳐서라도 감사하는 내용은 '어떻게 나 같은 비천한 목동을 이스라엘 최고의 군왕의 자리로 인도하셨는가?' 하는 것입니다. 신약의 표현으로 하자면 하나님이 어떻게 나 같은 죄인, 버러지만도 못한 죄인을 예수님과 같이 거룩한 하나님의 백성으로 바꾸어주셨는가? 그 비결을 21절 이하에 다시 정리합니다. "여호와께서 내 공의를 따라 상 주시며 내 손의 깨끗함을 따라 갚으셨으니 이는 내가 여호와의 도를 지키고 악을 행함으로 내 하나님을 떠나지 아니하였으며 그의 모든 법도를 내 앞에 두고 그의 규례를 버리지 아니하였음이로다." 하나님이 나의 공의로움과 의로움을 보시고 인정하셔서 나에게 하늘의 상급을 베푸셨다는 말씀입니다.

이 말씀을 오해하면 마치 다윗이 하나님 앞에서 자기가 상을 받을 만한 자격과 합당한 이유가 있다고 말하는 것처럼 보입니다. 여호와께서 내 공의를 따라서 상을 주셨다. 내가 손에 피를 묻히지 않고 깨끗해서 그에 합당하게 갚아 주셨다. 또 24절 말씀을 보면 내가 그의 앞에 완전하여 죄악을 피하였다. 25절에 여호와께서 내 의로움대로 그의 눈앞에서 내 깨끗한 대로 내게 갚으셨다. 다윗이 이렇게 하나님 앞에서 계속해서 자기의 의로움을 앞세우기 때문에 어찌 보면 개혁주의 신앙고백인 오직 하나님의 은혜와 충돌하는 것처럼 보입니다.

하지만 이는 다윗의 인생이 어떻게 이신칭의로부터 시작하여 이신성화의 클라이막스에 도달하게 되었는지 그 과정을 잘 모르기 때문에 오해하는 것입니다. 다윗의 이신칭의는 사무엘상 16장에서 사무엘 선지자를 통하여 이스라엘 군왕으로 기름 부음을 받으면서 시작된다고 할 수 있습니다. 그 이후에 사무엘하 22장의 신앙고백은 이신성화의 클라이막스에서 고백하는 내용입니다. 특히 21절에서 여호와께서 내 공의를 따라 상을 주셨다. 25절에서 여호와께서 내 의대로 그의 눈앞에서 내 깨끗한 대로 내게 갚으셨도다, 하는 말씀은 이신성화의 비밀을 압축해서 표현합니다. 자신을 향한 하나님의 구속의 은총에 관해 고백하면서 믿음으로 말미암아 실제로 다윗이 하나님 앞에서 흠이 없고 거룩하고 의로운 사람으로 성화했다, 하는 표현입니다.

## II. 다윗에게 전하는 아비가일의 설교

그렇다면 우리의 관심은 기름부음을 받아서 이신칭의에서 시작한 다윗의 인생이 어떻게 이신성화의 단계에 도달할 수 있었는가, 하는 것입니다. 그 한 가지 사례를 사무엘상 25장 26절 이하의 말씀에서 찾아보고자 합니다. 사무엘상 25장 초반부에 다윗은 어떤 모습으로 등장하는가? 약속과 현실 사이에 갈등하는 모습으로 나타납니다. 사무엘상 16장 앞부분에서 다윗은 장차 이스라엘 군왕의 자리로 등극하도록 하나님의 기름부음을 받았습니다. 하지만 사울 왕은 다윗을 자신의 왕권을 위협하는 잠재적인 경쟁자로 생각하고 있습니다. 그래서 기회만 허락되면 다윗을 죽이고자 그렇게 안달이 난 모습으로 다윗을 추격하고 있습니다.

다윗에게 더 힘든 것이 있습니다. 자기는 당장 하나님의 약속이 실현되지 않더라도 혼자 절망하면 되지만, 자기를 믿고 따라주는 가족들과 부하들이 대략 사오백 명 정도 되는데 이 사람들 앞에서도 자기 체면이 말이 아닙니다. 왜냐하면 그렇게 따르는 무리들과 함께 안정된 마을이나 촌락에서 생활하는 것이 아니라 광야에서 이리저리 도망 다니면서 생활을 하고 있습니다. 그러자니 물 한 모금, 곡식 한 톨을 구해서 식구들의 호구지책을 마련하는 문제가 쉬운 게 아닙니다.

그러다가 어느 날 갈멜이라는 지역에서 거부로 소문난 나발이라는 사람이 이제 양 털을 깎는다는 소식이 들려옵니다. 양의 털을 깎는 일은 일종의 추수철이란 의미입니다. 수확철은 평소보다 더 많은 일꾼들이 필요하고 또 풍년의 수확으로 인하여 즐거운 시간이기 때문에 맛있는 음식도 많이 준비해서 축제처럼 보냅니다. 다윗이 그 소식을 듣고서 사무엘상 25장 5절에서 부하 열 명 정도를 나발에게 보내면서, 그동안 나발의 양 떼와 염소 떼를 보호해주고 또 들판에 도적들이 나타날 때 지켜준 옛정을 기억해서 먹을 만한 양고기나 음식을 좀 나눠달라고 요청합니다. 5절에 보면, 나발에게 밑도 끝도 없이 양고기를 달라고 부탁하지를 말고 "내 이름으로 문안하라"고 교육을 잘 시켜서 사람들을 나발에게 보냅니다. 여기에서 내 이름으로 나발에게 문안 인사를 드리라는 말은 다윗의 인지도와 지명도를 나발에게 잘 알려서 주지시키라는 말입니다. 세 가지 인지도입니다. 첫째 다윗이 사무엘 선지자로부터 이스라엘의 지도자로 기름부음을 받았다. 둘째로 그가 블레셋의 무적용사 골리앗을 무찔렀다. 셋째로 이스라엘의 지도자로 기름부음을 받은 자답게 실제로 이스라엘 백성들의 재산과 목숨을 보호해 주었다. 그러니 당연히 그에 걸맞게 예우해 달라는 것입니다.

그런데 현실은 그렇게 쉽게 돌아가지 않습니다. 9절에 보면 다윗의 부하들이 가서 다윗의 이름으로 그렇게 이 모든 말을 나발에게 하기를 마치자, 나발의 반응이 기대했던 것과는 전혀 다르게 나옵니다. 요즘에는 세상이 하도 요상해서 자기 주인에게서 억지로 떠나서 도망 나와 사는 종들이 많다고 하더라. 이 말은 다윗이 사울 왕에게서 도망 나와 사는 현실을 비꼬는 말입니다. 그러니까 다윗의 형편과 처지에 대해서 잘 모르는 것은 아닙니다. 오히려 정확하게 알고 있는 말입니다. 다윗을 가리켜서 네가 사울 왕에게서 도망치지 않았느냐고 놀리고 또 부랑자 폭력배라고 조롱하면서 왜 그런 자들에게 비싼 음식을 내어주겠느냐고 모욕을 퍼붓습니다.

이 소식을 전해들은 다윗의 마음속에는 모멸감과 수치심으로 분노가 치밉니다. 그래서 백 명의 부하들에게 명령하여 칼을 준비하여 나발과 그 수하의 사람들을 모두 박살내도록 지시합니다. 이 때 다윗은 무슨 결심을 했겠습니까? 18절 말씀에 내가 광야에서 밤낮으로 나발의 소유물을 지켜주고 보호해 준 과거의 수고와 고생이 모두 헛된 일이었단 말인가? 하나님! 하나님으로부터 장차 이스라엘의 왕으로 기름부음을 받았다고 해서 그 믿음을 가지고 이스라엘 백성들의 재산과 목숨을 지켜주고 보호하느라 고생했는데 이제 추수 때에 양고기와 음식을 좀 요구한 것이 그렇게 조롱을 받고 멸시받고 모욕을 받을 일입니까? 이렇게 하나님께 따져 묻는 심정으로 칼을 갈았을 것입니다.

우리에게는 이 나발이 우리 마음 바깥에 있는 다른 사람들로 존재하기보다는 오히려 우리 마음속에서 우리의 신앙을 조롱합니다. 죽어버린 옛 사람이 남기고 간 불신앙적인 사고방식으로 살아남아서 우리의 신앙을 조롱합니다. 너의 신앙생활이 하나님의 약속과 다르지 않은가, 하는 질문을 던집니다. 이 질문이 점점 더 커지면 우리는 하나님께 불만을 품습니다. 하나님이 나에게 약속하신 은총의 실제가 겨우 이 정도밖에 안 된단 말씀입니까? 하나님 내가 뭐 로또 복권에 당첨되게 해달라는 것도 아니고, 당장 내 인생에 무슨 대박이 터지고 기적이 일어나게 해 달라고 한 것도 아니잖습니까. 그저 이 작고 사소한 문제 하나만이라도 좀 해결해 달라고 기도한 것인데 그거 하나도 응답을 못해 주십니까? 하나님이 나를 구원하시고 합신으로 인도하실 때 약속하신 천국이 겨우 이 정도밖에 안 된단 말씀입니까? 그렇게 간절히 기도했으면 공부 안 해도 중간고사 문제가 좀 보이고 교수님들의 방언이 이해가 되어야 하는 거 아닙니까!

다윗은 그렇게 해서 터질 듯한 분노의 마음으로 군사들과 함께 급하게 나발의 집으로 달려가고 있는데, 중간에 나발의 아내 아비가엘의 소식을 전해 듣습니다. 18절에 아비가일이 급히 떡 이백 덩이와 포도주 두 가죽 부대와 다섯 마리 분량의 양고기와 여러 음식을 준비해서 다윗 일행을 마중 나갑니다. 그리고는 23절에 급하게 다윗 일행을 불러 세워서 모든 과실은 전부 다 자기 때문에 벌어진 일이니 일단 분노부터 진정하고 자기 이야기를 좀 들어달라고 합니다.

오늘 저와 여러분이 아비가일의 충고에 귀를 기울여야 하는 이유는, 성령 하나님께서 주님의 진리로 자기 백성을 거룩하게 변화시키는 과정이 바로 이와 같기 때문입니다. 아비가일이 다윗에게 선포한 설교의 제 1대지는 26절 말씀입니다. 내 주 다윗이 직접 원수를 심판하고 보복하여 손에 피를 묻히는 일을 여호와 하나님께서 막아주셨다. 말하자면 당신은 믿음의 사람이 아닙니까, 하는 것입니다. 이것은 두 가지 사건을 가리킵니다. 과거 사건과 미래 사건을 가리킵니다. 먼저 과거 사건은 24장 1-2절에서 다윗이 우연히 엔게디 광야의 굴에서 낮잠을 자면서 방심하는 사울 왕을 만납니다. 4절에서 다윗의 주변 신하들은 이때야말로 드디어 하나님께서 다윗 당신에게 기름 부어서 약속하신 이스라엘의 임금이 될 수 있는 절호의 기회라고 하면서 다윗에게 사울 왕을 죽이라고 부추깁니다.

하지만 다윗은 그런 유혹을 뿌리칩니다. 그 이유는 다윗에게 한 가지 믿음이 있었기 때문입니다. 약속하신 이가 하나님이시라면 그것을 성취하시는 이도 결국 하나님이시다, 하나님이 직접 성취하실 것이다! 사무엘상 24장 12절, “여호와께서는 나와 왕 사이를 판단하사 여호와께서 나를 위하여 왕에게 보복하시려니와 내 손으로는 왕을 해하지 않겠나이다.” 다윗 자신과 사울 왕 사이의 문제는 세속적인 권력 투쟁의 문제가 아니라는 것입니다. 다윗 자신은 그 하나님의 구속 역사를 이루도록 창세전에 예정되고 하나님으로부터 선택되고 기름 부음을 받았고 성령의 인도하심으로 초청을 받았다는 것입니다. 이제 그 일을 시작하신 이가 하나님이시라면, 그것의 성취도 결국 하나님이 직접 하실 것이다. 다윗에게는 그런 믿음이 있었습니다. 그 믿음을 가지고 사울 왕을 죽일 수 있는데도 불구하고 살려 주었습니다. 그리고 시간이 지나면서 이 사건이 온 이스라엘에 소문이 퍼집니다. 그리고 아비가일도 그 소문을 들습니다.

그런데 아비가일이 다윗에게 과거 사건을 다시 언급하는 이유가 있습니다. 그것은 나발을 복수하려고 하는 지금 이 순간이 바로 당신이 예전에 가졌던 믿음을 다시 기억해야 하는 순간이라는 것입니다. 과거에 당신에게 바로 그런 믿음이 있지 않았습니까? 하나님이 그렇게 은혜로 다윗 당신을 인도하지 않았습니까? 그것을 기억나게 해주는 것입니다. 그래서 과거 사건이 두 번째의 미래 사건으로 연결되기를 바란다는 것입니다. 아비가일이 단순히 어리석은 나발의 부인이 아니라 하나님의 말씀을 전하는 선지자다운 영적인 권위를 가질 수 있는 이유는, 그가 다윗이 현재 서 있는 위치를 하나님의 거대한 구속 역사의 관점에서 바라볼 줄 알기 때문입니다. 비록 다윗이 현재 저렇게 나발의 모욕 때문에 길길이 날뛰지만 그러나 그 머리 위에 계신 하나님께서 저 인생을 통하여 자신의 나라를 이루시고자 역사하시는 그분의 능력과 영광과 권세가 얼마나 강력하고도 영광스러운 것인가? 그것을 이해했기 때문입니다.

아비가일의 설교의 두 번째 대지는 28절입니다. 핵심적인 내용은 "여호와께서 반드시 내 주를 위하여 든든한 집을 세우실 것입니다." 과거 약속의 성취를 다시 확인시켜 줍니다. 아비가일이 그렇게 약속 성취를 장담할 수 있는 이유는 두 가지 때문입니다. 첫째는 당신도 아시다시피 내 주께서는 지금 사울 왕과 세상적인 권력 투쟁을 하는 것이 아닙니다. 하나님께서 이 세상에 자신이 거하실 성전을 세우시기 위하여 그것을 방해하는 사탄 마귀들과 싸우는 그 여호와 하나님의 전쟁에 지금 참여하고 계십니다. 이 전쟁은 사람의 힘으로 싸우는 전쟁이 아니라 하나님께서 친히 주관하시는 전쟁이기 때문에 결국 다윗을 향한 하나님의 약속은 반드시 성취될 수밖에 없습니다, 하는 그런 말씀입니다.

아비가일이 약속 성취를 확신하는 두 번째 근거는, 첫 번째 증거에 근거하여 즉 삼위 하나님의 능력과 영광과 그 은혜 덕분에 다윗 당신이 실제로 변화하고 있지 않느냐는 것입니다. 28절 하반절에 "내 주의 일생에 내 주에게서 악한 일을 전혀 찾을 수 없"기 때문입니다. 그런데 아비가일이 어떻게 다윗에게 이런 말을 할 수 있습니까? 지금 나발을 포함하여 사람 수십 명을 죽이려고 달려드는 사람을 향하여 "내 주의 일생에 내 주에게서 악한 일을 전혀 찾을 수 없습니다"라고 합니다. 거짓말이 아닙니까? 문자적으로 보자면 아비가일은 다윗의 분노를 누그러뜨리기 위하여 지나치게 아부하는 것처럼 보입니다. 하지만 이 말은 다윗의 분노를 누그러뜨리기 위한 과장법이 아니라 다윗을 하나님의 시각으로 바라보기 때문입니다. 당신을 구속하시고 지명하여 부르셔서 하나님 나라를 완성하신 하나님께서 당신 속에 일하고 계시기 때문에 비록 횟수에 있어서는 죄를 범한 경우가 더 많을는지 모르지만 그러나 하나님이 보실 때 당신은 결국 악한 일을 전혀 찾을 수 없이 의롭게 변화된 하나님의 자녀가 아니냐 하는 것입니다.

우리도 이신칭의 이후 성화의 과정에서 자꾸만 마음속에 갈등을 느낍니다. 회의가 찾아오기도 하고 번민의 밤을 보냅니다. 그래서 그냥 마음속으로는 열두 번도 더 넘게 자신에게 엑스 표를 긋고, 포기를 해 버리고 넘어지고 자퇴서를 백 번도 넘게 제출합니다. 그런데 신기한 것은 그 자리에서 그냥 엎어져 죽어버리면서 신앙을 버리고 세상으로 떠나가 버려야 하는데, 신기하게도 다시 일어섭니다. 교회에서도 주일을 보내고 저녁에 교회를 떠날 때는 하나님이 오늘 예배 중에 전혀 은혜를 주시지 않고 감동을 주시지 않았으니까 이제 다시는 이 교회 오나 봐라 벼르면서 떠나지만, 그러나 금요일이 지나고 토요일 밤이 되면 내일 딱히 갈 교회도 없고 아예 여기에서 주님을 버릴 수도 없어서 다시 나갑니다.

그런 방식으로 우리는 넘어지면 다시 일어서고 또 시간이 지나면서 은혜를 까먹다가 다시 말씀을 기억하고 새로이 의지를 회복해서 일어납니다. 그러다 또 넘어집니다. 하지만 두 번째 넘어질 때는 이제 맷집이 좀 붙어서 좀 더 빨리 일어납니다. 그래서 저와 여러분의 인생은 내가 선택해서 내가 사는 인생이 아니라 하나님이 살아내시는 인생입니다. 내가 내 의지로 사는 인생이 아니라, 하나님께서 말씀과 성령의 능력으로 우리 안에 새로운 사람의 의지를 공급하심으로 하나님이 나를 통하여 살아가시는 인생입니다. 이것이 바로 하나님이 우리 안에서 살아 계신 증거입니다.

아비가일이 다윗에게 전하는 설교의 마지막 세 번째 대지의 적용점은 30절과 31절입니다. 설교가 이제 종반부로 들어가면서 아비가일은 다윗에게 적용점을 제시합니다. 다윗이 하나님의 구속 역사에 눈이 떠진 자라면, 이제 그 응답으로 어떻게 행동해야 할 것인가? 분노하는 다윗에게 적절한 조언은 분노를 삭이라는 것입니다. 하지만 아비가일은 분노를 해소하는 5단계 비법을 제시하지 않습니다. 분노를 삭이는 5단계 비법이 있긴 합니다. 1단계, 심호흡을 하라. 2단계, 참을 인 자를 열 번을 써라. 참을 인 자를 열 번을 쓰면 살인을 면합니다. 3단계, 냉수를 마시라. 냉수는 축복 선언을 받은 육각수가 좋습니다. 4단계, 원수의 얼굴을 떠올리고 축복하라. 마지막으로 사랑한다고 선포하라. 그러나 아비가일은 이런 식으로 다윗에게 어떤 윤리나 도덕을 강요하지 않습니다.

## III. 오직 하나님의 은혜

그보다는 아비가일은 현재 분노하는 다윗을 장차 하나님의 약속이 성취될 세상으로 인도합니다. 30절 말씀입니다. "여호와께서 내 주 다윗에 대하여 하신 말씀대로 모든 선을 내 주에게 행하사 내 주를 이스라엘의 지도자로 반드시 세우실 것이라." 다윗 당신이 반드시 이스라엘 군왕의 자리에 오를 것이고 하나님께서 그동안 다윗 당신에게 약속하신 모든 약속을 응답하시고 성취하실 것입니다. 그 날에 다윗 당신은 주변의 모든 가족들과 신하들과 백성들과 함께 하나님을 찬양할 것이고 당신의 통치를 받는 이스라엘 모든 백성들은 당신의 통치와 권세를 인하여 기뻐하고 즐거워하며 감사할 것입니다. 왜 이 방식이 규범을 제시하는 것보다 더 효과적인가 하면, 다윗이 지금 분노하는 원인은 단순히 나발 개인의 푸대접과 모욕이 문제여서가 아닙니다. 나발의 모욕을 계기로 다윗과 하나님과의 언약 관계가 흔들리고 의심 받기 때문입니다. 하나님이 나를 기름 부으시면서 약속한 세상이 겨우 이 정도밖에 안 됩니까? 그러한 신앙의 회의 때문에 나발을 향하여 더욱 분노가 치미는 것입니다.

이 문제를 해결할 수 있는 것은 세상적인 지혜나 윤리적인 충고가 아니라 오직 하나님이 자신의 약속을 스스로 완성하시는 분으로서 그분의 말씀과 말씀이 실제 효력을 발휘하도록 하시는 성령 하나님의 능력뿐입니다. 그래서 아비가일은 마지막으로 다윗을 하나님의 약속이 성취된 미래 하나님 나라 왕궁 속으로 다윗을 인도합니다. '하나님은 반드시 당신을 이스라엘의 지도자로 세우실 것입니다. 그래서 당신도 하나님을 기뻐하고 감사할 것이고 모든 가족들과 백성들도 기뻐하고 감사

할 것입니다.'

그런데 그렇게 모두가 기뻐하고 즐거워하고 감사할 날에 혹시 오늘처럼 당신이 이렇게 당신 손으로 '무죄한 피'를 흘린다든지 친히 원수를 갚아 버린다든지 해서 그 일로 인하여 마음에 걸리는 일이 생긴다거나 슬퍼하거나 후회하는 일이 있어서는 안 되지 않겠습니까? 31절에서 아비가일은 다윗이 나발을 복수하여 흘리는 피를 가리켜서 무죄한 피라고 설명합니다. 다윗이 나발을 죽일 때 나발이 흘리는 피가 왜 무죄한 피인가? 다윗이 나발에 대하여 분노해서 복수하려고 했을 때, 만일 나발과 다윗의 관계가 세상적인 갑을 관계라면 다윗이 푸대접을 받은 것은 참으로 모욕이고 수치이니까 다윗이 나발을 죽여서 복수하는 것은 나름대로 이해할 만합니다. 세상적으로 볼 때에는 다윗을 몰라보고 모욕한 죄에 대하여 보복을 받아서 정당하게 피 흘려 죽는 것입니다.

하지만 하나님 나라의 시각을 가지고 보자면 다윗이 나발을 죽이면 그 피는 무죄한 피일뿐입니다. 왜냐하면 다윗은 나발을 심판하고 처벌할 권한이 없기 때문입니다. 나발과 다윗의 관계는 그런 세상적인 갑을 관계가 아니라 하나님이 다윗의 믿음을 시험하고 연단하시기 위한 과정이기 때문입니다. 다윗을 위하여 동원하시는 역할놀이의 문제입니다. 그러니 다윗이 나발에게 네가 어찌 나한테 이럴 수 있느냐 하면서 복수할 수 없다는 것입니다. 처벌해야 한다면 하나님이 직접 하신다는 말씀입니다. 그래서 38절을 보면 나발은 나중에 열흘 후에 하나님이 직접 죽이십니다.

다윗은 이 말씀을 듣고서 나발을 향하여 겨누었던 창칼을 다시 거둬들이고 아비가일의 지혜를 칭찬합니다. 그리고 아비가일을 보내서 하나님의 말씀을 전하게 해서 자신의 악한 마음을 바꾸어주신 하나님의 섭리를 감사하면서 분노로 뽑았던 칼을 다시 칼집으로 되돌려 거둡니다. 이제 신분의 칭의뿐만 아니라 그 수준으로도 거룩한 사람으로 변화한 것입니다.

만일에 다윗이 나발을 죽이면 어떻게 됩니까? 아마도 다윗은 맨 처음에는 속이 후련했다가 나중에 자신의 과한 행동을 후회하게 될 것입니다. 다윗이 나발을 죽일 경우 가장 심각한 문제가 되는 쪽은 누구인가? 다윗이 아니라 하나님이십니다. 하나님께서 다윗을 기름 부어 이스라엘의 지도자로 삼겠다고 스스로 다짐하신 그 약속과 언약은 무능력하고 불경건한 인간 때문에 무너지고 맙니다. 하나님이 아비가일을 감동하시고 말씀과 성령을 통해서 다윗의 심령 속에서 일하시는 이유도 다윗이 급해서가 아니라 하나님이 급하시기 때문입니다. 그래서 다윗을 막아 나발을 해하지 않게 한 주체가 누구인가, 라고 질문한다면 그 주체는 바로 다윗도 아니고 아비가일도 아니고 하나님이십니다. 34절 말씀에 "나를 막아 너를 해하지 않게 하신 분은 이스라엘에 살아 계신 여호와 하나님이시다." 그리고 오랜 시간이 흐른 다음에 과거를 회고하면서 다시금 "나의 나 된 것은 오직 하나님의 은혜"라고 고백합니다.

사무엘하 22장 21절부터 23절의 말씀입니다. 다 함께 읽어보시겠습니다. "여호와께서 내 공의를 따라 상 주시며 내 손의 깨끗함을 따라 갚으셨으니 이는 내가 여호와의 도를 지키고 악을 행함으로 내 하나님을 떠나지 아니하였으며 그의 모든 법도를 내 앞에 두고 그의 규례를 버리지 아니하였음이로다." 신약의 말씀으로 바꾸자면 '주님, 오늘 내가 나 된 것은 나의 능력이나 노력이나 의지 때문이 아니라 전적으로 하나님의 은혜입니다'가 될 것입니다. 예나 지금이나 우리 하나님은 주님의 진리 되신 말씀으로, 그리고 말씀을 밝히 조명하여 깨닫게 하시는 성령의 능력으로, 저와 여러분을 주님이 원하시고 기대하시는 거룩한 백성으로 그렇게 변화시켜가고 계십니다. 이 믿음으로 성화의 삶을 기쁨으로 감당하시기 바랍니다.

# 크리스천의 소명 의식

**고린도전서 1장 1절–3절**

**방선기** (기독교교육학)

## I. 직업을 대하는 태도 세 가지

저는 직장 사역을 죽 해왔습니다. 그러니까 아무래도 다른 목사님이나 교수님들하고 달리 직장과 관련된 공부를 많이 했습니다. 최근에 직업 상담에 관한 책을 보면서 굉장히 인상적인 내용을 발견했습니다. 직업 심리학에 관한 책인데 사람들이 직업에 대해서 대하는 태도를 세 가지로 이야기합니다. 아마 금방 이해가 될 겁니다.

첫째는 잡(job)으로 대하는 태도입니다. 돈벌이로 대하는 태도가 있고. 두 번째는 커리어(carrier)로 대하는 태도, 그러니까 경력이죠. 내가 이 일을 통해서 세상에서 경력을 쌓아서 성공하는 것으로 보는 태도가 있고. 이것은 충분이 이해가 되는데, 세 번째는 뭐냐면 콜링(calling)으로 대하는 태도이에요. 그리고 한국어로 그렇게 설명했어요. 소명 의식을 가지고 직업을 대하는 태도가 있다는 것이죠. 아무리 봐도 이것은 기독교 책이 아니에요. 이것은 세속적인 책입니다.

그런데 거기서 직업을 대하는 태도를 얘기하면서 '소명 의식을 가지고 일해야 한다. 돈벌이로 생각하지 마라. 그저 경력으로 생각지 마라. 소명 의식을 가지고 일하라.' 굉장히 충격이 되었습니다. 소명은 하나님이 주신 건데 하나님 안 믿는 사람들이 이게 무슨 일인가 했더니 거기 그렇게 썼어요. 원래 이 소명이라는 말은 종교적인 어원인데 사실 자기들 입장에서는 하나님을 안 믿으니까 소명이라면 누군가 부르긴 불러야 하니까 하나님이 불렀다고 못하니 내면의 부르심이라고 했습니다. 그것도 부르긴 부른 거니까요. 아무튼 저는 믿지 않는 사람들이 직업을 대하면서 소명 의식을 갖고 일하라고 가르친 것이 굉장히 충격이 됐습니다.

과연 부르신 분을 아는, 믿는 우리 크리스천들이 과연 소명 의식을 가지고 일하고 있나? 이런 생각을 하면서 충격이 됐습니다. 믿지 않는 사람이 소명 의식을 얘기하는데 과연 우리 믿는 사람들이 얼마나 소명 의식을 의식하고 있느냐 말이죠. 그렇게 된 연유 가운데 소명 의식을 그렇게 강조하지 않은 것도 들 수 있을 것 같아요. 이유를 가만 생각해 보니까 우리가 소명에 대해서 조금 오해를 했던 것 같습니다.

교회에서 보통 소명이라는 말은 주로 목회자나 선교사들에게 해당된다고 생각했던 것 같아요. 저도 직장 다니다가 신학교 가려고 했을 때 우리 큰아버님 되시는 목사님한테 말씀드렸더니 제일 먼저 저한테 물으시는 게 소명을 받았냐는 거예요. 태어나서 소명과 관련된 첫 번의 질문이자 마지막 질문이었어요. 그전에 개인적으로 소명을 거론한 경우가 한

번도 없었어요. 그 이후로는 더 이상 못 들어 봤어요, 소명을 받았냐? 그 때 제가 받았다고 못하고 안 받았다고 못했어요. 안 받았다고 하면 가지 말라고 할까 봐 그랬습니다. 받았다고 하기에는 딱히 뭐 들어오는 것도 없고 그래서 그냥 얼버무리고 말았습니다. 그리고 신학교 가서 목사가 됐어요. 그런데 나중에 소명에 관해서 계속 생각하게 되는데 뭔가 소명에 대해서 우리가 잘못 알고 있는 것 같다는 생각이 들었습니다. 그래서 오늘 저는 일반 서적에서 소명 의식에 대한 도전을 받고 성경이 가르치는 소명 의식이 뭔지를 함께 나누려고 합니다.

## II. 두 가지 소명

오늘 본문 고린도전서 1:1-3절에 보게 되면 소명이란 단어는 안 나왔는데 부르심이란 말이 바로 같은 얘기이죠. 찬송가에는 소명이란 말이 많이 있는데 성경에는 소명이란 단어로 나온 말은 없고 부르심이라는 말이 나옵니다. 오늘 본문에도 두 개가 나옵니다. 두 가지 부르심이란 말이죠. 그리스도 예수의 사도로 '부르심'을 받고, 그 다음에 죽 나아가다가 그리스도 예수 안에서 거룩하여지고 성도로 '부르심'을 받은 자들이 또 나옵니다. 두 부르심이 나옵니다. 이 두 부르심에 공통점이 있고 또 다른 점도 있습니다.

제가 이것을 가지고 중고등학생들하고 한번 나눈 적이 있어요. 좀 어렵지 않을까 생각했는데 중고등학생들 금방 알아듣더군요. 이 두 부르심의 공통점이 뭐냐 그랬더니 금방 대답합니다. 하나님요! 정말 놀랐어요. 거침없이 하나님이 부르셨다는 것이 공통점이라는 거예요. 맞는 말입니다. 하나님이 부르셨다는 것이 공통점입니다. 다른 점은 뭐냐? 중고등학교 학생들에게서는 쉽게 안 나오더라고요. 두 구절에서 사도로 부르심을 받았다는 것은 직분의 소명이라고 볼 수 있습니다. 그런데 성도로 부르심을 받은 것은 신분의 소명이라고 볼 수 있어요. 그래서 우리 모든 그리스도인들은 이 두 소명을 받습니다. 먼저 모든 그리스도인들은 성도로 부르심을 받았습니다. 성도로 부르심을 받지 않은 크리스천은 없죠. 모든 성도는 크리스천으로 부름을 받았습니다. 그러나 모든 성도가 사도로 부르심 받지는 않죠. 그러나 사도는 아니지만 다른 직분으로 부르심을 받게 됩니다.

그래서 오늘 두 가지 소명에 대해서 말씀을 드리려고 하는데 제일 먼저 소명이 성도로 부르심을 받은 거죠. 소명 신학에 관한 글을 쓴 분들에 의하면 그것을 1차 소명이라고 표현합니다. 바로 오늘 본문 2절에 나오는 거죠. 그리스도 예수 안에서 거룩하여지고 성도로 부르심을 받은 자라. 로마서 1장 7절에도 비슷한 말씀이 나옵니다. 성도로 부르심을 받은 자들인데, 하나님은 우리를 구원하기 위해서 부르셨다는 말씀을 보게 됩니다. 로마서 8장 30절에서 이 말씀을 아주 잘 정리하고 있지요. "하나님께서 이미 정하신 자들을 부르시고 부르신 자들을 의롭게 하시고 의롭게 하신 사람들을 영화롭게 하셨다." 너무 잘 아는 말씀입니다. 이것을 잘 정리하면 구원론이 되는 거죠. 하나님은 구원 받을 사람들을 정하시고 그 다음에 그들을 부르시고, 그렇게 부름을 받은 사람들이 예수를 믿게 되고 그래서 의롭게 되고 의롭다고 인정을 받은 사람들이 살아가는 동안에 거룩하게 되다가 마지막에 영화롭게 된다! 결국 예수를 믿고 구원 받는 과정을 얘기해 주는 말씀입니다. 그런데 거기에 빠뜨리지 않고 들어가는 게 바로 부르심이라는 거죠. 소명입니다.

저는 가끔 이 말씀을 나누면서 교회에서 물어봅니다. 소명 받은 사람 손들어 보세요. 거의 못 듭니다. 예수 믿는 사람 손들어 보세요. 거의 다 손 듭니다. 그런데 이 말씀을 듣고 나서 소명 받은 사람 손들어 보세요, 하면 거의 다 들어요. 예수를 믿는 사람이 하나님의 부르심을 받지 않고 예수를 믿는다는 것은 있을 수가 없는 거지요. 그러니까 어떤 의미에서 모든 그리스도인들은 하나님으로부터 소명을 받은 사람들입니다. 그런데 우리가 소명 하면 자꾸 어려운 생각들이 먼저 납니다. 그러나 성경에 분명히 가르칩니다. 성도로 부르심을 받는다. 우리가 모든 성도들한테 그리스도인으로 부르심을 받았다는 것을 제대로 확실히 깨우쳐 줄 수 있으면 좋겠습니다.

그런데 이 부르심을 받았다는 얘기만 하고 끝내서는 안 되지요. 부르심을 받았으면, 소명을 받았으면 소명 의식을 가지고 살아야 한다는 것입니다. 소명 의식을 가지고 살아야 한다는 말이 성경에 그대로는 나와 있지 않아요. 아까 그 책은 소명 의식을 가지고 일해야 한다고 얘기했는데, 성경에는 그런 표현이 없지만 똑같은 얘기가 있습니다. 에베소서 4장 1-2절 보면 “부르심을 받은 일에 합당하게 행하라.” 이게 소명 의식을 가지고 살라는 것이지요. 부르심을 받았으면 부르심을 받은 사람답게 살라는 겁니다. 그러니까 결국 소명을 받았으면 소명 의식을 가지고 살라는 얘기이죠.

소명 의식을 가지고 살라는 거는 무슨 말이냐? 에베소서 4장 2절 보게 되면 “겸손과 온유로 하고 오래 참음으로 사랑 가운데서 서로 용납하며”라고 하였습니다. 소명 의식을 가지고 산다는 것은 엄청난 일을 하는 것이 아니라 내 삶에서 정말 겸손하고 온유하고 오래 참음으로 사는 그것이 바로 소명 의식을 가지고 사는 삶입니다. 교회에서 무슨 거창한 일을 한다고 하는 이들에게 먼저 이 얘기를 해주어야 합니다. 사실 겸손하거나 온유하거나 오래 참지 못하는 사람들을 향해서 먼저 우리가 이 소명 얘기를 해야 합니다. 소명 의식을 가지고 살자! 교회 일을 많이 하는 것이 소명 의식을 가지고 사는 것이 아니라 정말 부르심을 받은 사람답게 사는 것이 소명 의식을 가지고 사는 것입니다.

베드로전서 1장 15절에 이런 표현이 나옵니다. "오직 너희를 부르신 이처럼 너희도 모든 행실에서 거룩한 자가 되라." 마찬가지죠. 부르심 받은 사람들은 결국 어떻게 살아야 하느냐? 엄청난 일을 하기 전에 부르신 하나님처럼 거룩하게 살아라. 이게 소명 의식을 가지고 사는 거예요. 또한 베드로전서 2장 21절에 보면 부르심 받은 사람들은 예수님이 고난당한 것처럼 그렇게 고난을 감수하며 사는 것입니다. 이게 바로 부르심을 받은 사람들이죠. 베드로전서 2장 21절은 일하면서 윗사람 때문에 고통당하는 사람에게 주시는 말씀입니다. '예수님도 고난당했다. 너희가 그것을 위해서 부르심을 받았다.' 우리가 그렇게 부르심을 받았다. 그리스도인들이 하나님으로부터 부르심 받았다는 것이 굉장히 중요합니다. 부르심을 받았으면 부르심 받은 사람답게 겸손하고 온유하게 살아라. 부르심 받은 사람답게 거룩하게 살아라. 부르심 받은 사람답게 고난을 받아들일 수 있어야 한다! 그래서 크리스천의 삶을 소명 의식을 가지고 사는 사람, 이렇게 표현했으면 좋겠어요. 소명 의식이라고 하면 자꾸 어떤 일을 생각하게 되는데 소명 의식은 내 신분의 변화가 먼저입니다. 그리고 나서 그리스도인으로서 신분에 맞게 사는 것이 뒤따라야 합니다.

이게 바로 소명 의식을 가지고 사는 것입니다. 성도로 부르심 받은 사람들이 소명 의식을 가지고 사는 것이 중요합니다.

## III. 직분자의 소명 의식

두 번째는 사도로 부르심을 받았다는 바로 이 부분입니다. 사도로 부르심을 받았다는 것과 관련해서도 중고등학생들한테 물어봤어요. 우리들이 어떤 부르심을 먼저 받게 되나? 금방 알아맞히더라고요. 먼저 성도로 부르심을 받게 되죠. 그러고 나서 성도로 부르심을 받은 사람들에게 하나님이 어떤 일을 위해서 또 부르십니다. 사도 바울의 경우 그렇게 표현합니다. 나는 성도로 부르심 받았는데 그 다음에 사도로 부르심 받았다. 그래서 성도로 부르심 받은 것을 1차 소명, 신분의 소명이라고 한다면, 2차 소명이라고 할 수 있는 것은 사도라는 직분으로 부르심을 받은 것이죠. 이미 불러서 성도로 삼은 사람들에게 어떤 일을 맡기기 위해서 부르신 것입니다.

그런데 여기도 있듯이 사도라는 부르심은 굉장히 많이 나오는데 사실 그렇게 때문에 과거에 특별히 중세 시대라고 기억이 됩니다만 신부나 수도사들한테는 이 소명이란 단어를 썼던 것 같습니다. 아마 그런 생각이나 전통이 지금도 그대로 교회에 내려와서 직분의 소명을 얘기할 때 아무래도 목회자나 선교사들한테만 적용을 하지 않았나 생각합니다. 저는 집사도 하고 여러 가지 과정을 다 거쳤는데 집사할 때 소명 그런 거 안 물어 봤어요. 주일학교 교사할 때도 안 물어 봤어요. 제가 직장에 들어갈 때에도 너 그 직장에 소명이 있는지에 대해 묻는 걸 듣지 못했어요. 딱 한번 신학교 간다니까 소명을 받았냐고 꼭 물어 보더라고요. 그러니까 사람들이 소명은 그런 사역자들한테만 해당되는구나 하고 생각하게 되지 않았나 생각합니다. 그런데 그것은 잘못된 생각입니다.

이런 잘못된 생각을 바꾸는데 결정적인 역할을 한 사람이 루터죠. 올해가 종교개혁 500주년 되는 해입니다. 어느 모임에 가서 얘기 들었는데 종교개혁 500주년을 이렇게 열심히 축하하는 나라는 우리나라밖에 없다더군요. 독일은 조용하다고 합니다. 저는 잘 모르겠어요. 어쨌든 우리가 괜히 다른 나라보다 유난스럽다고 그러는데 유난스러우면 좀 어때요. 이 기회에 500주년 맞았다고 개혁이 되면 좋은 거죠. 그분이 조금 냉소적으로 얘기해서 좀 기분이 안 좋더라고요. 우리가 500주년을 기억하는 것이 잘못된 건가? 따지고 보면 기억 안 하는 사람들이 더 문제이겠지요.

아무튼 종교개혁 500주년을 맞이했는데 루터의 종교개혁에 여러 가지 요소가 있습니다. 그런데 결국 잘못된 교리나 관행들을 개혁한 겁니다. 그 중에 가장 중요한 하나가 부르심 곧 소명에 대한 잘못된 생각을 개혁한 거라는 생각이 들어요. 루터는 우리가 잘 아는 대로 만인제사장론으로 유명합니다. 만인제사장론을 주장한 사람이 누구냐 하고 물으면 루터, 딱 나옵니다. 그때 제일 섭섭할 사람이 있어요. 사도 베드로죠. 베드로 사도가 베드로전서 2장 5절에 얘기했습니다. "예수 그리스도로 말미암아 하나님께서 기쁘게 받으실 신령한 제사를 드리는 거룩한 제사장이 될지니라." 베드로 사도가 이미 얘기했고 이게 결국은 만인제사장론이에요. 이것이 레위 자손들에게 한 얘기가 아니잖아요. 이방인을 포함한 모든 성도들에게 제사장이 되십시오, 그랬단 말입니다.

예수를 믿는 모든 사람들, 성도로 부르심을 받은 모든 사람들은 기본적으로 제사장인 거죠. 목회자는 제사장인가요 아닌가요? 목회자가 제사장이 아니라도 상관없어요.. 목회자도 제사장이고 일반 성도들도 제사장입니다. 이렇게 모든 성도들이 하나님 앞에서 똑같이 중요한 제사장이기 때문에 중요한 얘기가 이어서 나옵니다. 너희들이 하는 일이 하나님 앞에서 똑같은 가치가 있다는 것이죠. 그 당시로 돌아간다면, 신부들이 예배를 인도하는 일이나 목동들이 목장에서 하는 일이나 똑같이 하나님을 기쁘게 하는 것이라 그것입니다. 여기서 성도들이 하는 모든 일이 하나님의 소명이라는 소명론이 나오게 됩니다.

요새 이신칭의에 대해서 논란이 많습니다. 그것은 종 개혁이 가르쳐준 건데 당시에 맞는 것이 요즘 어떻게 해석해야 되나 모르겠어요. 분명한 것은 성도들이 자신이 하나님의 제사장이라는 사실과 자기가 하는 일이 하나님 앞에 부르심으로 받은 소명임을 알아야 하는 것입니다. 골로새서 3장 23절에 사도 바울이 그렇게 얘기하죠. 제가 아주 좋아하는 말씀입니다. "무슨 일을 하든지 마음을 다하여 주께 하듯 하고 사람에게 하듯 하지 말라." 노예들한테 하는 말입니다. 노예들이 하는 일을 소명이라고 하지는 않지만 하나님이 불러서 맡긴 일, 소명으로 받아들여라 하는 얘기나 다름없는 거죠. 그 당시로는 굉장히 충격적인 얘기였을 것 같습니다.

바울 자신도 텐트 만드는 일을 밤낮으로 하면서 하나님의 복음을 전했다고 데살로니가전서 2장 9절에 말씀하고 있습니다. 바울에게 사도의 사역은 분명히 부르심입니다. 그런데 사실 텐트 만드는 일도 부르심이 없으면 못해요. 텐트 만드는 일은 사도 바울에게 잡이었을까요, 커리어였을까요? 아까 말한 대로 콜링이었다고 볼 수 있죠. 하나님은 모든 성도들이 하나님의 일을 하도록 부르십니다. 이게 바로 일의 소명입니다. 바울은 사도로 부르셨다 그랬어요. 어떤 이들은 목사나 선교사로 부르십니다. 그럼 목회자가 아닌 사람들은 부르시지 않나요? 부르시죠. 교회 내의 다양한 사역으로 부르신다는 거죠. 아까 제가 얘기했듯이 집사로 부르시고 장로로 부르시고 또 교사로 부르십니다.

그런데 교회 안에서 맡겨진 직분만 부르심 곧 소명이 있는 것이냐? 그게 아니라 성도들이 교회 밖 세상에서 하는 모든 일이 바로 하나님의 소명으로 볼 수 있다는 것입니다. 저는 과거에 엔지니어였어요. 엔지니어 하다가 목사가 됐는데 그때 제 친구가 했던 말이 있습니다. 제 친구들이 뭐라 그랬냐면 애초에 목사가 되려면 신학교를 가지 왜 공대를 들어왔냐? 너 때문에 애매한 애 하나 떨어지지 않았냐? 제가 할 말이 없어요. 내가 누구 떨어뜨리려고 공대를 들어간 건 아니죠. 하다 보니까 공대를 들어갔고 직장 생활 하다가 이게 아니다, 그래서 목사가 됐습니다. 아 그럼 내가 공대를 가서 엔지니어 한 것은 하나님의 부르심도 없었는데 잘못 갔던 건가? 그런데 하나님이 부르셨다고 잘못 생각한 게 아니라는 걸 나중에 알게 됩니다. 하나님은 저를 엔지니어로 직장 생활하도록 부르셨어요. 그리고 그만하고 다른 부르심을 하라고 하셨는데, 그게 목사였다고 믿습니다. 그리고 은퇴를 하게 되면 또 뭔가 부르심이 있으리라고 생각해요. 저는 요즘 그 부르심을 찾고 있습니다. 그러다가 마지막에 하나님이 하늘로 부르시겠죠. 부르시면 가야죠. 소천이란 말이 거기서 나왔습니다. '하늘에서 부르신다.'

우리 그리스도인들은 성도가 되도록 부르신 다음에 하나님이 여러 가지 일을 하도록 부르시는 거예요. 그러니까 맡겨진 일들을 다 하나님의 소명으로 생각할 수 있어야 합니다. 흔히 말하는 대로 목사 일만 소명이 아니고 교회에서 하는 일만 소명이 아니라 우리에게 맡겨진 모든 일이 부르심입니다. 어떤 분들은 그런 얘기까지 합니다. 남편으로서의 소명 아내로서의 소명 부모로서의 소명 시민으로서의 소명, 확대하면 우리가 모든 영역에서 자기한테 맡겨진 일은 하나님이 불러서 맡기신 일로 받아들여라! 이게 바로 소명 의식을 가르치는 것입니다. 결국 그런 부르심을 받았다고 생각할 때, 그 일을 하나님의 소명이라고 생각할 때 소명 의식을 가지고 일을 하게 된다는 거죠.

저는 오늘날 우리 한국 교회에 제일은 아니지만 개혁해야 할 중요한 하나가 바로 이것이 아닌가 생각합니다. 예를 들어서 직장에서 일하는 사람들이, 가정에서 일하는 크리스천들이 그 속에서 맡겨진 일을 소명의식을 갖고 하게 되면 주변 사람들에게 엄청난 영향력을 일으킬 것 같습니다. 흔히 교회에서 맡겨진 일에는 소명 의식을 갖지만 교회 밖으로 나가면 보통 사람들과 똑같이 되면 빛과 소금이 되기는 어렵겠죠. 소명의식을 가지고 어떤 역할이든지 감당한다면 그게 바로 빛과 소금이 되는 것이 아닌가 생각합니다.

말씀을 맺으며 이제 우리들에게 하는 얘기입니다. 아까 예를 들었듯이 제가 신학교 간다 그럴 때 소명을 받았냐고 물었어요. 적어도 과거에 신학교 오려는 사람들한테는 소명 의식이란 것이 있어요. 저는 여러분이 다 소명을 받아서 왔다고 생각하는데 대부분 그렇게 소명 의식이 있었어요. 목사가 되려고 하면서 그거 괜찮은 잡이야 하고 목사가 된 사람은 없으리라고 생각합니다. 다 소명 의식을 가지고 소명을 받고 목사가 됩니다. 그런데 요즘 기독교가 많이 욕을 먹는 것 중에 하나가 목회자들의 소명 의식이 희미해져 가는 이것 때문이 아닌가 하는 생각이 들어요. 목사들이 목회라는 것을 종교적인 잡으로, 종교적인 커리어로 생각하게 되는 것 같습니다. 원래 소명이었는데 자꾸 잡이나 커리어로 생각하는 것 같습니다.

아까 제가 설교를 시작하며 소개했던 그 책의 저자가 누군지 기억이 안 납니다. 사실 이런 얘기는 미국 사회에서 그냥 흔히들 하는 얘깁니다. 그 사람들이 저는 한국의 신학생들이나 목회자들을 향해서 이렇게 말할 것 같아요. 목회를 대하는 데는 세 가지 자세가 있다. 잡으로 대하는 게 있고 커리어로 대하는 게 있고 콜링으로 대하는 게 있다. 그런데 콜링으로 해라. 이렇게 말할 것 같아요. 우리도 모르는 사이에 잡이 되어 버리기도 합니다. 이해가 돼요. 경제적으로 어려우니까요. 우리도 모르는 사이에 이 교회를 통해서 저 교회를 통해서 커리어가 됩니다. 세상에서 사니까 이해는 합니다.

세상 직업도 잡으로 보고 커리어로 하는 사람이 많아요. 그런데 세상 사람이 아닌, 신분으로 부르심을 받았으니 소명 의식을 갖고 그것을 해야 한다고 가르치고 있습니다. 그런데 소명 의식의 원본을 가지고 있는 우리가 세상의 영향을 받아서 잡으로 커리어로 변질시킨다면 얼마나 부끄러울까요? 저는 오늘 그런 생각을 합니다. 그 글을 쓴 사람이 오늘 우리 그리스도인들에게 그렇게 말할 것 같아요. 더 이상 잡으로 생각지 말고 커리어로 생각지 말고 하나님의 콜링으로 알아라! 콜링으로, 소명을 받은 대로 소명 의식을 가지고 감당하라고 말씀하는 것 같습니다.

# 마른 뼈를 살려내자

에스겔 37장 1절–14절

김만형 (기독교교육학)

## I. 소망 없는 이스라엘의 상태

오늘 여러분과 나누고자 하는 이슈는 '짧은 시간' 이런 것입니다. 나는 지금 현재 스스로 하나님 앞에서 내 자신이 살아나고 있는가? 스스로 여러분 모습을 볼 때 어떻습니까? 여러분이 살아나고 있습니까? 아니면 죽어가고 있습니까? 여러분이 사역을 할 터인데 여러분의 사역 현장을 보십시오. 여러분의 사역 현장이 지금 살아나고 있습니까? 죽어가고 있습니까? 그걸 읽으셔야 합니다. 여러분 어떠세요? 그걸 읽고 계십니까? 그것과 상관없이 여러분이 준비한 것을 그냥 펴내놓고 아무것도 읽지 못하고 여러분에게 맡겨진 일에만 급급합니까? 물론 여러분 때는 그럴 수 있어요. 신학교 다닐 때는 여러분이 학교에서 배운 것, 아이디어 얻은 것을 정리해서 그냥 맡은 사역지 현장에서 급급한 모습을 보일 수 있어요. 저도 그랬으니까요.

그러나 돌이켜보면서 제가 또 목회를 하면서 깨닫는 것 중에 하나는 우리가 성도들이 살아나고 있는지 잘 살펴야 한다는 것입니다. 진짜 내 자신이 계속 살아나면서 그렇게 해야 합니다. 물론 성도들을 살리시는 이는 하나님이시지만 나에게 맡기신 일을 통해서 내가 진짜 생명력을 길어내는 그런 사역들을 꿈꾸고 그런 사역들을 할 수 있도록 은혜를 구하는 마음이 우리 안에 가득해야 할 것입니다.

우리가 읽은 본문은 잘 아는 에스겔 선지자가 하나님으로부터 환상으로 받은 것이지요. 에스겔 선지자는 느부갓네살 왕이 B.C. 597년에 예루살렘을 공격해서 귀족과 왕족을 포로로 잡아오는데 그 때 함께 끌려오게 되지요. 그가 그런 시대적인 상황 가운데서 30세에 하나님께 부름받아서 선지자가 돼서 52세까지 하나님의 나라를 위해서 헌신하게 되는데 여기에 그가 받은 계시의 말씀을 하나 소개하고 있습니다. 그가 하나님의 인도를 받습니다. 1절에 보면 "여호와께서 권능으로 내게 임재하시고 그의 권능으로 나를 데리고 가서 골짜기 가운데 두셨다"라고 이야기합니다. 하나님의 섭리가 에스겔에게 임한 것을 볼 수 있어요. 초자연적으로 하나님께서 그에게 역사하는 것을 우리가 볼 수 있어요. 에스겔이 이끌려 간 곳은 골짜기였습니다. 이 본문에는 골짜기로 돼 있습니다만 에스겔서 3장이나 8장에 보면 넓은 들입니다. 그러니까 이 들은 하나님이 친히 영광 가운데 임재했던 곳이요 주님이 에스겔을 마주하여 만나 주셨던 들입니다.

그런데 이번에 하나님이 그곳에 그를 데리고 갔는데 예전에 경험하지 못한 모습이 눈에 띈 것입니다. 에스겔이 그곳을 한번 휙 둘러보았는데 뼈가 가득한 거예요. 한 군데가 아니라 사방으로 뼈가 가득합니다. 에스겔은 그곳을 둘러보고 "나로 그 뼈 사방으로 지나게 하시기로 본즉 골짜기 주변에 뼈가 심히 많고 아주 말랐더라." 많은 뼈가 있었는데 그게 사람들의 뼈에요. 그 뼈들이 다 말라 있더라는 것입니다. 너무 오래 동안 버려져 있었던 거지요. 햇볕에 노출되어 가지고 금방이라도 깨어질 정도로 메말라 버린 것입니다. 하나님이 에스겔에게 이 모습을 보여준 이유가 무엇일까요?

먼저는 하나님께서 실상을 보도록 하셨을 것입니다. 살이 없고 생명력이 없는 전혀 소망이 없는 그런 모습들을 쫙 보게 하십니다. 그러면서 주님께서 이러한 가운데 중요한 질문을 하나 에스겔에게 하시지요. 뭐라고 합니까? 이 뼈들이 다시 살겠느냐? 이것은 하나님께서 어떤 면에서 지금은 소망이 없지만 뭔가 가능성을 내다보고 에스겔에게 말씀하신 것이 아니겠는가, 이렇게 생각을 합니다.

이 마른 뼈들은 주님이 말씀하신 것처럼 이스라엘 백성을 이야기합니다. 11절에 보면 인자야, 이 뼈들은 이스라엘 온 족속이라 그렇게 이야기하지요. 에스겔에게 이 본문의 이 사건을 통해서 말씀하시는 것은 하나님의 백성들이 아무 쓸모가 없고 아무 할 일이 없이 너무 애처롭게 부서질 것처럼 골짜기를 가득 메우고 있는 뼈들에 불과하다는 것을 보여주는 거예요. 이스라엘의 영적인 상태가 이렇다는 것입니다. 일어서려고 해도 기력이 없는 거지요.

그래서 11절에 보면 이스라엘 백성들이 이렇게 이야기합니다. "우리의 뼈들이 말랐고 우리의 소망이 없어졌으니 우리는 다 멸절되었다 하느니라." 포로로 잡혀간 이스라엘 사람들의 심정들을 잘 보여주는 것이라고 여겨집니다. 희망이 없는 상태, 생명이 없는 상태, 고갈된 것처럼 느끼는 그런 상태입니다. 하나님께서는 에스겔에게 이걸 보여주면서 이스라엘에는 소망이 없다는 사실을 지적해주고 있어요. 아무런 희망이 없다는 얘기입니다.

그런데 하나님께서는 에스겔에게 이런 뼈도 다시 살아날 수 있음을 다시 보여주십니다. 소망이 없는 자들도 다시 일어날 수 있다는 것이지요. 그래서 4절부터 7절의 말씀을 죽 보면 핵심이 무엇입니까? 하나님이 그들을 세우시겠다는 것입니다. 다시 살리시겠다는 것입니다. 다시 생기를 불어넣고 그들을 일어서게 하겠다는 것입니다. 소망이 없어 보이지만 하나님이 그들을 살려낼 것이라는 사실을 에스겔에게 보여주고 있습니다. 이것이 오늘 내용입니다. 저는 이 내용 가운데서 중요한 몇 가지 사실을 보려고 합니다.

## II. 사람을 살리는 하나님 말씀

첫 번째로 제가 발견한 것은 우리도 이렇게 마른 뼈가 될 수 있다는 것입니다. 우리도 이렇게 마른 뼈가 될 수 있다! 여러분 이제 이야기를 들으면서 어떨지 모르겠습니다만 나는 사역자니까 마른 뼈는 아니야 이렇게 생각할지 모릅니다. 그러나 사역자들 가운데 의외로 마른 뼈와 같은 사람들이 있을 수 있습니다. 여러분들이 사역을 하면서 그런 것을 종종 경험하게 될 것입니다. 열정이 없이 냉랭하게 살아가는 내 모습, 메말라가는 내 모습, 아무런 생명력을 주지 못하는 무기력한 나의 모습을 여러분들 혹시 경험해 보셨습니까? 여러분이 말씀을 전함에도 불구하고 생명력이 없어요. 그것은 아무도 모르지요. 듣는 사람이 어느 정도 알 수도 있고 무엇보다 내 자신이 잘 알 수 있어요.

우리가 늘 주목해야 될 것은 나는 마른 뼈가 아닌가 생각해 보는 것입니다. 이스라엘 백성들이 그렇게 마른 뼈로 전락하게 된 원인이 있었습니다. 에스겔서 36장에 보면 그 행위가 더럽혀졌다고 이야기합니다. 행위가 뭐냐? 그들이 땅 위에 피를 쏟았으며 우상들로 더럽혔다고 이야기합니다. 결국은 이스라엘 백성들을 메마르게 한 것은 우상숭배지요. 하나님보다 사랑하는 것이 그들에게 많이 있었고 하나님은 그들에게 우선권이 아니었습니다. 여러분 어떻습니까? 여러분의 마음에 하나님이 가장 우선적인가요?

이스라엘 백성들이 예배도 하고 기도도 하고 성경도 읽으면서 그럴 수 있어요. 그럼에도 불구하고 하나님은 그들을 메말랐다고 마른 뼈와 같다고 진단하고 계십니다. 우리에게도 그러셨어요. 여러분, 예배도 하고 사역도 해요 그런데 메마를 수 있습니다. 우리도 모르는 사이에 어디엔가 하나님보다 내가 더 우선권을 두고 하나님보다 나를 더 끌어가는 뭔가가 있어요. 여러분이 무엇을 위해서 여러분의 인생이 끌려가고 있습니까? 먹고 마시는 것에 끌려갑니까? 사람들이 어떻게 여러분을 보느냐에 따라서 끌려갑니까? 뭔가 나를 끌어가는 것, 그것이 우상이 될 수 있습니다. 하나님의 은혜가 나를 끌어가야 되는데 하나님의 사랑에 대한 감격이 나를 끌어가야 하는데 그렇지 못하고 다른 것으로 인해 끌려간다면 우리도 메마를 수 있습니다. 여러분들이 늘 생각하고 고민하셔야 합니다. 내가 말씀을 전하지만 나는 진짜 살아있는가? 내가 메말라 있지 않는가?

다음으로 발견하는 것은 이 마른 뼈들도 살린다는 것입니다. 어떻게 가능한가? 두 가지로 오늘 설명하는데 하나는 말씀이고 하나는 성령이에요. 주님께서 에스겔에게 뭐라고 말씀하십니까? 이 모든 뼈들에게 대언하라. 4절에 그렇게 이야기하지요. 대언하라. 결국은 하나님의 말씀이 그들을 살려낼 수 있다는 것입니다. 성경에 재밌는 표현은 하나님의 말씀을 대언하는 과정을 통해서 마른 뼈들이 살아나는 거예요. 흥미롭지 않습니까? 마른 뼈들을 일으키기 위해서 전문가들에게, 아니면 뭐 다른 곳으로 데려가라고 이야기하지 않아요. 말씀을 선포하라고 합니다. 하나님의 말씀만이 그들을 살릴 수 있다는 것입니다. 사랑하는 여러분, 사람을 살리는 것은 하나님의 말씀입니까? 믿습니까? 여러분들이 살아나기 위해서는 여러분들이 하나님의 말씀을 진지하게 보십시오. 그리고 그 말씀을 통해서 은혜를 받으십시오. 그렇게 은혜를 받은 말씀이 생명력이 있습니다. 여러분이 지식으로 얻은 말씀은 생명력이 없습니다. 여러분들이 교수님들을 통해서 얻은 정보는 생명력이 없습니다. 여러분이 진짜 하나님의 말씀으로 받으면서 그 말씀 속에서, 하나님이 내게 주시는 음성을 통해서 여러분이 살아날 때 거기에 생명력이 있습니다. 결국은 우리 자신이 살아나려면 하나님의 말씀을 통해서 살아나는 것입니다.

그런데 여기 성경에 보면 여호와의 말씀을 전하면서 소리가 나고 움직임이 생겼습니다. 이 뼈 저 뼈들이 서로 연결되어 들어맞게 되었어요. 흩어져 있는 뼈들이 제자리를 잡았어요. 힘줄이 생기고 살과 가죽이 생겼는데 재밌는 것은 뭔가 하면 완성된 것이 아니었다는 것입니다. 그 뼈들이 완전한 몸으로 변하기는 했지만 움직이지 못하고 그냥 멍하니 있는 거예요. 이 시체들이 살아 숨 쉬는 하나님의 군대로 일어서기 위해서는 또 다른 것이 필요했습니다. 바로 그것이 뭔가 하면 성령의 역사입니다. 너는 생기를 향하여 대언하라. 에스겔이 그렇게 했을 때 생기가 그들에게 들어가서 그들이 살아 일어납니다. 결국 시체들을 움직이는 것은 생기인 것을 봅니다. 여러분 여기는 우리가 잘 아는 대로 성령을 의미하지요. 생기를 불어넣는 것, 성령의 은혜입니다.

그러니까 무슨 말이에요? 말씀을 듣고 순종하는 이 모든 과정 속에 성령의 은혜가 함께 할 때 진짜 생명력이 있어서 역동성이 나타나는 것을 보게 됩니다. 말씀을 가지고 뼈대를 세우는데 성령의 능력으로 말미암아 생명력을 가져다주는 그런 역사를 우리가 보게 되지요. 저는 목회를 하면서 이런 생각을 해봅니다. 말씀에 능력이 있고 또 성령이 함께 함으로 말미암아 역동적으로 일으키는 이 차이가 뭘까? 말씀을 받는 것과 사람이 역동적으로 움직이는 것은 좀 다른 것 같더라고요. 그래서 제가 생각하면 생각할수록 목회를 하면서 이 부분을 많이 생각하게 돼요. 하나님의 말씀과 함께 성령의 능력이 함께 할 때 말씀을 통해서 어떤 면에서 조직이 되고 체계가 잡히고 정리가 되는 것입니다. 성령의 능력이 함께 할 때 역동성이 있어요. 결국은 성령이 말씀을 통해서 일하시고 또 하나님의 말씀을 대할 때 성령의 역사가 함께 하시는 것을 우리가 보는데, 목회 현장에서 경험하면서 말씀은 허공을 칠 때가 많이 있고 그래서 생명력을 주는 살아나는 역사가 잘 안 일어나는 일들도 많이 경험해 보게 됩니다.

## III. 성령의 은혜

결국 이 두 가지, 하나님의 말씀과 성령의 역사가 함께 일어날 때 진짜 생명력이 있구나. 이런 것들을 생각하면서 하나님의 말씀이 성령의 능력과 함께 같이 전하여져야 하고, 성령의 능력이 있는 곳에 하나님의 말씀이 균형을 이루고 조화를 잘 이루어야 하는 것이 무엇보다도 필요하겠구나 하는 생각을 많이 해보게 됩니다. 말씀과 성령의 은혜가 함께 할 때 살아나고 역동성이 있습니다. 그런 면에서 우리 모두가 성령의 은혜를 더 사모하고 하나님께서 말씀뿐만 아니라 성령의 역사를 통해서 나를 더욱 힘 있게 끌어가기를 원해야 합니다. 내 사역의 현장에 사람들을 살려내는 아름다운 역사를 이루도록 하나님 앞에 더욱 겸손하게 엎드려야 합니다. 주의 은혜를 구하되 주여 나를 부르셨사오매 에스겔처럼 그렇게 써주십시오, 그렇게 기도하는 우리 모두가 될 수 있기를 원합니다.

이렇게 보잘 것 없는 뼈들이 나중에 뭐가 되는가? 성경에 재미있는 표현이 있습니다. 큰 힘을 갖게 됩니다. 결국 마른 뼈들이 일어나서 큰 군대가 된다는 거지요. 군대는 뭐죠? 용기와 힘을 상징하죠. 전쟁에서 승리를 상징하는 것입니다. 결국 뭐에요? 이렇게 됐을 때 우리의 삶에 능력이 있고 힘이 있고 승리가 있다는 것을 보여주는 거지요.

목회 현장도 그렇고 한국 교회 성도들도 그렇고 또 한국 교회 상황도 그렇고, 우리가 마른 뼈와 같다고 진단을 내리는 것이 그리 놀랍지 않을 것입니다. 아마 여러분들이 경험으로 알게 될 거예요. 지금도 아마 여러분들이 그렇게 생각하고 그런 모습들을 보면서 어느 때는 좌절하고 낙심할 것입니다. 내가 무얼 할 것인가, 하는 생각을 할 때도 많을 것입니다. 오늘 주님께서 우리 모두에게 에스겔에게 주셨던 환상을 또 다시 회복해 주시기를 진심으로 소원합니다.

우리 주변이 다 마른 뼈와 같고 우리 주변이 다 소망을 잃어버리고 희망을 잃어버린 것 같은 형편에 있지만 주님이 우리를 불러서 말씀을 맡겨 주셨고 대언하라 하셨어요. 성령의 은혜를 주셔서 성령을 통해 우리로 하여금 사역하도록 우리를 격려하십니다. 우리는 부족하지만 주의 말씀과 성령이 함께 하는 한 우리가 순종해서 그 능력을 가지고 대언하고 성령의 은혜를 의지하면서 사역하는 한, 우리는 다시금 마른 뼈들을 일으키는 놀라운 역사에 동참하리라 저는 믿습니다. 하나님께서 여러분과 저를 그런 일에 사용해주시기를 바라고 우리가 그런 꿈과 비전을 가지고 이 사역을 했으면 좋겠습니다.

말씀을 정리합니다. 여러분, 물으십시오. 나는 살아있는가? 여러분이 스스로 죽어간다고 느낄 때에는 여러분이 말씀 앞에 다시 엎드리시고 성령의 은혜를 사모하십시오. 저는 사역자들 가운데 죽어가는 사람을 많이 봤습니다. 늘 질문하십시오. 나는, 내 사역의 현장은 생명력이 있는가? 우리의 사역은 생명력이 있어야 합니다. 여러분, 말씀과 성령의 능력으로 생명력 있는 사역이 될 수 있도록 하나님의 은혜를 구하면서 여러분을 통해서 하나님께서 이 시대에 놀라운 역사들을 이루시기를 바랍니다. 또 하나님이 우리를 보내시고 세우셨는데 부족하지만 이 시대에 멋있게 쓰임을 받는 아름다운 사역자가 되기를 주님의 이름으로 축원합니다.

# 사명과 생명

사도행전 20장 24절

김학유 (선교학)

## I. 복음 증거의 길

사도 바울에 대해서 간단히 생각해보는 시간을 갖겠습니다. 여기 말씀을 보면 바울이 성령에 매여서 예루살렘으로 간다고 고백하고 있습니다. 그리고 그는 거기서 무슨 일을 당할지 알지 못한다고 했는데, 본문 25절을 참고해 볼 때 아마 사도 바울은 이미 순교를 각오한 것 같습니다. 여러분 아시다시피 밀레도에서 에베소 장로님들을 다 불러 모으고 마지막 작별을 하면서 이제는 어쩌면 여러분을 다시 못 볼 수도 있을 것이라 했습니다. 아마 위로하기 위해서 그렇게 말을 한 것인지 모르지만, 실제로는 이제 더 이상 여러분의 얼굴을 볼 수 없다고 선언한 것과 마찬가지라고 생각이 됩니다. 그러니깐 한 마디로 '나는 이제 가면 분명히 순교합니다. 다시는 여러분을 만나지 못합니다'라고 고백한 것이지요.

바울이 가는 곳마다 많은 곳에서 그의 제자들, 선지자들이 예언을 합니다. '당신이 예루살렘에 가면 반드시 결박을 당할 것입니다. 당신이 예루살렘에 가면 반드시 환난을 당할 것입니다.' 혹은 가지 말라고 했습니다. 성령님께서 선지자들의 입을 통해, 제자들의 입을 통해 주신 말씀이니까 이 말씀은 그대로 이루어지는 확실한 말씀이지요. 그것은 마치 우리 선교사님들에게 '당신이 이집트에 가면 반드시 죽습니다. 당신이 시리아에 가면 반드시 순교합니다. 가지 마십시오'라고 예언적 선언을 하는 것과 마찬가지에요. 물론 요즘에 그런 예언을 하나님이 허락하시는지 모르겠지만, 적어도 바울에게는 분명한 예언이 선포되었습니다. 당신이 가면 결박당할 것이고 환난이 있을 것이고 결국은 순교를 당할 것이라는 예언적 선언이 여러 번 있었지요. 두로에서도 가이사랴에서도, 가는 곳마다 그런 선언이 있었습니다.

그럼에도 불구하고 사도 바울은 그 길을 묵묵히 갑니다. 24절에 보면 내가 달려갈 길이 있다고 했어요. 사도 바울은 자기의 인생, 자기의 사명을 언급할 때 레이스, 달리기에 비유하는데, 그에게는 분명한 달려갈 길이 있었습니다. 자기 인생을 항상 달려갈 길, 정해진 길, 벗어나서는 안 되는 길에 비유하곤 했지요. 역시 24절에서도 내가 달려갈 길이 분명히 있다, 그리고 내가 달려갈 길을 마치려 하는 것에 생명을 조금도 귀한 것으로 여기지 않는다고 하였습니다. 달려갈 그 길이라는 것은 여기 사도 바울이 기록한 대로 복음을 증거하는 일입니다. 하나님 말씀을 증거하는 일, 그것이 바울의 길이에요.

여러분의 길은 어떤 길입니까? 우리가 발을 디딘 이상 아마 여러분의 길도 하나님의 말씀을 전하는 것, 이 땅이든 땅 끝이든 하나님의 말씀을 선포하는 것이 아마 여러분의 길일 것입니다. 그래서 3년 동안 우리의 귀한 교수님들과 구약을 공부하고, 신약을 공부하고, 역사, 조직신학, 설교, 교육학, 선교학, 다 공부하는 것 아니겠어요? 여러분의 길의 끝은 어디입니까? 바울이 달려갈 길, 그 길의 목적은 항상 복음전도였어요. 여러분이 열심히 신학 공부를 하는 이유가 뭐에요? 여러분이 정말 이 합신고등학교라는 학교에 들어와서 공부를 하는 이유가 뭡니까? 결국은 복음을 증거하기 위한 것이라는 사실이에요. 잊지 않았으면 좋겠습니다.

## II. 조선 반도의 복음화를 위해 순교한 선교사들

제가 오늘 아침에 몇 분의 선교사님들을 소개할까 합니다. 여러분 다 아시는 분들이지요. 로버트 토마스, 20대에 우리나라 와서 순교당한 선교사님, 영국 분이십니다. 데이비스(Joseph Henry Davies), 호주 장로교회 출신 선교사님, 아마 이분은 여러분이 잘 모르실 것 같습니다. 그 다음에 존 헤론, 잘 아시죠? 우리나라에 의료 선교사님으로 오신 분입니다. 그리고 목회자 한 분, 로버트 가우처라는 분을 제가 여러분에게 소개하려고 합니다.

토마스 선교사는 여러분이 아시는 것과 같이 런던 선교회 소속 선교사였죠. 1863년 중국으로 파송을 왔습니다. 상해 도착하자마자 1년 뒤에 사랑하는 아내를 잃게 됩니다. 하나님의 섭리 가운데 조선인들을 만나기 시작합니다. 그러면서 이 조선에 대한 강한 영적 부담을 갖기 시작했고요, 조선어를 배웠습니다. 1865년 그가 순교당하기 약 1년 전쯤에

황해도 지역에 배를 타고 방문을 합니다. 적어도 두 달 반에서 석 달 동안 그 지역을 조사하면서 성경을 가져와서 번역하는 일을 하게 됐습니다. 그리고 드디어 서울을 향해서 배를 타고 올라오려고 했는데, 풍랑이 심해서 다시 북경으로 돌아가게 됩니다. 거의 1년 동안 다시 준비를 해서 이 조선 땅에 발을 디디게 되지요. 여러분 1865년이 병인박해가 있었던 해입니다. 굉장히 위험한 나라였어요. 이미 프랑스 신부 9명이 순교를 당했습니다. 수천 명의 천주교인들이 고문을 당하고 또 순교를 당했습니다. 정말 당시 조선반도는 살벌한 곳이라서 어떤 선교사도, 어떤 사역자도 발을 내딛기를 두려워하는 땅인데, 이 땅에 토마스 선교사님이 생명을 걸고 걸음을 내딛었습니다.

병인박해 직후에 이런 조선에 대한 소식을 듣고 이렇게 기록하고 있습니다. 1886년 8월 1일 어머니에게 보낸 편지라고 되어 있습니다. '매우 잔인하고 사악한 대학살이 조선에서 일어났습니다. 그렇지만 누군가 조선에 들어가 선교의 문을 여는 것이 중요하기 때문에 제가 조선에 들어가기로 결정하였습니다.' 생명을 각오한, 어쩌면 사도 바울과 같은 마음의 결심이 있었던 것 같습니다. 잔인하고 사악한 대학살이라는 것을 이미 들었습니다. 어쩌면 자기도 들어가면 그와 같이 순교를 당할 수 있다는 사실을 충분히 인식할 수 있는 상황이었다고 생각이 됩니다. 그러나 그에게는 조선을 향한 영적 부담이 있었습니다. '누군가 가야 하지 않겠습니까? 그렇다고 그 땅을 내버려 둘 수 없습니다. 제가 가겠습니다. 누군가 선교의 문을 열어야 하는데, 들어가는 대상이 저였으면 좋겠습니다.' 어머니에게 글을 남기고 조선을 향해서 여러분 잘 아시는 제너럴셔먼호를 타고 대동강변에 도착하게 됩니다.

그가 마지막으로 조선 땅을 향해서 출발하면서 드린 기도가 있습니다. 1886년 8월 9일, '평안하게만 마옵시고, 주의 사역에 유익하기만 하다면 피를 흘려 순교한다 할지라도 마다하지 않겠습니다.' 모두 다 평안한 삶을 원하죠? 안일한 삶을 원하지요? 따뜻한 침대에서, 따뜻한 국을 먹으면서 복음 전하고 싶지요. 그렇지요? 선교를 하더라도 안전한 곳에서, 멋진 곳에서, 좋은 집에서, 좋은 차를 타면서 하고 싶어 하지 않아요? 토마스 선교사는 반대였습니다. '평안하게 하지 마십시오. 저는 평안한 것보다는 주님을 위한 고난의 길을 걷겠습니다. 주님의 사역에 유익하다면 순교를 한다 할지라도 저를 사용해 주십시오.' 그리고 여러분 아시는 대로 86년 9월 4일 대동강변에 도착을 해서 순교를 당하게 됩니다. 물론, 대동강을 거슬러 오르면서 여러 지역에서 이미 성경을 상당히 보급했습니다. 기록에 보니 한 500여권 정도를 나누어주었다고 되어 있습니다.

많은 사람들이 토마스 선교사의 죽음을 보고 비난했습니다. 무모한 짓이다, 어떻게 조선반도에서 수천 명의 기독교인이 죽었는데 무리해서 그렇게 들어갈 수 있는가? 국가가 좀 안정되거나 정치적으로 안정된 다음에 들어가야지 수많은 사람들이 죽어가고 있는데 어찌 그렇게 무모하게 선교사로 들어갈 수 있느냐? 그렇지만 그의 죽음은 결코 헛되지 않았습니다. 여러분들이 역사를 통해서 아시는 대로 그의 목을 쳤던 박춘권이라는 분은 후일 장로님이 되셨지요? 박춘건 씨가 이렇게 그 순간을 기록하고 있습니다. '그는 두 손을 마주잡고 무슨 말을 한 후 붉은 베를 입힌 책을 가지고 웃으면서 나에게 받으라 권하였다. 내가 죽이기는 하였으나 이 책을 받지 않을 수 없어 받았노라.' 아마 토마스 선교사가 마지막으로 성경을 갖고 내려왔던 것 같습니다.

기록에 보니 한 손에는 흰 깃발을, 항복하는 깃발이겠지요? 한 손에는 성경책을 들고 내려왔다고 했는데, 내려와서 박춘건 씨에게 성경을 건네기 전에 마지막으로 이 땅을 위해서 기도했던 것 같습니다. 기도의 내용은 기록되지 않았습니다. 박춘건 씨가 무슨 말인지 모르지요. 영어로 기도를 했겠지요. 혹시 '하나님, 제가 이 땅에 와서 비록 선교는 하지 못하고 주님 앞에 갑니다만 이 하나님의 말씀이 이 땅에 꽃 피우기를 소원합니다.' 이렇게 기도했는지 모르겠어요. 정말 토마스 선교사의 기도대로 박춘건 씨는 후일 영수가 되었죠. 또 선교사의 성경 3권을 주워들었던 최치량이라는 어린 학생, 그 당시 12살인데, 성경을 가진 자는 처벌 받을 수 있다는 사실을 알게 되어 당시의 평양 영주무사로 있던 관리 박영식 씨에게 성경을 3권을 갖다 줍니다.

이 박영식 씨는 그 3권의 종이를 가지고, 종이가 너무 좋으니깐, 자기 집을 전부 도배를 했습니다. 그 당시 도배하는 종이가 많지 않았겠지요? 도배를 멋있게 했습니다. 후일 이 어린 아이가 소위 성공해서 영주무사의 집, 박영식 씨 집을 구입하게 되고 그 집을 여관으로 운영하게 됩니다. 그런데 그 여관에 누가 머무는가 하면 여러분 잘 아시는 사무엘 마펫, 마포 선교사님이 최치량 씨 여관에 머물러요. 그 당시에 동행한 한국 분 이름이 정확하지 않은데 한석진 씨입니다. 그렇게 동행해서 멋진 종이로 도배를 한 여관 실내를 보니 하나님 말씀이에요. 자초지종을 묻고 나중에 마펫 선교사님이 최치량 씨에게 복음을 전합니다. 최치량 씨가 예수를 믿게 되지요. 결국 최치량 씨는 후일 널다리 교회라는 교회를 설립하게 되고, 그 교회가 이름을 바꾸어서 장대현 교회가 됩니다.

여러분, 1907년 평양 대부흥이 일어났던 장대현 교회가 이렇게 해서 탄생이 됩니다. 1900년대 초에 장대현 교회 성도가 1200명, 정말 큰 교회였지요. 여러분, 혹시 화면으로 보았는지 모르겠는데, 언덕 위에 정말 멋있게 교회당을 지었습니다. 이 장대현 교회에서 갈라져 나온 산정현 교회, 여러분 잘 아시는 주기철 목사님이 순교하셨던 교회이지요. 이 토마스 선교사의 죽음은 결코 헛되지 않았습니다. 선교하지는 못했지요? 한 마디도 하지 못했으나 하나님께서 그의 죽음을 통해서 이 조선 반도를 복음화하시는 역사를 우리가 기독교 역사를 통해서 발견하게 됩니다.

데이비스 선교사님, 1890년 4월에 호주 장로교 소속으로 부산에 도착하게 됩니다. 이 분이 서울에 먼저 도착을 하여 한국 선교사 공의회에서 호주 장로교회는 남쪽을 책임지라는 권고를 받고, 10일 동안 말을 타고 남쪽으로 여행을 합니다. 여러분, 우리나라 4월의 날씨는 굉장히 춥습니다. 내려가면서 질병을 얻게 되고 체력이 고갈되게 됩니다. 가서 거할 곳도 만만치 않아서 움막 같은 곳에서 생활을 하는데, 그 당시에는 정말 이를 포함하여 빈대와 벼룩이 많았지요. 잠을 못 잘 정도로 괴로움을 받았다고 기록하고 있습니다. 급성 폐렴에 걸리고 게다가 천연두까지 감염이 되어서 결국 1890년 4월에 순교를 하게 됩니다. 영남에서 있었던 최초로 순교한 개신교 선교사님이 되십니다.

이 분이 게일 선교사의 도움으로 정말 치료를 열심히 받았지만, 그 당시 하디 선교사는 이미 부산에서 사역을 하시다가 원산으로 올라가신 다음이에요. 그래서 더 이상 데이비스 선교사님을 보살펴줄 사람이 없었습니다. 결국 선교사님께서 부산에 도착하자마자 얼마 되지 않아서 순교를 하시게 됩니다. 놀라운 것은 그가 순교하고 1년 뒤에 부산진 교회가 설립됐어요. 그가 순교한 지 3년 뒤에는 부산초량 교회가 설립됩니다. 1891년 부산진 교회, 1893년 초량 교회, 한 선교사의 죽음이 헛되지 않았음을 역사는 우리에게 가르쳐주고 있습니다. 그가 죽기 전에 이런 기도를 남겼습니다. '제가 주님의 명령을 받고 그 멀고 먼 호주에서 이곳까지 왔습니다. 제대로 선교 한 번 해보지 못하고, 하나님 나라로 가는 것이 안타깝습니다. 그러나 주님께서 저로 하여금, 씨앗이 되라는 뜻으로 알고 기쁜 마음으로 주님 곁으로 가겠습니다.' 데이비스 선교사님은 자기가 선교하지 못했지만, 한 알의 밀알이 된 것에 대해서 하나님께 감사하면서 주님 곁에 간 것을 우리가 발견하게 됩니다.

월트 존스 선교사님, 샌프란시스코를 출발해서 70일 동안 항해해서 요코하마에 도착합니다. 배 안에서 아내가 중이염이 걸렸어요. 아내의 중이염이 심해져서 결국 요코하마에서 사망을 하게 됩니다. 조선 반도에 발도 디디기 전에 아내가 순교한 것입니다. 포기하고 돌아간 것이 아니라, 끝까지 한국을 향해서 항해를 해서 부산을 거쳤습니다. 한국에 도착하자마자, 3개월 만에 천연두로 세상을 떠났습니다. 복음 한 번 전하지 못하고 죽은 선교사들이 얼마나 많은지 몰라요. 여러분이 이렇게 앉아서 하나님께 찬양하고 예배드리는 이 현장, 얼마나 영광스럽습니까? 이 일을 위해서 수많은 청년들이 순교의 피를 흘렸다는 사실을 잊지 마시기 바랍니다. 우리가 그 빚을 갚아야 할 때가 되지 않았나 하는 생각을 자주 합니다.

여러분 잘 아시는 존 헤른 선교사, 그는 조선에 제일 먼저 도착하는 선교사가 되기를 갈망했습니다. 영국에서 태어났지요, 테네시 의과대학 수석 입학에 수석 졸업생입니다. 많은 사람들이 테네시 의과대학 교수로 남아달라고 부탁했습니다. 그렇지만 그는 안일한 삶을 뒤로 하고 조선을 향해서 선교사가 되기로 작정을 합니다. 그가 의사 시험을 마친 뒤에, 하나님 음성을 들었습니다. 준비는 끝났으니 이제 땅 끝으로 가라. 아주 신비한 경험이지요. 선교사님의 편지를 통해서 그가 조선이라는 나라를 접하게 되면서 그런 마음을 품었습니다. 1885년 6월 인천에 도착하게 됐고 고종의 주치의가 됩니다. 제중원 2대 원장이 되었고, 1886년 한 해 동안 만 명이 넘는 환자를 치료합니다.

그러다가 1890년 사역 중에 전염병에 감염이 되어서 세상을 뜹니다. 불과 조선 반도에 온 지 5년 만에 이 젊은 의사가 하나님의 부르심을 받습니다. 헤론 선교사가 얼마나 복음을 전하고 환자들을 사랑했던지 1890년에 조선 반도에 천연두 콜레라 이질이 굉장히 창궐했던 것 같아요. 조금 전에 말씀드린 데이비스 선교사님이 그 해에 부산에서 돌아가시거든요. 근데 서울에서 헤론 선교사님도 돌아가십니다. 그래서 많은 선교사님들이 좋은 환경을 찾아서 남한산성으로 다 피신해 올라가셨어요. 너무 덥고 습하니까 대다수의 선교사님들이 그나마 좋은 환경인 남한산성으로 피신하셨던 것 같습니다. 그런데 헤론 선교사님은 말 타고 매일 한성을 향해서 들락날락합니다. 한 20킬로미터 되지 않습니까? 아침에 제중원에 와서 환자들을 돌보고 또 저녁 때 들어가시고 하며 결국 과로로 체력이 약해져서 돌아가신 것 같습니다.

그 당시에 우리나라에 상당한 질병들이 창궐했었지요. 결핵은 기본이고, 말라리아도 있었고, 장티푸스, 천연두, 이질 등 당시 우리 백성들의 삶을 보면 정말 열악하고 불결했습니다. 선교사님들이 와서 그 불쌍한 조선인들을 치료한다고 과로로 돌아가신 사례들이 많습니다. 그들을 위해서 빈센트 선교사가 제중원 원장이 되었고, 그 뒤를 이어서 에비슨 박사가 1893년 제중원 원장이 됩니다. 에비슨이 안식년 동안 미국에 가서 여러분 잘 아시는 세브란스라는 분을 만나서 상당한 액수, 그 당시 만 불 정도 된다고 기록되어 있는데, 기부를 받아서 여러분이 잘 아시는 세브란스 병원을 짓게 되지요.

존 헤른 선교사가 과로로 돌아가셨지만 시신을 묻을 곳이 없었어요. 그래서 선교사님 집에 안장을 했습니다. 그랬더니 동네사람들이 난리가 났습니다. 시신을 집안에 두었다고 동네사람들이 돌을 던지고 집을 불태워버리겠다고 압박하였습니다. 나중에 고종에게까지 이 사실이 알려지면서 서대문 저 밖에 있는 여러분 잘 아시는 양화진에 묻도록 하라고 했습니다. 그래서 양화진에 묻힌 최초의 선교사가 되었습니다. 그의 묘비명에는 이렇게 기록되어 있어요. '하나님의 아들이 나를 사랑하시고, 나를 위하여 자신을 주셨다.' 존 헤른 선교사님은 조선을 위해서 자신을 바쳤습니다. 앞길이 촉망되던 청년이 조선 반도에서 단 5년 만에 자기의 목숨을 잃고 순교를 했던 것입니다.

## III. 구령의 열정

제가 오늘 왜 이렇게 많은 순교자의 이야기를 하느냐? 우리가 무엇 때문에 신학을 공부하고, 무엇 때문에 선교 훈련을 받고, 무엇 때문에 정말 어려운 시간과 많은 물질을 들여서 신학 공부를 하는가에 대해 질문을 던지고 싶었습니다. 제가 여러분을 보면 도대체 무엇 때문에 공부를 하는지 모르겠어요. 공부를 위한 공부를 하는 것인지, 신학을 위한 신학을 하는 것인지, 정말 구령의 열정과 복음을 위해서 신학을 하는 것인지 마음이 답답해서 오늘 여러분들에게 이 선교사들에 대한 이야기를 전하고 싶었어요. 조선 반도, 아무도 관심 갖지 않고 오기 싫어했던 나라였어요. 장로회 선교회 감리회 선교회 모두 중국과 일본과 인도에 관심이 있었지 조선 반도에 관심이 없었어요. 그런데 하나님께서 몇 명의 순종적인 청년들을 통해서 이 땅을 복음화하셨어요. 우리가 복음에 빚진 자라는 사실을 매일 기억해야 합니다.

우리 조선 반도의 복음화를 수행해 나가는 과정에서 잊어서는 안 되는 목사님이 한 분 계십니다. 가우처 목사님, 많이 들어보셨을 것입니다. 1882년에 한국과 미국이 수호조약을 맺게 되고, 이듬해 고종이 견미단을 파송합니다. 민영익을 포함해서 6명을 미국으로 파견합니다. 샌프란시스코, 시카고를 거쳐서 볼티모어, 워싱턴으로 가는데 중간에 가우처 목사님이 우연히 기차에 타시게 되어 3일 동안 여행을 같이 합니다. 가우처 목사님은 하얀 두루마기를 입고 갓을 쓴 6명의 조선인을 보면서 마음속에 궁금한 생각이 들었던 것 같습니다. '어디서 왔습니까? 조선에서 왔습니다. 조선은 어떤 나라입니까? 조선에는 선교사가 있습니까? 조선에는 교회가 있습니까?' 볼티모어에 도착해서 가우처 목사님이 내렸고, 견미단은 워싱턴에 갔다가 다시 볼티모어로 돌아오게 됩니다. 가우처 목사님이 초대한 것 같아요.

조선에 대한 소식을 듣고 이 분이 교회당 건축 중이었는데도, 선교헌금을 당시에 2천 불을 내놓게 됩니다. 동부에서 감리교의 어머니 교회 같은 교회가 볼티모어 러블리 레인 처치(Lovely Lane Methodist Church)였고, 이 교회의 담임 목사님이었어요. 조선을 위해서 2천 불을 내놓고 감리교 선교부에 연락을 합니다. 감리교 선교부에서 당시에 일본에 나와 있던 맥 클레이 선교사에게 편지를 보냅니다. 마침내 맥 클레이가 1884년에 조선에 와서 고종을 알현하고 고종에게 허가를 받는데, 의사와 영어교사만이 입국할 수 있다는 조건이 붙었습니다. 그래서 이 맥 클레이 선교사가 선교 잡지 'THE GOSPEL IN ALL LAND'에 조선 반도에 대한 글을 싣는데, 그 글을 쓴 사람 중 한 사람이 이수영이라는 사람입니다. '우리 조선에는 일천 만명이 살고 있는데, 아직도 어두움에 갇혀서 살고 있습니다. 이 나라에 와서 당신들이 생명의 복음을 전해주지 않겠습니까?' 하는 이수영의 글을 보고 많은 사람들이 도전을 받습니다. 그중에 한 사람이 아펜젤러이고, 그리고 배재와 이화학당을 세운 스크랜튼 박사지요. 그래서 결국 이 땅에 발을 디딘 최초의 선교사, 84년 알렌 외에 85년 북장로교 언더우드와 감리교 출신 아펜젤러 선교사가 도착하게 되는 것입니다. 그 한 달 뒤에 여러분이 잘 아시는 헤른과 스크랜튼, 이 분들이 한국에 발을 디딜 수 있도록 문을 연 사람이 바로 이 가우처 목사님입니다.

이 목사님이 땅 끝에 관심을 가졌어요. 여러분, 목회자들은 땅 끝에 관심을 가져야 합니다. 여러분의 목회지가 여러분에게 주어진 교회에 국한되어 있는 것이 아니라, 땅 끝까지 이르러야 한다는 사실을 기억할 필요가 있습니다. 세계를 품은 이 가우처 목사님으로 인해서 조선에 선교사들이 파송되었다는 사실! 저는 목회자들도 선교적 비전을 가져야 된다고 생각합니다. 월터 박사님이 쓴 '세계를 품은 그리스도인'이라는 책을 보셨죠. 우리가 이 땅에 머물러 있지 않고 세계를 품고 기도하는 기독교인이 되어야 합니다. 여러분이 목회할 공동체도 중요하지만, 세계를 품은 목회자 되었으면 좋겠어요. 러블리 레인 처치같이 세계를 품은 교회, 2천 불 헌금하고 나중에 선교헌금이 더 필요하니까 다시 3천 불을 더 헌금하였습니다. 그래서 세워진 것이 정동 선교센터입니다. 여러분, 정동감리교회 있지요? 가우처 목사님의 헌금으로 세워진 선교본부입니다.

1907년에서 1920년 사이에 이 가우처 목사님이 조선 반도에 8번이나 방문하셨어요. 목회자가 조선 반도를 8번이나 왔다 가셨어요. 여러분, 존 엘리엇 잘 아시지요? 캠브리지 출신이고 후커 밑에서 신앙 훈련을 하셨어요. 우리 안 교수님이 기뻐하실 소식인데, 후커 밑에서 신앙 생활을 한 존 엘리엇이 캠브리지에서 훈련을 받고 럭스버리라는 곳에서 목회를 합니다. 보스턴에서 조금 떨어진 럭스버리인데, 거기서 목회를 하다가 40세에 인디언들에게 관심을 갖습니다. 2년 동안 힘써 인디언 언어를 연구하셨어요. 2년 뒤에 알공퀸 언어로 복음을 전하기 시작합니다. 엘리엇 목사님의 헌신으로 나틱이라는 소위 인디언 빌리지가 탄생되고, 수많은 인디언들이 복음을 받아들였어요. 엘리엇은 목회를 하면서 동시에 인디언들에게 복음을 전했던 인물입니다. 목회에 대한 기록은 별로 남아 있지 않아서 저는 모르겠습니다. 상당한 지역의 많은 인디언들이 복음을 받아들이게 됩니다. 그가 85세에 주님의 부르심을 받기 직전에 그런 이야기를 했어요. '내가 저들을 향해서 갈 수 있는 힘 있는 다리만 있다면 저들에게 가서 지금도 복음을 전하고 싶다.' 85세가 되셔 기력이 다해 더 이상 움직이지 못하셨어요. 그때에도 하나님이 육체적인 힘만 허락하신다면 인디언들에게 가서 복음을 전하고 싶다고 했던 것입니다.

말씀을 정리합니다. 마틴 루터 킹 목사님, 여러분 좋아하시지요? 젊은 나이에 총에 맞아 돌아가셨는데, 그 분이 그런 말씀을 하셨습니다. '여러분들이 생명 바칠 일을 찾고 그 일을 행할 수 있다면 여러분은 행복한 사람입니다.' 여러분, 생명 바칠 일을 찾으셨습니까? 목회? 공부? 선교? 여러분은 행복한 사람이에요. 만약에 생명 바칠 일을 찾지 못했다면, 여러분은 아직도 불행한 사람입니다. 바라기는 여러분이 목회를 하든 선교사가 되든, 월드 클래스가 되었으면 좋겠어요. 세계를 품은 목회자, 세계를 품은 선교사, 세계를 품은 교회가 되기를 바랍니다. 자기 교회, 자기 가정, 내 나라에 그치지 말고 땅 끝을 보고 나아가십시오. 지금도 할 일이 얼마나 많은지 몰라요.

제가 올 여름에 방문할 곳인데, 시베리아 미전도 종족 나나리 족이 있습니다. 클래스에서 한 번 말씀드렸는데, 한 300명 정도 사는 마을에 복음이 들어갔어요. 알코올 중독자가 없어지고 마약이 사라졌어요. 한 2,000명 사는 윗마을의 추장이 아랫마을의 변화를 보고 궁금해지기 시작했어요. 어떻게 무슨 힘이 이 마을을 변화시켰는가? 알고 보니 선교사님이 복음을 전해준 것이에요. 그 말을 들은 추장이 선교사님을 찾아왔습니다. 선교사님, 우리 마을도 복음을 전해 주십시오. 우리 마을에도 교회를 세워 주십시오. 문제는 갈 사람이 없어요. 여러분들 보내고 싶은데, 아무도 안 가잖아요. 시베리아 오지이고 거기는 섬이에요. 겨울에는 강이 어니까 버스를 타고 다니면 되는데 여름에는 강이 녹아서 배밖에 못 다닙니다. 하바로브스크에서 버스로 한 시간 가서 3시간 동안 배를 타고 갑니다. 조그만 배를 타고 3시간을 가야 도착할 수 있는 조그만 섬입니다. 제가 가야 되잖아요. 여러분이 가야 하는데 안 가니 육십이 다 된 제가 가야 하잖아요. 저도 주님 오실 날까지 갈 거예요. 엘리엇이 걸어 다닐 수 있는 힘만 있다면 인디언에게 복음을 전하겠다고 했는데, 저도 다닐 수 있는 힘만 있다면 땅 끝까지 갈 겁니다.

여러분, 과거 이 땅에 오신 선교사님들에게 우리가 참 많은 빚을 졌습니다. 평양에 와서 복음도 전하지 못하고 돌아가신 토마스, 자기가 목적지로 생각했던 부산에 가서 한 마디도 전하지 못하고 질병으로 세상을 뜬 데이비스, 미래가 보장된 의과대학 교수 자리를 포기하고 이 땅에 와서 5년 만에 주님 품으로 부르심을 받은 존 헤른, 이 땅에 도착하자마자 3개월 만에 주님의 부르심을 받은 월트 존슨을 기억하면서 우리가 어떻게 남은 생애를 살 것인가를 생각하시기 바랍니다.

# 예수님, 베드로 그리고 무슬림

마태복음 5장 19절, 베드로후서 3장 18절

정경철 (선교학)

## I. 어느 무슬림의 회심 이야기

제가 여기 꾸란을 가져왔습니다. 꾸란을 믿는 한 무슬림이 어떻게 예수님을 따르게 됐는지 베드로를 보면서 한번 살펴보려고 합니다. 그리고 이것은 파키스탄 성경이고 이것은 우리나라 성경입니다. 우리는 지금 한국인의 입장에서 성경을 보잖아요. 무슬림은 성경을 어떻게 볼까요? 저의 경험과 연구로는 유대인들이 무슬림하고 관점이 거의 비슷해요. 무슬림은 알라 하나님을 믿는 거니까 약간의 차이는 있지만, 한 하나님 알라를 따르는 무슬림이 성경을 보고 예수님을 이해하는 과정은 베드로하고 대개 맞물립니다.

그러니까 저희가 한국에서 성경을 보고 이해하고 해석하는 것하고는 상당한 차이가 있을 수 있어요. 그래서 여러분에게 알기 쉽도록 거짓은 아니고 여러 가지 사실에 입각한 스토리를 하나로 엮어서 무슬림 구도자가 예수님을 믿어가는 과정을 설명하려고 합니다. 무슬림을 설명하기 위해 한 사람으로 편성을 해서 말씀을 드리는 것인데, 베드로의 일생을 중심으로 엮어서 이야기를 전개해 보겠습니다. 사실 제 마음은 예수님을 믿게 된 다미츠로 알리라고 하는 형제가 우리 합신을 졸업해서 간증을 했으면 참 좋겠다는 생각으로 제가 이제 알리가 되어 이야기를 풀어가겠습니다.

저는 성격이 급해서 매사에 실수가 많은 무슬림이었습니다. 물론 오직 한 하나님만 믿었습니다. 하루에 다섯 번 기도하는 진실한 무슬림으로서 무함마드가 마지막 선지자임을 믿고 고백을 했습니다. 또 가난한 사람들을 위해서 총수입의 2.5 퍼센트를 헌금했습니다. 1년에 한 달 라마단 기간에는 해가 뜰 때부터 해가 질 때까지 금식을 했었습니다. 또 저는 메카도 방문을 했습니다. 그런데 어느 날 우연히 방송을 통해서 예수님에 대해서 들었습니다. 예수님에 대해서는 꾸란에도 나오지만 예수님이 누구인지 좀 더 알고 싶어졌습니다. 그러다가 동네에서 뜻밖의 인연으로 한국 사람을 만났고 그분이 크리스천이었습니다. 그분의 이름은 김치씨였죠. 그런데 그분은 아주 친절한 분으로서 예수님을 참 잘 믿는 것 같았습니다. 인상도 참 좋아서 그분을 좀 더 깊이 만나고 싶었어요. 나는 정말로 하나님을 믿고 간절히 따르기 원하는 사람이었는데, 예수님에 대해서 좀 더 알고 싶어서 김치씨 집을 자주 가게 됐습니다.

네 가지로 구분해서 얘기하려고 하는데 첫째는 부르심이고, 그 다음은 예수님이 누구신가에 대한 주제로서 예수님에 대한 혼란과 배신의 문제가 되겠습니다. 세 번째는 예수님에 대한 참다운 이해, 그리고 마지막으로 거듭남과 어떻게 사역을 하게 됐는지에 대해서 네 가지 부분으로 나누어 간증을 드리겠습니다.

저도 성경공부를 해서 알게 되었는데 처음에 열두 제자 가운데 안드레가 베드로를 데리고 왔잖아요. 저도 그와 비슷하게 성경공부를 참석하는 데에서 예수님을 알게 되었습니다. 그런데 '나를 따르라 내가 너로 사람을 낚는 어부가 되게 하리라' 이 말씀이 무엇인지 도무지 이해를 못했어요. 대체 어떻게 사람을 낚는다는 건가? 그런데 아무튼 좋았습니다. 사람을 돕는 좋은 사람이 되는 모양이다, 하며 김치씨 그분과 성경공부를 했습니다. 그런데 실은 최근에 내가 예수님을 믿고 나서 올 8월에 레바논에서 많은 분들이 모인 데서 들은 얘기가 있습니다. 어떤 분이 박사학위를 받기 위해서 조사를 했는데, 아랍에 있는 무슬림이 예수님을 믿게 된 여러 요인 중 거의 성경공부와 크리스천들의 친절을 통해서 예수님을 믿게 됐다는 것이지요. 저도 마찬가지입니다.

그런데 그분하고 성경공부를 하는 동안에 세금쟁이 아저씨가 썼다고 하는 마태복음에 보니까 예수님이 산에서 설교를 한 내용 가운데 원수를 사랑하라는 것에서 큰 충격을 받았습니다. 눈에는 눈 이에는 이, 그것이 맞는 말이지요. 그런데 원수를 사랑하고 그리고 그를 위해 기도해라! 제가 그걸 보고 큰 충격을 받았습니다. 기독교인들이 그런 말을 한다는 걸 들었지만 이해를 할 수 없었는데, 이것이 예수라고 하는 분이 그런 설교를 했다는 것을 알고 굉장히 큰 충격을 받았을 뿐 아니라 다른 한편으로 제 영혼에 오아시스를 만나는 것처럼 시원한 느낌을 또 받았습니다. 거기서 굉장한 충격을 받았어요. 꾸란에는 그 말이 없습니다. 물론 하나님의 사랑이란 것은 우리도 있어요. 꾸란 114장에서 9장을 빼고는 전부다 그렇게 시작을 합니다. 자비로우시고 자애로우신 하나님이 알라의 이름으로… 이렇게 얘기를 시작하지만, 그러나 이런 사랑을 저는 들어본 적이 없습니다.

그리고 제 어머님이 몸이 많이 아팠거든요. 그런데 제 어머님이 예수님 이름으로 치유를 받았어요. 성경공부를 하다 보니까 베드로의 경우도 그렇게 장모님이 나은 것이 있더라고요. 또 베드로가 예수님을 따르다 보니까 그물이 찢어지도록 고기가 걸려가지고 복을 왕창 받았던데, 제 삶에도 기적이 많이 일어났어요. 저도 팔자가 고쳐졌어요. 우리 김치씨를 통해서도 생활이 좋아졌지만 그분의 영국 친구와 그 주변 분들을 만나서 영어도 좀 배우게 되고 썩 괜찮았어요. 아주 풍성한 삶을 살게 되었습니다.

공부를 하다가 간음한 여인을 돌로 치는 일에서 제가 또 깜짝 놀랐어요. 같이 돌로 치기는커녕 '죄 없는 사람이 먼저 돌로 쳐라!' 이건 참 정말 좋은, 대단한 아이디어더라고요. 아니 지금 우리가 돌을 들어 쳐서 죽여야 하는데 예수라고 하는 분이 나타나서 이렇게 기가 막힌 지혜로운 말씀을 해서 그 여인도 살게 된 것 아니에요? 사실 제가 좀 아는데 그 무리에 속한 놈들이 다 나쁜 놈들이거든요. 자기들이 못된 짓을 한 진짜 죄인들인데 동네 사람인 여자를 죽이려고 했으니 말이죠. 무장한 내 무슬림 친구들이 있는데 제가 예수님을 따라서 그랬거든요. 흉내를 낸 건데, 너희들 죄가 없는 사람이 쏴봐라 그랬더니 갑자기 조용해지고 그냥 슬슬 가는 거예요. 그래서 제가 여인을 살렸습니다.

## II. 이해할 수 없는 예수님

그런데 문제는 그게 아니었습니다. 예수님에 대한 부분에서 예수님이 좋기는 좋아요. 우리 꾸란에도 굉장히 좋은 분으로 묘사되어 있습니다. 탁월한 선지자시요 죄 없는 분이죠. 그런데 요한복음 8장 9장으로 죽 가다보니까 거기서 예수님에 대해서 말하길 '네가 귀신 들린 줄 알아라. 네가 하나님이 아니다'(요 8:48)라고 유대인들이 얘기하니까 제가 막 헷갈리는 거예요. '맞아. 예수님은 하나님이 아니지.' 8장과 9장을 아무리 봐도 유대인들의 말이 맞는 것 같아요. 그리고 내가 만난 서양 친구들이 자꾸 전도라고 하면서 말을 하는데 예수님이 하나님이다 그러는 것이었습니다. 아니 제가 그것을 들을 수가 없었어요. 내 귀가 더러워졌으니까요. 어떻게 인간이 하나님이 됩니까?

우리 꾸란 112장에도 보면, 꾸란 전체에서 매우 중요한 장인데, '일러 가라사대 하나님은 단 한 분이시고 하나님은 영원하시며 낳지도 않고 태어나지도 아니했나니 그분과 대등한 자 세상에 없도다' 라고 나옵니다. 하나님 알라는 한 분밖에 없고 인간이 하나님이 될 수는 없습니다. 이건 우리 이슬람에서 가장 큰 죄입니다. 그런데 이 서양 친구가 그러는데 예수님이 하나님이라고 하는 거예요. 있을 수 없는 일이죠. 이분이 자꾸 그런 얘길 하니까 우리 무슬림 선생님도 듣고 비판했는데 무슬림 선생님 말씀이 맞구나 하는 생각이 들었습니다.

그런데 우리 김치 선생은 다르게 가르쳐 주는 거예요. 꾸란 3장을 펴면서 서양 친구들은 예수님이 하나님이다 그러는데 이 친구 김치씨는 하나님이 예수님이 되셨다 그러는 것이었어요. 이것이 같은 말이긴 한데

뉘앙스가 좀 다른 것 같아요. 그런데 꾸란에서도 예수님은 하나님의 말씀이다 그런 말씀이 있어요. 하나님의 영이다. 또 동정녀 마리아에게 탄생했다. 메시야다. 꾸란 3장 전체에 이렇게 다 묘사되어 있거든요. 저도 그게 궁금했는데 이 형제가 바로 그 얘기를 하는 거였어요. 그것은 성경에 있는 내용, 말씀이 육신이 되었다는 그런 말씀이 아니어요. 하나님은 전능하시니까 자신이 빛이 있으라 그러면 빛이 있게 된 것처럼 뭐가 되라 그러면 된다는 거예요. 이 김치 형제가 말하기를 하나님께서 마리아를 통해서 인간인 예수가 됐다. 그러니까 좀 이해가 오더라고요. 그래서 계속 그분을 만나면서 친구가 되고 그에게서 또 예수님을 배웠습니다. 그리고 예수님을 좀 더 알고 싶어졌어요.

두 번째 주제로 넘어갑니다. 과연 예수님은 누구일까? 갈수록 혼란스러워졌어요. 성경에 보니까 빌립보 가이사랴 지방에서 '너희는 나를 누구라고 생각하느냐?' 하고 물으셨고 그러니까 베드로가 '주는 그리스도시요 살아 계신 하나님의 아들입니다' 하고 대표로 답변했습니다. 그렇게 답하니까 예수님께서 '이를 네게 알게 한 이는 혈육이 아니요 하늘에 계신 내 아버지이시다' 그랬는데 이건 더 헛갈리는 거였어요. 그리스도시요 그것까지 맞고 또 주님이시다 그것도 좋은데 하나님의 아들이다? 그것은 제가 이해하기에 너는 이집트의 자녀이다 하는 말과 다를 게 없습니다. 이집트가 무슨 애기를 낳을 수 있습니까? 그러니 하나님께서 좋은 사람을 일컬어 자녀라 하겠지 아들이라 하겠지 그렇게 이해를 했지요.

그런데 예수님께서 이를 알게 한 이가 하늘에 계신 내 아버지이시다, 했다 말입니다. 아니 예수님이 어떻게 그 알라 하나님을 아버지라 부를 수 있습니까? 그게 이중으로 헛갈리는 거예요. 정말 이해할 수 없는 일이었죠. 그리고는 그런 다음에 예수님이 베드로에게 '이 반석 위에 내 교회를 세운다.' 이건 성경에 처음 나온 단어 같은데 느닷없이 무슨 교회를 세운다니 대체 무슨 말인가? 그 단어가 좀 수상했어요. 교회는 사실 저희 무슬림들에게는 굉장히 골칫거리죠. 서양에서 온 교회 다니는 사람들이 우리 무슬림들을 수없이 많이 죽였거든요. 교회 다니는 사람들이 많이 있는데 우리를 무시하고 죽이는 그런 험한 일을 많이 했어요. 그런데 내가 그런 사람이 된다? 이건 좀 이상하잖아요. 교회를 세우는데 내가 그 사람들 편에 선다? 우리 무슬림들은 교회 다니는 사람들을 좋아하지 않지요. 우리는 어렸을 때부터 교회 다니는 사람하고 놀지도 말라고 했고 필요하면 때로 죽이라는 그런 말도 들었습니다. 특별히 교회 다니는 사람은 한 하나님이 아니라 세 신, 세 하나님을 믿는 사람들로 들었거든요.

그리고 미국과 같은 나라는 아프카니스탄, 이라크의 무슬림들을 죽인 우리 원수들입니다. 그런데 이제 나도 그렇게 되란 말인가? 그리고는 베드로의 대답 이후에 이어지는 내용을 보니까 예수님께서 베드로를 칭찬하신 뒤에 자기가 예루살렘에 올라가 장로들과 대제사장들과 서기관들에게 많은 고난을 받고 죽임을 당하고 제 삼일에 살아나야 할 것을 제자들에게 말했습니다. 그러니까 당연히 베드로는 '아이고 절대 안 된다'고 했어요. 이 일이 결코 주님에게 미쳐서는 안 됩니다, 하고 항변했는데 그것이 맞아요. 우리의 선지자 예수님이 이렇게 죽으면 안 되는 거죠. 그것이 우리 무슬림의 사상인데 죽어 버리면 말이 안 되죠.

그런데 더 믿을 수 없는 것은 예수님의 반응이에요. 사단아 물러가라! 아니 당연한 정답을 말했는데 왜 또 '사단아 물러가라'고 하신다는 말인가? 더 헷갈려요. 내가 믿는 하나님하고 예수님이 믿는 하나님은 다른 것 같았습니다. '네가 하나님의 일을 생각지 않고 도리어 사람의 일을 생각하는구나!' 내가 맞는 것 같은데 틀리다고 하다니…. 베드로에게 틀렸다고 하는 것을 이해할 수 없었지요. 아니 위대한 선지자가 승리를 해야지 그렇게 힘없이 죽는다는 것은 있을 수가 없지요. 말도 안 됩니다. 베드로가 한 말이 정말 맞는 겁니다. 그런 의인이 고난을 받고 죽임을 당할 수는 없는 일이죠. 당연히 선지자 무함마드처럼 승리해야죠. 결국 하나님에 대해서, 그리고 내가 생각하는 신론에서 큰 혼란이 왔습니다. 알라와 기독교의 하나님의 차이가 과연 무엇인지 참 고민이 됐습니다.

이 파키스탄에 있는 크리스천이 믿는 성경에 하나님은 호다라고 돼 있습니다. 우리가 믿는 하나님은 알라라고 돼 있는데 크리스천들에게 들으며 더 오락가락하게 됩니다. 게다가 삼위일체를 듣고 기독교 교리를 설명해 주는데 이해하기가 어려웠습니다. 그런데 이 김치씨는 무슬림 언어로 성경을 잘 설명해주는 거예요. 이분이 설명하면 이해가 됩니다. 그런데 다른 분이 설명해주면 도무지 오리무중이에요. 베드로가 이해 못했던 것처럼 더 헷갈려 죽겠어요.

그런데 또 놀라운 것은 예수님이 제자들의 발을 씻겨 주시는 거 아니겠어요? 저는 무슬림  우리 선생님이 매를 갖고 때리는 건 봤는데 저의 발을 씻겨 주는 선생님은 못 봤습니다. 그 장면이 충격이었어요. 그러면서도 한편으로는 나도 이런 선생님이 좀 됐으면 좋겠다는 마음이 들었습니다. 사실 예수님이 그때 그 자리에서 하신 말씀이 맞는 거예요. '내가 하는 것을 네가 이제는 알지 못하나 이후에는 알리라'(요 13:7). 저도 그 말씀대로 선생님이 하신 일이 무슨 일인이 지금 그림이 그려지지 않는 거예요.

그리고 새 계명을 준다고 하면서 '서로 사랑하라. 내가 너희를 사랑한 것 같이 너희도 서로 사랑하라 너희가 서로 사랑하면 이로써 모든 사람이 너희가 내 제자인 줄 알리라'(요 13:34-35) 하셨습니다. 정말 예수님의 제자가 되고 싶었어요. 그런데 예수님이 하신 말씀이, 네가 지금 나를 따라올 수 없지만 나중에는 따라올 거라는 것이었습니다. 그리고 세 번 나를 배반할 거라고 베드로에게 하신 말이 제게 더 맞는 것 같았어요. 예수님의 가르침과 그 모델을 따라가야 하는데, 가르침과 모델이 좋긴 좋고 머리로는 이해가 되고 항복할 만한데 제게는 능력이 없는 걸 발견했습니다.

저는 너무 복잡하면서도 여기까지 인정하겠어요. 지금은 못하지만 나중에는 할 것이다, 하고 예수님께서 하신 말씀을 그대로 받았습니다. 참 답답했는데 그 뒤에 보니까 '너희는 마음에 근심하지 말라. 하나님을 믿으니 또 나를 믿으라'고 했어요. 그런데 결국 저도 베드로처럼 무슬림 지도자 앞에서 많이 예수님에 대해서 부인했습니다. 나도 살라고 하다 보니까 그랬던 것이죠. 예수님은 하나님이 아니고 선지자이다. 십자가에 달리기는 했지만 죽지 않았고 다시 부활한 적도 없다. 예수님이 상처를 얻어 가지고 무덤에 들어갔다가 찬바람이 나니까 정신이 들어서 다시 하늘로 올라갔다, 하는 그런 말이 맞는 거지요.

그리고 바울을 초청해서 같이 일을 했던 바나바 선생이 쓴 바나바 복음서가 있는데, 거기에 보니까 예수님은 죽을 수 없다는 겁니다. 바나바 복음서에는 가룟 유다가 십자가에 못박혀 죽은 것으로 되어 있는데 그게 맞는 거지요. 예수님은 죽을 수 없으니까요. 그런데 사실 나중에 알았지만 이 바나바 복음서는 16세기에 만들어진 가짜 복음서라는 것이었는데, 아무튼 제가 지금 말씀을 드리려는 게 뭐냐면 정말로 헷갈렸다는 것입니다.

또 예수님이 십자가에 못박혀 죽기 직전에 베드로가 칼을 뽑아가지고 말고의 귀를 잘라 버렸다는 사실입니다. 잘한 일이에요. 그냥 확 죽여 버려야죠. 왜 귀만 잘라요? 아니 그런데 기가 막히게 예수님이 네 검을 집에 꽂으라 하셨어요. 검을 가진 자는 다 검으로 망한다고 말씀하시면서. 하지만 이것도 맞아요. 맞는 정도가 아니라 정말 더 맞아요. 우리 무슬림이 또 세상이 엉망이 된 것은 지금 검 때문 아닌가요? 검으로 온통 난리거든요. 그런데 알긴 아는데 제가 능력이 없어요. 너는 내가 내 아버지께 구하여 지금 열두 영 더 되는 천사를 보내시게 할 수 없는 줄로 아느냐? 맞습니다. 예수님은 능력 있는 분인 줄로 아는데 일부러 십자가에 가신 것입니다.

내가 예수님을 따라서 여기까지 죽 왔는데 그 과정에서 예수님의 참 모습을 이해하기가 좀 어려웠어요. 시간이 많이 걸렸습니다. 그런데 마침내 예수님이 부활하신 것도 알게 됐어요. 그리고 그 후 예수님이 내 양을 먹이라 하셨는데 이건 또 무슨 소리인가? 또 대위임령이라고 하는데 '가서 모든 족속으로 제자를 삼아 아버지와 아들과 성령의 이름으로 세례를 주어라.' 이건 또 더 어려운 것 같아요. 그때 제자 중에 베드로도 거기 있었고 가룟 유다는 죽었지만 다른 제자들도 있었는데 이 예수님의 말씀이 무엇인지 이해를 못했다고 저는 확신하는 사람입니다. 사실 어떻게 알라가 아버지라고 할 수 있어요? 아들 예수님? 또 성령님은 뭐예요? 성령님은 가브리엘 천사인데, 이 세 분이 똑같다는 말인가? 세 분의 이름으로 세례를 주라? 내가 공부하기에는 세례 요한의 세례 정도 아는데 이건 또 무슨 세례인가? 아마 제자들이 답답했을 것 같아요.

그러나 예수님은 끝까지 베드로를 신뢰하고 알거나 모르거나 그냥 가르치신 거죠. 아무튼 뭔가 있다는 생각은 들었어요. 그분의 마지막 결론도 특별했어요. 내가 예수님이라면 절대로 그렇게 배신한 제자들에게 찾아가지 않습니다. 그런데 보니까 예수님은 놀랍게도 부활하시고 나서 제자들에게 찾아가셨는데, 문이 다 닫혀있는데도 그냥 들어오시더군요. 저는 제가 가르친 제자들이 저를 배신했으면 절대로 찾아갈 마음이 없어요. 당연히 자기들이 찾아와야지 제가 뭣 때문에 찾아가요? 내 무슬림의 사상으로는 배신한 놈들은 총으로 그냥 쏴버려야지 내가 뭣 때문에 찾아가요? 알라를 배신하고 나를 배신한 자들은 처단해야죠. 그런데 예수님은 이 제자들을 찾아왔어요. 찾아온 정도가 아니고 샬롬 하고 얘기를 한단 말이죠. 나라면 속이 부글부글 끓을 텐데요. 참 그분의 제자가 되고 싶어요. 그런데 어떻게 해야 할지 모르겠어요.

## III. 고백과 간증

성경에 보니까 오순절날 성령 세례를 통해서 거듭나는 큰 사건이 벌어졌는데 제게는 그런 사건이 있지는 않았습니다. 그런데 우리 김치 선생을 따라서 한국에서 팀이 왔어요. 팀이 왔는데 그 팀은 좀 이상했어요. 우리 종족은 매우 가난한 종족입니다. 정말 찢어지게 가난한 종족인데 한국에서 온 성도들이 다 교회에서 일어나서 선서를 하면서 우리 종족을 위해서 기도하고 돕겠다는 거예요. 지구 저쪽 먼 데 사람들, 우리를 알지도 못하는 사람들이 와서 일어나 가지고 기도를 하고 막 눈물을 흘리고 도와준다는 거예요. 굉장히 감동이 왔어요.

저는 하나님을 알고 싶고 하나님의 구원과 하나님의 사랑을 받고 싶었지만 참 오리무중이었는데 이분들이 와서 하나님의 사랑을 말하였어요. '하나님이 당신을 사랑합니다.' 이 말이 똑같은 말이라도 제국주의자인 서양 사람들이 말하는 것하고 다음에 한국 사람 김치씨와 그 나라의 팀이 와서 하나님은 당신을 사랑합니다, 하는데 다르더라고요. 하나님은 볼 수 없었지만 뭔가 마음에 찡하면서 하나님이 가까이 와 있는 것을 느낄 수가 있었습니다. 어떤 하나님이 계시는데 나와 버려진 우리 종족을 사랑해 주시는구나! 그리고 김치 선생님과 함께 하나님 말씀을 공부하면서 제 마음이 빛이 들어오기 시작했습니다. 이 한국 팀이 와서 뭐 종족 입양이라든가 그것이 무슨 말인지 모르겠는데 아무튼 저희들을 사랑한다는 거였어요. 그리고는 제 마음에 뜨거워지면서 제가 하나님께 제 삶을 바치기로 결정을 했습니다. 내 삶에 놀라운 변화가 일어나기 시작했습니다. 성경을 읽으며 예수님이 내게 구원을 주시는 구세주이시고 내 주인이신 것을 깊이 제 마음에 깨닫게 됐습니다.

마지막으로 사역편입니다. 베드로가 오순절날 설교할 때 삼천 명 정도 세례를 받게 됐다는데 저를 통해서 예수님을 믿고 따르는 사람은 약 십만 명 정도 됩니다. 사도들과 그리스도인들이 핍박 받은 것처럼 저희들도 핍박을 받고 있습니다. 십만 명보다 더 많습니다. 지금 ISIS가 있고 또 많은 핍박들이 있지만 ISIS 사람으로 예수를 믿고 회개한 내 친구도 있습니다. 저는 예수님을 믿고 어려움을 당하며 살기 위해서 23번 이사를 하면서 도망을 다녔습니다. 고넬료가 환상을 보고 베드로를 만난 것처럼 저도 환상을 보고 비전을 보고 꿈에서 예수님을 만난 적도 있습니다. 이 꿈을 누가 좀 해몽을 해줘야 하는데 그럴 사람을 못 만났는데 이 김치 선생님이 해몽을 성경적으로 잘 해주는 거예요. 그래서 제가 감동을 받았습니다. 눈물이 나고 그랬어요.

그리고 베드로도 고넬료를 만나면서 유대인만이 아니라 이방 사람도 허물없이 신자가 될 수 있음을 알았던 것처럼 저도 좀 뭘 아는 사람이 되어야 했습니다. 저는 무슬림으로 태어난 것이 자랑이었습니다. 이 세상에 무슬림보다 더 귀한 사람은 없었습니다. 그러나 그게 별 거 아닌 것을 알게 됐습니다. 그리고 '너희 마음에 그리스도를 주로 삼아 거룩하게 하고 너희 속에 있는 소망에 관한 이유를 묻는 자들에게는 대답할 것을 항상 예비하되 온유와 두려움으로 하라'(벧전 3:15), 무섭게 하지 않고 그렇게 온유함으로 준비하기를 기도했습니다. 베드로도 네로 황제 때 많은 어려움을 겪었는데 저희들도 여러 가지 어려움을 겪고 있고 나도 늘 죽을 준비를 하고 있습니다.

우리 마을에서 이제 최초의 의사도 생겼고 또 김치 선생님을 통해 알고 보니까 서양 사람들도 좋더라고요. 우리 지역에 있는 예수님 믿는 현지 사람들도 너무 좋아요. 그런 여러 분들의 도움을 받아서 최초로 의사도 나오고 예수님을 믿는 변호사도 2명 나오고 교사는 물론 학교와 더 많은 클리닉도 세워지게 됐습니다. 그리고 내가 직접 마가복음을 번역하고 돈을 내어서 우리 부족들에게 나눠 주기로 했습니다. 너무 좋은 복음이기 때문이죠. 그리고 우리 지역에 여섯 부족이 있는데 내 딸이 그 부족어로 성경 이야기를 유심카드에 넣어서 전화를 할 때 들을 수 있도록 천개를 돌렸습니다. 정말 살맛이 나지만 어려움도 있습니다.

어려움 가운데서도 베드로가 성도들의 기쁨을 썼는데 저에게도 그런 기쁨이 있습니다. “예수를 너희가 보지 못하였으나 사랑하는도다. 이제도 보지 못하나 믿고 말할 수 없는 영광스러운 즐거움으로 기뻐하니 믿음의 결국 곧 영혼의 구원을 받음이라”(벧전 1:9). 저도 그런 구원의 기쁨이 있습니다. 그리고 이제 깨닫게 되는 것은 내가 받은 부르심이 그리스도께서 우리를 위해서 고난을 받으신 그 모범을 따르게 하시려 함입니다. “저는 죄를 범치 아니하시고 그 입에 거짓도 없으시며 욕을 받으시되 맞대어 욕하지 아니하시고 고난을 당하시되 위협하지 아니하시고 오직 공의로 심판하시는 자에게 부탁하시며 친히 나무에 달려 그 몸으로 우리 죄를 담당하셨으니 이는 우리로 죄에 대하여 죽고 의에 대하여 살게 하려 하심이라 저가 채찍에 맞음으로 너희가 나음을 얻었나니 너희가 전에는 양과 같이 길을 잃었더니 이제는 너희 영혼의 목자와 감독 되신 이에게 돌아왔느니라”(벧전 2:22-25). 저도 예수님처럼 되고 싶습니다.

북아프리카, 중동, 이란에도 백만 명의 무슬림이 예수님을 믿고 방글라데시도 40만 명, 전 세계의 무슬림 속에 지난 20년 동안 수백만 명, 최소한 500만 내지 700만 명의 무슬림들이 예수님을 따르고 있습니다. 그런데 지금 예수님을 따르고 있는 사람들이 저와 같이 성경을 몰라서 우왕좌왕 헤매는 사람들이 너무나 많습니다. 양육자가 필요합니다. 제가 듣기는 합동신학교라고 하는 곳에 계신 분들은 성경을 잘 아는 분들이 아주 많다고 들었습니다. 그리고 시험을 쳐도 감독이 없이 하나님 앞에서 시험을 치고 공부를 열심히 하는 아름다운 신학교라고 하더군요. 그런 학교에서 무슬림 문화와 언어를 좀 배워서 나 같은 사람, 방황하는 수백만 명의 사람들에게 성경을 가르쳐 주면 좋겠습니다. 무슬림들 가운데 못된 놈들이 있지만 그러나 다 몹쓸 놈은 아니고 저 같은 사람들도 많은데 참 많은 사람들이 도와주러 왔으면 좋겠습니다.

베드로 사도가 베드로전후서를 쓰고 "곧 구주 예수 그리스도의 은혜와 저를 아는 지식에서 자라가라 영광이 이제와 영원한 날까지 그에게 있을지어다" 하고 맺었는데, 저도 지금 베드로의 그런 마음입니다. 예수님을 더 알고 싶어요. 그리고 그분처럼 살고 싶습니다. 여러분들도 다 그랬으면 좋겠어요. 예수님이 다시 온다고 성경에 기록되어 있는데 꾸란에도 그렇게 기록되어 있습니다. 그런데 꾸란에는 예수님이 오시고 그 다음에 무함마드가 와서 역사의 종말이 된다고 참 교묘하게 되어 있지요. 저는 뭐 그렇게 생각하지 않습니다. 왜냐하면 예수님만큼 귀한 분이 없고 그분이 하나님이라는 것을 믿게 됐기 때문입니다. 예수님만큼 아름다운 분은 없지요. 무함마드 자신도 예수님이 가장 위대한 분이라고 인정을 했으니까요. 저는 성경을 믿습니다. 그리고 저는 예수님이 하나님이신 것을 믿고 삼위일체 하나님이 세상을 마지막에 심판하실 것을 믿습니다. 우리 수많은 무슬림들이 하나님과 구원의 소식을 듣기 원하는데 합동신학교에 가서 꼭 알려서 우리에게 많이 오도록 도와주시기 바랍니다.

# 기도하지 않는 죄

누가복음 18장 1절-8절

**정창균** (설교학 · 총장)

어쩌면 광야 사십 년 길처럼 느껴질 때도 있었을 법한 지난 한 학기인데 지난 학기를 잘 통과하고 오늘 감동스러운 종강까지 살아남은 여러분을 축하합니다. 힘들었을 길이지만 우리 교수들을 믿고 여기까지 따라와 준 여러분에게 고마운 마음입니다.

## I. 항상 기도하고 낙심하지 말라

예수님께서 이 땅에 계실 때 공적으로 모든 것을 걸고 가장 힘써서 하신 일들이 있습니다. 크게 세 가지로 분류를 하지요. 하나는 하나님의 나라와 그 말씀을 선포하는 일이었습니다. 또 다른 하나는 하나님의 말씀을 가르치는 일이었습니다. 또 하나는 치유하는 일이었습니다. 이것이 예수님이 모든 것을 바쳐서 하신 중요한 공적 사역이었습니다. 한편 예수님이 사적인 차원에서 힘써 전력을 기울여 하신 일이 있습니다. 기도였습니다.

특별히 오늘 읽은 누가복음의 저자는 어떤 복음서 기자보다도 예수님을 기도와 관련시켜서 기도를 부각시키려는 의도를 갖고 계속 교훈하고 있습니다. 예수님은 개인적인 차원에서 언제나 우선순위가 기도였습니다. 기도하는 가운데에 성령을 받으셨고, 철야 기도를 하신 다음에 제자를 뽑으셨고, 죽음을 앞두고도 유언을 준비한 것이 아니고 하나님 앞에 나아가 기도하셨습니다.

구름 떼처럼 사람들이 몰려와서 복음화의 절호의 찬스가 왔을 때도 예수님은 갑자기 어디론가 사라져버리곤 하셨습니다. 그리고 여명이 돼서야 어슬렁어슬렁 어디서 걸어 내려왔습니다. 제자들이 짜증이 났지요. 이런 좋은 기회를 놔두고 어디를 쏘다니시는 건가 물었습니다. "뭐 하고 오시는 거예요? 사람들이 안 보이세요?" 때로는 예수님께서 대꾸를 안 하십니다. 예수님을 제가 가만히 살펴보니까 제자들이 말 같지 않은 말을 하면 아예 대답을 안 하세요. 그게 예수님의 한 반응입니다. 저도 목회할 때 자주 그 방법을 썼지요. 나중에 우리 교인들이 알았지요. 자기들끼리 얘기해요. 우리 목사님은 말 같지 않은 말 하면 대꾸를 안 하셔! 그래서 제가 그랬지요. 예수님한테 배웠다고.

어느 때는 답을 하십니다. "어디 갔다 오시는 거예요? 저렇게 많은 사람들이 기다리고 있는데요." "아버지 만나고 왔지!" 성경을 보면 예수님은 습관적으로 기도하셨습니다. 아무 생각없이 습관으로 했다는 말이 아니라, 규칙적으로 마치 버릇처럼 일정하게 기도하셨다는 말입니다. 예수님은 의지적으로 한적한 곳을 찾아가서 기도했습니다. 매우 열심히 기도하셨다는 것입니다. 그리고 동시에 예수님은 제자들에게 기도를 하라고 하셨습니다. 본인이 기도하실 뿐만 아니라 제자들에게 또 교회를 향하여 기도하라고 강조하셨습니다. 여러분 잘 아시는 대로 고별 설교에서 반복적으로 세 번 이상을 강조했던 말이 기도였습니다. "내 이름으로 무엇이든지 구하면 그대로 이루리라"(요 14:14). "너희가 지금까지는 내 이름으로 아무것도 구하지 아니하였으나 구하라 그리하면 받으리니 너희 기쁨이 충만하리라"(요 16:24). 그리고 요한에 의하면 이 땅에서 제자들이 보는 모습으로 드러난 예수님의 최후의 모습은 기도하는 모습이었습니다.

오늘 우리가 읽은 이 본문도 예수님이 기도하라고 하시는 말씀입니다. 비유를 말씀하시는데 이 비유를 왜 하는가 하는 목적을 분명히 밝혀 놓고 하셨습니다. 비유의 주제가 무엇인가를 밝히고 시작하는 드문 예입니다. 어느 때는 그냥 비유만 하시고, 어느 때는 비유가 끝난 다음에 적용을 직접 제시하며 너희도 이와 같이 하라고 말씀하시기도 했습니다. 그런데 오늘 이 본문은 이제 할 이야기의 주제가 무엇인지 밝히고 시작합니다. 1절에 "예수께서 그들에게 항상 기도하고 낙심하지 말아야 할 것을" 가르치기 위해서 이 비유를 하셨다는 것입니다. 그러므로 오늘 본문의 주제는 기도하라는 것입니다. 그런데 그 주제, 즉 기도하라는 말을 매우 독특한 방식으로 제시하고 있습니다.

한 재판관이 있었습니다. 그런데 이 인간이 아주 악한 인간입니다. 이 재판관에 대한 객관적인 평가가 무엇인가? 2절이지요. 어떤 도시에 하나님을 두려워하지 않고 사람을 무시하는 한 재판장이 있었다! 이 재판관에 대한 평판이 그렇습니다. 하나님을 두려워하지 않고 사람을 무시하는 재판장! 그런데 자기 자신도 자기가 그런 사람인 줄 알고 있습니다. 4절에 보시면 "그가 얼마동안 듣지 아니하다가 후에 속으로 생각하되 내가 하나님을 두려워하지 않고 사람을 무시하나…". 결국 앞에 있는 말하고 똑같습니다. 사람은 신자이든지 불신자이든지 두 가지 관계를 갖고 평생을 살아가게 돼 있습니다. 위로는 하나님과의 관계요 옆으로는 다른 사람과 관계입니다. 이 재판관은 위로 하나님과의 관계도 막돼먹었고, 옆으로 사람과의 관계도 아주 못된 놈입니다. 악한 자이지요.

이 재판관이 관할하고 있는 지역에 한 과부가 있었습니다. 그가 억울한 일을 당했습니다. 과부는 실제로 과부이기도 하지만, 구약 시대부터 고아와 과부는 매우 구체적인 상징성을 갖고 등장합니다. 누군가가 도와주지 않으면 스스로의 생존을 유지할 수 없는 약한 사람의 상징입니다. 과부는 어느 놈이 와서 불의한 일을 해도 어떻게 대항할 능력이 없던 처지였습니다. 그런 형편 가운데 사는 과부가 억울한 일을 당했습니다. 재판장을 찾아갔지요. 재판장이 왜 있는가? 이런 억울한 일이 생겼을 때 정의롭게 잘 해결하라고 있는 것이 재판장입니다. 그런데 이 문제를 해결하지 않는 것입니다. 요즘 쉬운 말로 하면 직무유기이죠. 존재론적으로 말하면 자기 존재에 대한 반역인 것입니다. 억울한 그 일을 도무지 해결하지 않아요. 그래서 다시 찾아갔습니다. '알았어. 지금 바쁘니까 다시 오라.' 기다려도 소식이 없어서 또 갔습니다. '아직 처리를 안 했어.' 그 여인은 다시 찾아가고, 또 찾아가고, 계속 갔습니다.

여러분 한번 생각해보세요. 이 과부는 들어줄 가망이 없는 그 길을 왜 계속 가는 걸까요? 언젠가는 들어주겠지 하는 맘으로 갔겠지요. 어쨌든 계속 갑니다. 재판장이 어느 날 보니 과부가 또 찾아왔어요. 드디어 과부의 청을 처리해 주기로 작정을 합니다. 그런데 이 재판장은 자기가 왜 과부의 청을 들어주는지 그 이유를 분명히 밝히고 들어줍니다. 그게 4절입니다. '알았어. 내가 이제 처리해 줄게. 그런데 분명히 알아라. 내가 너의 억울한 사정을 처리해 주는 것은 하늘이 두려워서 그러는 것이 아니다. 처리 안 해주면 내가 어떻게 될까 하는 무슨 양심의 가책이 들어서도 아니다. 네가 특별히 불쌍해서 청을 들어주는 것도 아니다. 이유는 한 가지야. 귀찮아서! 나 귀찮아서 들어준다. 이대로 놔두면 나를 계속 번거롭게 할 테니까 너의 원한을 풀어 주겠다.' 번거롭게 한다는 말의 원래 뜻은 정신이 없게 해서 다른 일을 못하게 만든다는 말입니다. 귀찮게 한다는 말이지요.

이런 악한 인간이 뭐 하느라고 그렇게 바쁘겠어요? 다른 중요한 국사를 돌보느라고 바빴겠어요? 못된 일 하느라고 바빴던 거죠. 저녁마다 못된 놈들 만나서 술 마시고 누구 잡을 생각이나 하고 비선 실세 동원해서 땅이나 살 계획하느라고 바쁜 거지요. 억울한 사정을 풀어 주고 또 정의를 실현해 달라고 오는 것이 자기가 악한 일들을 하는 데 방해가 될 만큼 귀찮다는 거지요. 늘 와서 나를 괴롭히니 청을 들어준다는 것이었습니다. 계속 안 들어주면 어떻게 되겠는가? 이 사람 하는 걸 보니까 이대로 놔두면 나를 계속 졸라대서 괴롭게 할 거 같다. 계속 안 들어주면 끝까지 나를 물고 늘어져서 자신을 힘들게 할 것 같다는 말이지요. 아무튼 이 재판장은 내가 귀찮아서 들어주는 거지 하늘이 무섭거나 인간이 불쌍해서 들어주는 게 아니라고 분명히 밝히고 들어줍니다.

## II. 하나님을 능멸하는 죄

여러분 지금 본문이 무슨 작업을 하고 있는지 아시겠죠. 이놈이 얼마나 악한 놈인가를 최대한 부각시키고 있습니다. 어떠세요? 이 본문이 오늘 우리에게 기도에 대하여 무슨 말을 하는 것 같아요? 흔히 생각하길 우리도 이 과부처럼 하나님께 가서 계속 졸라대면 하나님도 악한 재판장이 과부의 소원을 들어줬던 것처럼 우리의 간구를 들어주신다? 그러니까 항상 기도하고 또 열심히 기도하자! 그럴 수 있습니다. 기도를 항상 하라, 기도하라는 말입니다. 그러나 이 본문이 지금 과부처럼 열심히 부르짖으면 하나님도 재판장처럼 들어주신다는 말을 하고 있는 것인가요? 그러니 과부처럼 열심히 매달리는 기도를 하라고 가르치는가요? 아니지요. 그렇게 놓고 보면 우리는 당장 큰 문제에 부딪치게 됩니다.

우리를 과부에 일치시키고 그 다음 하나님을 어디에 일치시켰어요? 재판장에다 일치시켰지요. 우리도 과부처럼 매달리면 하나님도 재판장처럼 들으신다! 그러면 우리가 지금 무슨 짓을 한 거죠? 예수님은 지금 의도적으로 이 재판장 놈이 얼마나 악한 자인가를 부각시켜서 말하고 있잖아요. 그런데 하나님이 이 재판장처럼 하신다니요. 이보다 더 큰 신성모독이 있을까요? 그러니 그 말이 아닌 게 분명합니다.

예수님이 비유를 마치시고 드디어 이제 본격적으로 마음에 품었던 하실 말씀을 하십니다. 그것이 7절이지요. "하물며 하나님께서 그 밤낮 부르짖는 택하신 자들의 원한을 풀어주시지 않으시겠느냐 그들에게 오래 참으시겠느냐." '하물며'라는 말은 어느 때 쓰이지요? 앞에 말을 반대할 때 쓰는 말이지요. 어떤 주석은 이 '하물며'에 대해서 언급조차 안한 것이 있는데 그건 잘못입니다. 예를 들어 봅시다. 너는 옆집 아저씨한테 배고프다고 빵 사달고 계속 졸라서 아저씨가 빵을 사줬다며. 나한테는 배고프단 말 한 마디도 하지 않았잖아. 옆집 아저씨에게 네가 배고프다고 호소할 때 빵을 사줬는데 '하물며' 네 아빠인 내가 안 사주겠냐? 이런 때 '하물며'가 등장하는 거지요. 그러면 이 말은 옆집 아저씨한테 했듯이 아빠에게 거듭 빵 사달라고 하라는 말일까요? 아니면 아빠한테 빵 사달라고 하지 않은 것에 대한 책망일까요? 그렇게 악한 놈도 들어줬는데 하물며 너희가 하늘의 아버지라고 부르는 천부께서 너희의 소원을 들어주지 않겠느냐 하는 말입니다. 너희는 하나님을 악한 재판관만도 못한 분으로 능멸하는 죄를 범하고 있는 것이다 하는 뜻의 말이지요.

이렇게 놓고 보면 이 본문은 단순히 기도를 열심히 하라고 말하는 것이 아닙니다. 기도하지 않는 것은 하나님을 능멸하는 짓이라고 책망하고 있는 것입니다. 하나님을 이렇게 악한 인간만도 못한 분으로 능멸하는 범죄 행위라고 말하는 방식으로 기도하라는 말을 하고 있는 것입니다. 기도하지 않는 것을 두고 하나님을 능멸하는 범죄 행위라고 말하면서 기도를 강조하는 본문은 아마 여기밖에 없지 않을까 생각합니다. 기도하지 않는 것은 죄라는 의식을 가지고 기도한 사람들은 있습니다. 대표적으로 사무엘도 그랬죠. 그러나 이 본문은 무조건 기도하라, 기도하면 들어주신다고 말하지 않습니다. 오히려 '기도하지 않는 것은 범죄 행위지. 무슨 범죄? 하나님을 악한 재판관만큼도 인정하지 않는 범죄 행위야' 이렇게 말하고 있는 것입니다. 그러니까 기도하지 않는 것은 그로 인해 응답을 받지 못해서 손해 보는 정도의 일이 아닙니다. 기도하지 않는 것은 범죄 행위입니다. 그것은 하나님을 능멸하는 죄입니다.

왜 기도하지 않게 될까요? 예수님이 이 비유를 마감하면서 앞뒤 연결성이 전혀 없어 보이는 뜬금없는 말로 이 이야기를 마치십니다. 8절이지요. "내가 너희에게 이르노니 속히 그 원한을 풀어주시리라 그러나 인자가 올 때에 세상에서 믿음을 보겠느냐 하시니라." 항상 기도하고 낙심하지 말라고 시작했고, 악한 재판장 이야기를 했고, 밑도 끝도 없이 그러나 인자가 올 때에 세상에서 믿음을 보겠느냐 하셨는데, 이 말이 어떻게 연결이 되는 것인가? 결국 우리가 지금 본 것처럼 봐야 연결이 됩니다.

예수님도 예수님이 떠나고 말세가 되면 기도하지 않는 풍조가 대세를 이룰 것이라고 내다보신 거잖아요. 그러니까 고별 설교에서 계속 기도를 강조하신 거잖아요. 왜 말세가 될수록, 주님 오실 때가 가까워 올수록 기도하지 않게 될까요? 사람들은 왜 기도를 하지 않을까요? 세상이 바빠지고 사람들의 일이 많아져서 그런가요? 예수님은 하나님에 대한 믿음의 문제와 관련돼 있다고 말씀하는 것입니다. 왜 기도하지 않게 되는가? 그토록 악한 재판장이었지만 과부는 자기가 계속 가서 청하면 언젠가 들을 거라고 생각했습니다. 그렇게 악한 놈에 대하여 가졌던 신뢰나 기대만큼도 하나님께 신뢰를 두지 않으므로 기도하지 않게 되는 것이지요. 결국 하나님에 대한 믿음이 기도하게 만드는 것입니다.

그러니까 인자가 세상에 올 때 세상에서 믿음을 보겠느냐 하고 말씀하셨습니다. 그것은 내가 세상에 올 때 기도를 보겠느냐 하는 말과 같은 말이에요. 기도를 볼 수 없다는 거죠. 그런데 왜 기도를 볼 수 없는가? 하나님을 믿지 않으니까요. 하나님을 멸시하니까요. 여러분, 하나님을 믿지 않는 것은 바로 하나님을 멸시하는 것과 똑같은 일이라는 것은 하나님 자신이 민수기에서 이미 하신 말씀이었습니다.

열두 정탐꾼이 정탐을 하고 왔습니다. 열 사람은 절대로 못 간다고 그럽니다. 그들이 우리를 볼 때 메뚜기요 우리가 스스로를 볼 때도 메뚜기다. 그들은 크고 강대하니 우리가 이대로 가면 다 죽는다. 그러니 절대 못 들어간다. 두 사람만 가자고 합니다. 다들 절대 안 된다고 난리를 치니까 두 사람이 옷을 찢으며 가자고 합니다. 하나님이 우리와 함께 있다. 저들에게서 하나님은 떠났다. 가면 된다. 우리가 메뚜기가 아니라 저들이 우리 밥이다. 그러면서 가자고 합니다. 그런데 여론은 이미 다 저리로 돌아섰어요. 여론은 언제나 우매하고 선동을 잘 당하죠. 한번 돌아서면 안 바뀌지요. 그래도 둘이 끝까지 우기니까 군중이 돌을 들어서 쳐 죽이려고 했습니다. 그 순간에 그간 침묵하셨던 하나님이 나타났습니다. 열 사람과 두 사람의 차이가 무엇인가를 하나님이 규명하십니다. 민수기 14장 11절입니다. “너희가 어느 때까지 나를 멸시하겠느냐 너희가 어느 때까지 나를 믿지 아니하겠느냐?” 믿음의 문제였다는 것입니다. 과학적인 판단이나 전략적인 분석이나 현상에 대한 정확한 평가의 문제가 아니고 하나님에 대한 믿음의 문제였다는 것입니다. 그 땅에 들여놓겠다는 하나님을 믿지 않은 것이고, 그렇게 하나님을 믿지 않은 것은 결국 하나님을 멸시하는 것이었다고 말씀하는 것입니다.

누가복음 18장에서 본 우리의 해석이 맞는 거지요. 하나님을 능멸하는 죄를 지은 것이다. 예수님은 악한 재판관의 이야기인 이 비유를 통해서 하나님의 자녀들에게 기도하지 않는 것이 죄임을 말씀하십니다. 이 이야기가 결국 향하고 있는 표적은 기도하지 않는 하나님의 자녀들입니다. 기도하지 않는 것은 하나님을 능멸하는 죄입니다. 하나님에 대한 믿음이 확고할수록 우리는 어떤 상황에서도 하나님께 엎드려 기도합니다.

말도 안 되는 것들이라도 얼마든지 당당하게 기도할 수 있습니다.

1982년 제가 신학교에 입학했을 때였습니다. 3월에 입학했는데 6월 6일 현충일에 제 어머니가 갑자기 쓰러지셨습니다. 전주에 내려가서 저희 누님 집에 있는데 아침에 형님한테서 전화가 왔습니다. '엄마가 갑자기 쓰러져서 예수 병원 중환자실에 있다.' 그래서 달려갔습니다. 갔더니 아버지하고 큰 형님하고 제가 있고 어머니는 이미 혼수상태였어요. 잠시 후에 의사가 와서 그러더군요. 이미 혈관이 터져서 뇌에 피가 상당히 고여 있어서 24시간 안에 수술하지 않으면 생명을 잃습니다. 어떻게 할 건지 결정을 해주십시오. 아버지는 자식들 보기에 면목이 없으니까 죽게 놔둬라 너희들 고생이다, 하셨습니다.

그런데 어떻게 자식이 그럽니까. 예수 병원에 가면 작은 기도실이 있어요. 카페트를 깐 작은 방에 성경 한 권 놓아두었습니다. 신학교를 3월에 입학했는데 6월이니까 아직 신학교 지망생의 투사의 정신이 펄펄 살아있었습니다. 신학교에 절대 못 간다고 반대하는 주위세력을 꺾고 신학교에 갔으니까 얼마나 더 전투적인 소명이 넘쳤겠어요. 병원 기도실에 들어가서 죽어라고 기도했습니다. 할 만큼 했다 싶어서 기도실 문을 열고 나오면서 시계를 보았습니다. 30분을 기도했더군요. 내가 30분 동안 뭘 기도했지 하는 생각이 문득 들더라고요. 잠깐 생각해 보니까 한 마디 했어요. 하나님, 우리 엄마 좀 살려주세요. 오랫동안이 안 되면 5년 만이라도 살려주세요. 우리 엄마 좀 살려주세요. 30분 동안 이 말만 했더라고요. 그걸 확인한 순간 제가 뒤통수에 벼락을 맞는 것 같았어요. 하나님 우리 어머니를 살려주시면 더 힘써서 주를 섬기고 더 충성하겠습니다. 하나님 우리 어머니가 이대로 가시면 교회 안에도 덕이 안 되고 하나님의 영광이 손상 될 것 같은데요. 이 따위 흥정이나 협박은 생각도 안 났어요. 그냥 살려주세요. 하나님이 살려주시면 살아요. 이것밖에 없었어요. 하나님이 살려주시는 길 외에는 길이 없다. 하나님이 살려주시면 살 수 있다. 이 생각 뿐이었으니까요.

## III. 기도는 힘써야 할 수 있음

예수님의 제자들은 정말 마음에는 소원인데 육신이 피곤해서 기도를 안 하고 세 번씩 잤을까요? 그 제자들이 그날 낮에 보이스피싱을 당해서 천만 원을 떼었다고 합시다. 아무리 피곤해도 그 날 잠이 왔을까요? 정말 하나님이 누구인가를 알고 하나님에 대한 믿음이 있으면 어떤 상황에서도 기도할 수 있습니다.

여러분 이번 방학을 맞으면서 여러 가지 계획을 세울 것입니다. 무엇보다 최우선적으로 기도 계획을 세우세요. 기도는 하고 싶은 마음이 생길 때 감동을 따라 하는 것이 아닙니다. 계획을 따라 하는 것입니다. 인간이 그렇게 착하지 않아요. 기도하고 싶은 마음이 저절로 우러나는 것은 목사로 살아도 많지가 않습니다. 박윤선 목사님은 늘 기도는 힘써야 할 수 있다 했어요. 계획을 따라 기도하는 것이에요. 기도 계획을 세우세요. 3일 금식 기도 해보세요. 3일 이상 하라고는 못하겠어요. 저도 3일 이상 안해 봤으니까요. 금식 기도 계획 세워놓고 책 보따리 들고 가지 마세요. 둘째 날 오후쯤부터는 성경도 안 읽혀져요. 기도한다고 앉아서 가만히 멍 때리고 있으면서 이게 무슨 기도야, 기도한다고 이렇게 폼만 잡고 있느니 차라리 설교학 책 한 페이지라도 읽는 게 더 낫지! 절대 그렇지 않아요. 기도의 모드에 들어가 있는 그것도 기도예요. 그런 모드에 들어가 있을 때만 느끼는 영감이 있어요. 뭔가 하나님께 계속 말을 해야만 기도가 아니에요. 특별 기도를 계획하고 해보세요. 계획을 따라 기도하는 것입니다. 특별한 기도를 하려 할 때 막연히 계획만 세워놓고 그 날이 되어 죽 흘러가면 절대 되지 않습니다. 하나님께 작정하고 기도를 하려고 할 때 누가 가장 싫어하고 겁날까요? 사단이 겁나요. 어떤 식으로든지 방해를 해요. 제 경험으로 보면 특별 기도를 계획하실 때는 그 기도를 위한 준비 기도가 반드시 필요해요. 여름방학 때 어디 가서 3일 금식 기도를 하려고 하면 지금부터 준비 기도가 있어야 합니다. 하나님, 제가 그때 특별 기도를 하려고 하는데 그 기도를 반드시 잘 할 수 있게 해주세요. 그 기도가 효과 있게 해주세요. 지금부터 준비 기도를 하고 특별 기도를 해야 그 기도가 돼요. 어쨌든 제가 여러분에게 하고자 하는 말은 기도하라는 것입니다. 기도하면 복 받는다는 말이 아니고, 기도하지 않는 것은 하나님을 멸시하는 범죄 행위라는 것이 오늘 본문이 가르치는 말씀입니다.

제가 기도를 강조하면 학문을 열심히 해야 한다며 딴죽 거는 이들이 있어요. 제가 지금 학문이 중요하지 않다고 말하고 있습니까? 학문은 아무렇게나 해도 괜찮으니까 기도만 열심히 하라고 말하고 있습니까? 기도를 말하면 기도로 답을 해야지요. 언젠가 제가 어디서 목회자에게는 영성이 중요하다 그랬더니 대뜸 댓글을 달고 나왔어요. 그러니까 지성이 약해진다고요. 내가 지금 지성을 얘기했습니까? 우리가 따뜻한 개혁주의를 하면 좋겠다 그랬더니 대뜸 어느 분이 댓글 달고 나왔어요. 개혁주의가 변질되니 엄밀한 개혁주의를 해야 한다고 해요.

지성과 영성, 기도와 학문, 따뜻함과 엄밀함은 반드시 같이 있을 수 없는 배타적이고 대척 적인 관계입니까? 그렇게 이해할 수 없는 전제를 가지고 듣기 싫은 소리를 하거나 자기가 용납이 안 되는 말을 하면 엉뚱한 다른 주제를 가지고 딴죽을 걸고 들어오는 이들이 있습니다. 저는 지금 학문보다 기도가 중요하다고 말하고 있지 않아요. 그저 기도하라고 말하는 거예요. 사람이 키를 가지고 말하면 일단 키를 갖고 이야기를 해야지 왜 몸무게를 갖고 나와서 딴죽을 걸어요? 기도하세요.

우리 합신에는 정말 한국교회사에 학문과 기도에 뛰어난 스승, 이론이 아니라 실제로 모범을 보여준 귀한 재산을 갖고 있습니다. 박윤선 목사님입니다. 그분이 기도에 대해서 하신 말씀 한마디를 그분의 육성으로 여러분에게 들려주고 마치려 합니다. "여러분, 기도를 힘쓰지 아니하면 도저히 기도가 안돼요. 또 사람이 평안하면 쾌락에 기울어져요. 그래서 기도를 안 합니다. 그러기 때문에 평안한 시절에도 역시 힘써야 기도가 되는 것이에요. 환난 때에는 낙심이 나서 또 기도를 못합니다. 그러니까 힘쓰지 아니하고는 기도할 방법이 없는 것입니다. 규칙적으로 기도해야 기도가 되는 것이니 힘쓰지 않을 수가 없어요."